Career Anchors and Career Survival 3

キャリア・デザイン・ガイド

自分のキャリアを
うまく振り返り展望するために

金井壽宏【著】

Career Design Guide
Integrating Career Anchors and Career Survival

東京 白桃書房 神田

はしがき

　この国でさまざまな変化があり，その背後には変化の圧力があり，今までわたしたちが慣れ親しんできたいくつかの慣行が変わりつつあります。キャリアや雇用のあり方も例外ではありません。

　ご縁があって入った会社が気に入っていて，よほど不都合がない限り，ずっと居続けるのが当たり前という状態が変わりつつあります。終身雇用制（ライフロング・コミットメント・システム）とかつてジェームズ・アベグレンが名づけたものは，正確には，定年までの長期雇用ですが，徐々に崩れつつありますし，年功昇進制度や年功賃金制度も揺れています。

　それは，一面ではたいへんにつらいことですし，実際に雇用調整の対象となって，あるいは早期希望退職を受け入れることに決めて，あらためてキャリアを自分で切り拓くことの大切さに気づかされるというケースもあるでしょう。これまで，キャリアをデザインするなどという大それた発想をもたなくても，一生懸命にがんばっていれば，勤勉な国民性と右肩上がりの経済で，大勢のひとが中流意識をもって，それぞれの夢を求めてきました。

　今までなじんでいたものがなくなるのは，間違いなく一方で喪失感を伴うネガティブな経験です。しかし，他方で，われわれは，これまでは，たった一回限りの自分の人生とほとんどオーバーラップするようなキャリア（長い目で見た仕事生活のあり方）について，どちらかというと，会社に任せ過ぎだったかもしれません。会社というのもがそれだけ頼りになっていたともいえますが，キャリアの針路については，自分を頼りにすることが本来，基本のはずです。だから，このつらい時期は，自分を取り戻すうえでは，プラスの要素もあります。キャリアについて，個人が自律的に考えることが，一方では面倒なことですが，他方では，それはたいへんにまっとうなことで，これまでそういうことをあまり議論してこなかったこと自体，不思議かもしれません。節目でキャリアを振り返り展望し，また，自分が置かれている仕事状況について診断して，キャリアをめぐる自分の内なる声と，自分の身の回りにいるひとたちからの外なる声をともにうまくキャッチすることを大切にしたいものです。

わたしたちは，組織主導でキャリア開発された時代から，個人が今までより自律的に自分のキャリア発達を考えるべき時代に，さしかかっているのかもしれません。

　先進的な会社のなかには，キャリアについて自律的に考え選び取れるひとこそ，組織にとっても頼りになるコア社員だという考えから，キャリア自律を支援するところもでてきています。また，会社のイニシャティブで，キャリア・デザイン研修がおこなわれることも増えてきましたし，わたしもそういう機会にかかわることが増えてきました。

　しかし，それは，どこでもおこなわれているとは限りませんので，キャリアについて考えるツールがもっとこの国にも誕生してほしいとずっと願っていました。早く，日本の実情にぴったりのツールがもっとたくさん開発・利用されるべきですが，ここに，MITのエドガー・H．シャイン教授の手になるキャリア・アンカーという診断ツール，キャリア・サバイバルというツールが，ほぼ同時に白桃書房のおかげで順次出版されるようになったことを訳者としてすごく喜んでいます。わたしにとっては，若いときに留学中に学恩があり，同時にまた助手（TA）を勤めさせていただいたこともある先生なので，日本版がそろって，一般の方に入手できる形で，世に出ることをとても喜んでいます。

　キャリア・アンカーは，会社の研修でなくても，だれかよいパートナー（いっしょに考えてくれるひと，聞き手になってくれるひと）さえいえれば，個人としても実施可能ですし，キャリア・サバイバルにおけるネットワーク分析の方も，会社での研修により適してはいますが，やはり今の仕事状況でちょっと疲弊ぎみだと思ったら，サバイバルするうえで，自己点検ツールとしてひとりでも実施可能です（もちろん，あとからその結果に基づいて，上司や配偶者などと話し合うことをお勧めしますが）。

　出版に際しては，とくに『キャリア・アンカー』の方に関しては，権利的に少しややこしかった状況から粘り強く版権を取得していただき，その後は今日に至るまで，ずっと作業が遅れがちのわたしを，あきれることなく（あるいは，ときにあきれても）支援してくださった白桃書房の照井規夫さんに，心から感謝の気持ちを記させていただきたいです。また，今，この薄い書籍（冊子というべきか）を手にしておられる方々が，そのエクササイズやインタビューを通じて，こんなたいへんな時代だからこそ自分のキャリアをより創造的にまた賢明に展望していただけることを祈って，キャリア・アンカーに続いて，キャリア・サバイバル（職務と役割の戦略的プラニング）の訳書とわたしが書き下ろしたブックレット，の新たな2つの冊子もまもなく出版の運びとなります。最後になりましたが，同じく白桃書房から出ているシャイン先生の『キャリア・

ダイナミクス』(二村敏子・三善勝代訳)ともども,自らのキャリアを考える際の座右の書としていただきたいです(同出版社から,プロセス・コンサルテーションや組織文化の研究も含め,シャイン教授の著作が徐々に出揃っていくことも,関係者として楽しみにしています)。

金 井 壽 宏

目　次

はしがき

第1章
イントロダクション —— 1

 3冊目の冊子の役目 　　2
 サバイバル（生き残ること）も大切だが，まずはアンカー（拠り所）という視点——自己実現，自己決定のための拠り所 　　3
 サバイバルや今の仕事状況への適応も見逃さない——キャリア・サバイバルは，キャリアの問題ではないが… 　　6
 補完的な2冊の冊子——インサイドからの声とアウトサイドからの要請というふたつの診断をうまく組み合わせて使いたい 　　7
 この3冊目の冊子の構成 　　8

第2章
内からの視点（アンカー）と外からの視点（サバイバル） —— 11

 学生とゼミで話していて 　　12
 キャリア論の二大視点——発達とマッチング（適合） 　　13
 別の言い方をすれば，インサイド→アウトの視点とアウトサイド→インの視点 　　15
 生涯発達とライフコース（人生行路）という視点 　　17
 時間的・空間的に遠くの世界と近くの世界 　　18
 みんなとともにいる世界 　　20
 サバイバルは，実はキャリアそのものの問題ではない 　　21
 アンカーという言葉，サバイバルという言葉 　　23
 サバイバルがキーワードになってしまっている今の時代——これからの組織，これからのキャリア 　　24

21世紀に勝ち組で生き残る組織の特性	26
21世紀に勝ち組で生き残る個人のキャリアの特性	28
キャリアを成り行きまかせや組織まかせにしたままでいいのかという反省の声	28
バウンダリーレス組織にバウンダリーレス・キャリア——有力なアイデアでも鵜呑みにせずに,「ほんとうか」と批判的にみて,自分で考えること,議論することが大切	29
それが時代の傾向だとしても,それが望む方向でなければ,これまでの日本的なキャリアのあり方のよさを残すことも大事になってくる	30
サバイバルだけのために生きているのではないが,サバイバルできなかったら自分らしく生きていくこともできない	33
キャリア・デザインとキャリア・ドリフト	34
大きな節目とは迷い戸惑うべきとき,節目と節目の間は勢いにのるべきとき	35
アンカーとサバイバルの同時発刊の意味と経緯	37
これまでの対比をまとめて表に	38
ふたつのツールの開発者が研究者としても真摯	40

第3章
キャリアの捉え方とキャリア・サクセスの基準 ―― 43

モティベーション論と比べてキャリア論が扱う時間幅は長い	44
節目だけはしっかりデザインすべきものがキャリア	45
自分らしさ,自己イメージ,自己概念にかかわるのがキャリアで,それは特別なひとの問題ではなく,だれもの問題	46
組織にとっての戦略にあたるものが個人にもあるとしたら,それがキャリア・デザインという発想	48
うまくキャリアを歩んでいるというのはなにを指すのか——ふたつの視点	49
主観的基準からみたキャリア・サクセス	50
客観的基準からみたキャリア・サクセス	51
ここでも両方の視点が大事	52
アメリカ経営学会でのやりとり——客観的基準をないがしろにしないこと	53

「いいキャリアはなにか」について，いろんな角度から読者の皆さんにも考えてほしい	56

第4章
キャリア発達のなかのアンカーとサバイバル ―― 59
―― 仕事や人生で一皮むける経験とトランジション・サイクル――

だれもの問題としての「仕事で一皮むける経験」――自分の場合を考えてください	60
キャリアについて話す，ひとのキャリアの話を聞く――ともに興味ある機会となる	61
「仕事で一皮むける経験」にも滲み出るキャリア・アンカーやサバイバルという課題	62
指揮者として一皮むける節目をくぐる	63
研修の場でも議論の材料になる「一皮むけた経験」や「マイ・ベスト・ジョブ」	65
一皮むける経験の連鎖とキャリア・アンカー――節目でけっして犠牲にしたくないこと，節目間を貫くもの	66
仕事の世界のスピリチュアリティ（精神性）	68
トランジション（節目，転機，移行期）に注目――5つのモデルを順次説明する前に	69
安定期と移行期の繰り返し（生涯発達心理学者，D．レビンソン）――トランジション・サイクル・モデル♯1	70
終わりと中立ゾーンと始まり（人生の転機を乗り切る支援をするセラピスト，W．ブリッジズ）――トランジション・サイクル・モデル♯2	75
備え，着任し，覚えて，慣れる（仕事上のトランジションを解明する産業・組織心理学者，N．ニコルソン）――トランジション・サイクル・モデル♯3	79
「仕事で一皮むける」というのはいったいどういうことか	84
脱線と転換への抵抗	87
冒険の3ステップ（博識の神話学者，ジョセフ・キャンベル）――トランジション・モデル♯4	91
デザインとドリフト（節目のデザインを強調する金井）――トランジション・サイクル・モデル♯5	98

仕事で一皮むける経験がキャリア発達につながるための条件	100
トランジョン・サイクル・モデル♯3から，一皮むける経験を特徴づける次元を探る	101

第5章
どの視点から見るか ———————————— 107
——働く個人，人事部，社会の視点——

働くひとりひとりの個人にとってのキャリア・デザイン	107
人事部はキャリア・デザインになにができるか	109
社会にとって，働くひとのキャリア・デザインはどのような意味をもつか	114

付録1：
シャイン教授のキャリアと研究業績を考えるために ——— 121
——組織心理学のなかでのキャリア研究の位置づけを
　シャインのキャリアのなかに探る——

シャインの家族背景	122
学部学生のころ——シカゴ大学	122
大学院のころ——スタンフォード大学とハーバード大学	123
博士論文とMITとの最初の接触	125
ウォルター・リードにいた時代——機会主義的創造性と洗脳の研究	126
洗脳の研究と洗脳のメカニズム	128
初期の論文2点	128
結婚とMITへの就職	130
MIT就職後の教育事始——自分で考えるんだ（You've get to figure it out）	131
MIT就職後の研究事始——組織が個人にどのように影響を与えるか	135
失敗からジャンプ——いよいよキャリアの研究へ	138
組織心理学とプロセス・コンサルテーションの薄い本——自分で考えるんだ	142
プロセス・コンサルテーションの世界	143
組織文化の研究——自分で考えるんだ	149
創造的機会主義	153

付録2：
　　シャイン教授の来日講演「組織心理学の発達と
　　わたしの研究キャリア」 ——————————— 158

参考文献 ———————————————————————— 165

あとがき ———————————————————————— 183

イントロダクション

　だれもが自分らしく生きたいと思っているし，また，働く環境にうまく適応していきたいとも思っているはずです。
　周りの要望にうまく沿った生き方をしているけれど，自分というものが貫けてなかったら，どこかで空しくなります。古くは，進学のとき，後には，就職のときなど，周りの声があるでしょう。中堅，ベテランと言われる年になっても，「君にはこういう活躍をしてほしい」という要望があります。これらの要望に沿った仕事をできることは，キャリアにおける成功感をもつうえで，また，うまくやっていけているという安心感をもつうえでも大切です。だけど，周りに合わせているばかりでは，しっかりした自分のキャリアの拠り所が見つかりません。
　逆に，自分というものを頑固に貫きとおしてはいるけれども，その都度の仕事環境に順応できなかったら，つらいものがあります。外からの声にまったく対応できなかったら，そもそも生き残っていけません。自分を貫いているという自負（その意味では主観的な成功感）は，もてるかもしれませんが，実際にうまく仕事ができていなかったら，脱落してしまいます。サバイバルのためだけにわれわれは生きているのではありませんが，しっかり生き残らないと，自分らしい生き方もできません。
　キャリアの拠って立つ基盤がよく自覚できていることと，変化する仕事環境のなかでの役割や職務にうまく適応できていることとは，ともに大切なことです。それぞれ，キャリア・アンカー（長期的なキャリアの拠り所）とキャリ

ア・サバイバル（キャリアを歩む途上で出会う外からの要請に耐えて生き残れること）というふたつの考え方にかかわっています。また，これらの考え方を，自分の生き方，働き方に引き寄せて実感してもらうためのツールが，ふたつともやっと日本語版として揃いました。このふたつは，意味のある相互に補完的な考え方であり，ツールであるとわたしは考えています。

このたび，原著の出版元ともようやく正式な承認がえられ，一般の読者の方々にふつうに書店等で入手できる書籍の形で，『キャリア・アンカー——自分のほんとうの価値を発見しよう——』の完全な訳が白桃書房から出ることになりました。引き続き，その姉妹編である『キャリア・サバイバル——職務と役割の戦略的プラニング——』の訳書も上梓されました。後者が日本語で姿をあらわすのは初めてです。前者については，わたしが監修した日本語版が存在したのですが，実質的には業務用で一般の手には入りにくい状態が続いていました。やっとふたつがそろいました。今，皆さんがお手にしている冊子は，それらに連なる3冊目の冊子です。

3冊目の冊子の役目

ようやくアンカーとサバイバルの2冊がそろう段階で，一種の案内書，もしくは副読本のようなものをそれに引き続き書いてみることにしました。10年前後このふたつのツールとその背後にある理論的・実証的なキャリア研究になじんできた経営学でのキャリア論の一学徒として，また，これらのツールと背後にある研究を推進してきたMITスローン経営大学院E．H．シャイン名誉教授の薫陶を直接受けた弟子として，一種のガイドブックのようなものを書いてみることにしました。また，先の2冊におけるツールは，普遍的に使用可能なツールに近いと思ってはおりますが，少しは，今の日本の事情にあわせた補足も必要だと思ったことも，これを書いた理由です。『キャリア・デザイン・ガイド——自分のキャリアをうまく振り返り展望するために——』という3番目のこの冊子がそれです。この3冊目の追加を通じて，キャリア・アンカーとキャリア・サバイバルという考え方と自己診断法の導入に際して，少しでも，単なる訳者以上の貢献ができていれば幸いです。キャリア論の現状について知るために，この冊子だけを単独に読まれることももちろん可能ですが，さきのふたつの冊子とともに読まれるのがいちばんわかりやすいと思います。

対（ペア）となるこの2冊の邦訳がそろうまでに，ずいぶんと紆余曲折がありました。訳書の版権の取得にかかわる事情だけでなく，わたくしの怠慢から，日本語版の上梓が遅れました。でも，遅れた結果，3冊の冊子がほぼ同じ時期

にアンカーのエクササイズ，サバイバルのエクササイズ，そしてこのガイドブックと順次，世に出ることになりました。遅れたことのお詫びもあって，お待たせしただけの甲斐があるものを出したいという気持ちも，訳書の完成が近づくにつれて大きくなってきました。でも，それ以上に，このふたつのツールが同時に皆さんの前に姿を現すことが実現したのを喜び，それらをうまくつかっていただくために，出版社の白桃書房とご相談のうえで読者の皆さんのためにもそういうものがあったほうがいいだろうという判断で，このふたつの冊子を統括するガイドブック，また同時に，この国の原点が働く個人の元気にあるなら，自分のキャリアをうまく舵取りするひとにリソースとなるようなガイドブックを作成することにしました。ひとことで言えば，日本語版のキャリア・アンカーとキャリア・サバイバルの活用のための，ナビゲータ役が本書です。同時に，これを機会に，このふたつの概念を使いながら，前著『働くひとのためのキャリア・デザイン』[1]以後の，わたしなりのキャリア論を新たに展開させていただきました。

サバイバル（生き残ること）も大切だが，まずはアンカー（拠り所）という視点
──自己実現，自己決定のための拠り所

アンカーは，船の錨（いかり）です。近くへの航海のときにも，遠洋航海に出るときにも，たどり着いた先の波止場では，錨をおろして停泊することができます。そう思えるからどんな遠くへの，また，マゼランやコロンブスがそう

1）金井（2002a）。以下，本文中の議論で参照した文献や特定の箇所を引用した文献は，たとえば，ここでの金井（2002a）のように，著者名＝金井，出版年＝2002（同じ年に，複数の論文や書籍があるときには，a，b，cなどの記号をさらに追加）としています。英書では，つぎの注4を例にあげますと，Maslow (1998) という表記にみるとおり，著者名のアルファベット表記＝Maslow（出版年＝1998）の形式で記しています。インタビューや対談のときは，注2のように，Schein/金井 (2000) のように，/で名前をつなげています。それ以外の共著では，andでつなぐ（たとえば，Arthur and Rousseau (1996)）か，著者名が3名以上の場合には，Erikson et al. (1986)のように，エリクソン他という意味で，筆頭の著者のあとに，et al. を付けています。和文の場合では，2名の共著は，ナカグロで，3名以上の共著は，○○他と表しています。文献から引用をおこなっている場合には，著者（出版年），引用ページで表記していきます。引用ページは，原著からわたしの訳語で引用の場合は，p.○○，邦語文献や訳書の引用は，○○頁と表記しています。他のところと訳語を統一するために，一部訳書と訳語を変えているところがあります。一般の読者には，本文中が見づらくならないように，注に文献の典拠を示しました。キャリアの研究，それと関連する研究について，もっと知りたい方々は，著者名（出版年）で記述している元の文献を，この冊子末尾の参考文献のリストで確認してください。著者（共著の場合には，筆頭の著者）のラスト・ネームのアルファベット順で，邦語文献も含め一括してリストしてあります。

だったように，しばしば未知の長い大航海にも出帆できます。アンカーは，静止したイメージで，ひとが発達するというイメージにあわないという誤解にたまに出会いますが，それは間違いで，ひとはしっかりした拠り所があるから，仕事の世界で何十年もキャリアを歩むことができると思ったほうがまっとうです。ちょうど，アイデンティティの概念と似ています。自分らしさの機軸がわかっているから，変化の節目もくぐれるのです。キャリアにもアンカーがあるというアイデアは，このアイデアの提唱者，エドガー・シャインのお気に入りの概念です。しかも，それは肘掛け椅子にひとり座っていて思いついた概念ではなく，キャリアについて，人びと（44名のMITの卒業生）の話を聞くなかから生まれた言葉です。わたしとのインタビューでシャインはつぎのように語っていました。

> 彼ら（何度にもわたって継続的にインタビューや質問票調査を続けてきたMITの卒業生たち。引用者注）に自分たちの物語（ストーリー）を語ってもらった。私がつぎからつぎに聞かされたのは，人びとが語るこんな物語だった。「先生，財務分析の専門家をめざしていまして，とうとう，財務担当役員（CFO）になりました」とか，あるいは，「会社がローテーションでわたしをマーケティングに異動させました。わたしはマーケティングが好きになれず，財務に戻ってきました」だった。
>
> 人びとは，自分のなかにあるなにかが，自分の舵取りをつかさどっていると，私に語っていたんだね。「ある種の仕事をしているときには，安全な波止場に停泊しているかのように感じ，その落ち着いた波止場から引き離されたくなかったのです」という類のイメージまで使うこともよくあった。
>
> 舵取りをして自分が落ち着く波止場に入っていくというイメージは，インタビューから出てきたのであって，私の頭のなかから出てきたものではない。これは私が発明したものではない。彼らの物語から私が敷衍させて，アンカーと名づけたものだ。[2]

自分らしく生きるということがキャリア発達の中核にあり，それは，長い期間にわたって働く個人のアイデンティティにかかわります。仕事や会社が変わっても，その個人が貫くものがそれです。自分らしく生きるためには，どうしても犠牲にしたくないほど大切なものがあり，それがこのアンカーなので

2）Schein/金井（2000），6-9頁。英文の対訳が付いていますが，ここでは，部分的には表現を元の冊子から変えています。

す。[3]

　それに対して，最近のキャリアにまつわる議論で目立つのは，このたいへんな時代に生き延びるだけでなく勝ち組みであり続けることです。サバイバルというのがもうひとつの鍵になっています。こればかり強調して，キャリアというと，要領よく生きて，ステップアップすることのみに囚われるひとたちもいます。そういう動きには，わたし自身は共感できませんし，あまり賛同できません。つまるところ，キャリアとは発達というよりは，環境に合わせるという意味で適応の問題だと捉える見方だけでは，もの足りないと思っています。自分が生涯を通じて貫き通したい大事なことと不適合の環境なのに，そこに無理して適応しようとすれば，自分らしさを犠牲にすることになります。それでは，「舵取りをして自分が落ち着く波止場に入っていく」ような生き方，働き方にはなりません。自己実現の心理学で有名なアブラハム・マズローも，環境に適応するだけの人生には否定的だったことが知られています。[4] 適応とは，周りに自分を合わせることでもあり，それは，自分の内なる声に耳を傾けて，自己の可能性を十全的に実現していくことをめざすこととは，しばしば矛盾するからです。

　また，内発的モティベーションの研究からも，ひとは周りに振り回されるよりも，自分で好きなこと，価値あると思えることに，つまり自分らしさにかかわることに邁進するときに，やる気も高まることが明らかにされてきました（そこでは，たとえ物理的・時間的には忙しくても，波止場にいるように落ち着いて，自分らしく仕事ができるでしょう）。内発的モティベーション[5]とは，お金や肩書きやその他の外からくる外発的報酬によってがんばるという姿ではなく，自分の内側から生まれる自発的なおこないや振る舞いそれ自体から生じる内発的報酬で充実している姿を照射しています。ここで，内発的報酬とは，具体的には，困難なことを成し遂げた達成感，没頭してわれを忘れるような至高感覚，活動している最中の面白さや楽しみ，うまくできることからくるうれしさ（有能感），自分で決めたことができる幸福さ（自己決定感）などを指します。内発的モティベーションの研究を極めたエドワード・デシは，うまくできること，自分で決めたことをしていること（彼の言葉では，有能感と自己決

---

[3] 停泊とか，安全な波止場というイメージが発達という概念と合わないと批判するひとたちが当初はいたそうですが，節目をくぐりながらもここだけは大切にしたいという方向に進むことは，実は大人になってからも続く発達過程であると理解するのが適切です。
[4] Maslow (1970; 1998) を注意深く読めば，このことに気がつくはずです。
[5] つぎを参照。Maslow (1970; 1998)。Deci (1975; 1980)。Csikszentmihalyi (1975; 1990; 1993)。

定）が，外部に振り回されない，報酬だけで踊らされない生き方を考察し実践するためのふたつの鍵だと強調しました。さらに，このふたつのうちでは自己決定のほうが，有能感よりさらに大切だとも示唆しました。[6] 自分のたった一回限りの人生だから，若いときだけでなくいくつになっても，また，趣味や遊びやスポーツの世界だけでなく仕事の世界のなかにおいても，自分で決めて，なにかに打ち込みたいものです。いくつになっても，仕事の世界で，自分で自分のアンカーを知って，節目ではなすべきことを自己決定することが望まれます。そのような発想法がキャリア・デザインにつながります。

サバイバルや今の仕事状況への適応も見逃さない
——キャリア・サバイバルは，キャリアの問題ではないが…

サバイバルという発想ばかりにとらわれるのは，問題かもしれません。ひとは，生き残るためだけに，仕事に励んでいるわけではないからです。自分らしさやアイデンティティをそこに求めたいものです。[7] しかし，キャリア・アンカーは，キャリアの歩みでの今の適応課題に対応できること，変化のなかでうまく生きることという意味でのキャリア・サバイバルと併せて理解される必要があるのも確かです（このことは，キャリア・アンカーの冊子とキャリア・サバイバルの冊子の両方を経験すれば，深く実感することができるはずです）。

適応をわるものにしてはいけません。適応だけにこだわるのがまずいということには気づくべきですが，今の仕事に変化のなかでうまく適応できないと，その積み重ねである長期的なキャリア発達にもつまずいてしまいます。たとえば，創造性をアンカーにしているひとが，研究開発や新規事業開発のような一見創造的な仕事についている場合にも，その仕事の環境にうまく適応できていなかったら，つらいものがあります。周りのひとたちが，自分に対して，仕事にどのような要望をもっているのかに気づかずに，その世界で生き残れると思

---

[6] Deci (1980)。自己決定は自分らしさ（つまり，アンカー）の探求にかかわります。なにがうまくできるか，つまり有能さも自分らしさの自己イメージを形成しますが，それは同時に，サバイバルにもかかわっています。自分が決めたことでも，まったくうまくできなければ，その世界でサバイバルするのは難しくなります。その意味では，自己決定も有能感もともに大事です。大学院を卒業して大学の先生になったばかりのひとから，「デシは，自己決定が大事だと言っているけれど，今のぼくは，まずうまくやっていけることが大事だと思います」と感想をもらしたことがありますが，キャリアの初期では，有能感がより大事なこともあるでしょう。デシが言っているのは，ともに大事だが，紙一重でもどちらがより大切かというと，自己決定だというように理解すればいいでしょう。
[7] 最近では，キャリア・アイデンティティという言葉も使われるようになっています（Hall, 2002）。

っていたら，それはうかつなことです。ましてや，その要望そのものが多様で，しかも変化している時代には。そのような意味で，アンカーとサバイバルは対で考える必要があります（もっとも，後述するように，サバイバルは，ほんとうはキャリアの問題そのものを扱っているというよりも，今の仕事状況での生き残りのためのプラニングの問題ですけれども）。

補完的な 2 冊の冊子 ── インサイドからの声とアウトサイドからの要請というふたつの診断をうまく組み合わせて使いたい

　キャリア・アンカーもキャリア・サバイバルも，ツールとしては，ひとりひとりの個人のニーズに応じて，それぞれ単独で利用することも可能です。したがって，単独でどちらの 1 冊も使用可能ですし，実際に，このふたつのツールが長らく使用されている米国でもそのように扱われています。でも，わたしは，両方で補完的なふたつの視点を提供してくれますので，2 冊とも試していただきたいという気持ちがあります。とりわけ，今がキャリアの節目かもしれないと思うひとは，一方で，キャリア・アンカーで自分がどうしても譲りたくないもの，ほんとうに大事にしている拠り所を探し，同時に他方で，今おかれている仕事状況でどのようにうまくサバイバルできているのか（あるいは，できていないのか）もダイナミックに捉えていただきたいと思っています。

　前者（アンカー）は，自分の内なる声の診断にかかわり，後者（サバイバル）は，外から自分への要望がどのように錯綜しているのかの診断にかかわっています。後述するように心の中をのぞくインサイド→アウトの視点と，外から自分をながめてみるアウトサイド→インの視点というように，両者を対比できます。たとえば，創造というのは，自分が絶対譲りたくないもの，けっしてあきらめたくないものだとしたら，それがあなたの内なる声です。これが，インサイド→アウトの視点です。ふだん見えない内側を外に見えるように出してみるわけです。でも，周りのひとは，必ずしもそれをあなたに要望しているとは限りません。あなたの役割として創造的な活動や価値の創出をあなたに期待している上司もいるかもしれませんが，それと矛盾する要請をする他部門の上司もいたり，また，全体としての雑事のプレッシャーが大きく，創造どころではなくなっていたりするかもしれません。このような診断が，アウトサイド→インの視点です。今回，ほぼ同時に出ることになった 2 冊の冊子は，このふたつの視点を扱っているのです。その背後，基盤にある考え，理論，著者シャイン教授のひとと学問，日本でこれを使うことにまつわる諸問題などについて，この 3 番目の冊子では，述べていきたいと思っています。

この3冊目の冊子の構成

　本冊子は，つぎのような構成になっています。第2章の「内からの視点（アンカー）と外からの視点（サバイバル）」では，このイントロダクションでも頭だしとしてふれた，ふたつのツールの補完的性質をさらに詳しく概観していきます（このテーマは，本書の随所で姿を現します）。キャリアをデザインするという発想にもここで述べます。

　第3章の「キャリアの捉え方とキャリア・サクセスの基準」では，キャリアというカタカナ言葉をいったいどのように把握するのがいいのかについて，あらためて整理をして検討を加えます。あわせて，キャリア・サクセスの主観的基準と客観的基準にふれた後に，「いいキャリア」とはなにかを考える豊富な視点を提供します。

　第4章の「キャリア発達のなかのアンカーとサバイバル——仕事や人生で一皮むける経験とトランジション・サイクル——」では，今わたし自身がおこなっている研究調査との関連から，仕事を通じてひとが大人になって以降もさらに大きく一皮むける経験に注目します。そのような経験をくぐるなかに，キャリア・アンカーやキャリア・サバイバルという課題がどのような形で出現するのかを，議論します。シャインのふたつのツールと結び付けつつ，わたしなりのキャリア・デザイン論を，いくつになっても仕事で一皮むけるという観点から論じてみました。

　第5章の「どの視点から見るか——働く個人，人事部，社会の視点——」では，さきに述べた内なる視点と外なる視点という対比とは別のアングルとして，働く個人，人事部，社会の視点という3つを比較しています。キャリア・デザインというときに，だれがデザインするのか，だれのためにそうするのか，ということが大いに問題になります。キャリア・アンカーとキャリア・サバイバルは，働くひとりひとりの個人が自分のために入手して使用することがあるでしょう。また，キャリアの問題を自覚してもらうことによって，自律的な貢献を組織のなかでしてほしいというような目的で，人事部が研修などの形で，これらのツールを使用する場合もあるでしょう。この場合も，キャリア・デザインは，ひとりひとりの個人のため以外にはありえないのですが，会社として，キャリアの問題についてなにができるかという問題があります。また，自分でキャリアをデザインするひとを支援するというのは，微妙なことでもあります。最後に，日本の産業社会全体の変革期に，これらのツールが示唆する意味合いはどこにあるのかも，ここで論じています。

最後に付録の読み物として，このふたつのツールを開発した，エドガー・H. シャインのキャリアの歩みと研究面での貢献について記しました。付録1は，シャイン自身のキャリアについての詳しい解説，付録2は，シャインが2000年に来日したとき，組織心理学の発達と自分のキャリアとの関係を語った講演の概要になっています。

内からの視点（アンカー）と外からの視点（サバイバル）

　わたしは，大学に勤務していますので，キャリアの入り口に立つ学生の声に自然とよくふれます。また，ミドル（階層上の組織の中間管理職で，人生の道程でもその半ばを歩む中年のひとたちという意味で，二重にミドル）のキャリア課題に興味をもっています[1]ので，ミドルの声もよく聞きます。また，経営幹部候補のリーダーシップ開発をキャリア発達と結びつけて実践的に研究したいと思っている[2]ので（また，実際にそのようなプログラムを開発したり実施したりするので），経営トップの声や人事部の声にもよく接しています。

　これらが，常々わたしが接しているひとたちですが，だれもが一度は，学生時代や学校時代をくぐり，そこで就職活動をした覚えがあるはずですから，キャリアの入り口に立つ学生の声からの感触に基づいて，なぜ，自分の内側から

---

[1] もともとは，戦略発想で変革を起こせるミドル・マネジャーについての研究をリーダーシップ論としておこなってきました（金井，1989）が，自分がミドルになるころに，彼らはキャリアでも人生でもまんなかあたりにいると気づき，節目に注目したキャリアの研究（金井，2002a）のひとつの有力テーマとしてミドルのキャリア課題に興味をもっています（金井，1999）。海外にいる日本人ミドル・マネジャーのキャリア課題の研究（金井，1996a）もあります。

[2] 金井（2002c），金井・古野（2001），金井・守島・高橋（2002）。これまでのリーダーシップ論も，また，さらに広くは組織論全般において，時間の意識，時間という軸の大切さの認識が，Katz (1978; 1980; 1982) などを除くと希薄でした。同じタイプの仕事をずっと長くしているとひとは飽きるし，同じ顔ぶれでずっと仕事をしているとマンネリになります。長期を見据えたときにこそ，組織現象を，瞬間レベル，数ヵ月から数年の経験レベル，さらに，ほぼキャリア全般にかかわるようなレベルに分けて，相互に関連づけて議論することが必要です（金井・古野，2001）。

の視点と，自分を取り巻く外からの声の両面をみないといけないのかについて，まず素描してみましょう。

学生とゼミで話していて

　自分らしく生きたいと思わないひとはいないでしょう。そのためになすべき肝心なことは自分の内側の声を聞くことです。ゼミのように少人数で議論しやすい場で学生と話していていつも思うのですが，E．H．エリクソンのアイデンティティ（自我同一性と訳されますが，自分を貫くもののことをいいます）という言葉にふれる[3]と，それに魔力があるかのように，自分らしさというテーマが大きくクローズアップされます。とうとう子どもからほんとうに大人（社会人）になるときに，思春期から始まった問いがまたしっかり姿を現します。その問いとは，「わたしってだれなのか」，「どこにむかっているのか」，「なんのために生まれたのか」，「このわたしがいる社会というのは，わたしにとってどのような意味をもっているのか」というような問いです。ずいぶん深い問いで，心理学的な問いであるだけでなく，基本的には，人生いかに生きるべきか[4]という哲学的な問いまで含みます（実は，アイデンティティの問いは，思春期から学生のころに決着がついているのでなく，そのあとの節目のたびに，姿を現します）。

　そのときに経験することですが，ひとりで孤独に自分を見つめることだけを通じて自分探しをするのは，なかなかたいへんです。（ときには，雑音のようにわずらわしいこともありますが）外からの声があるから，今の自分があるのだということもあります。ひとりで悶々と自問するだけでなく，人びとと接しているから気づく自分というものがあります。たとえば，就職活動のときに，自分らしさだけを考えて行き先を決めるのはとても難しいです。就職活動は相

---

[3] エリクソンによるアイデンティティの概念と彼の（漸成説と呼ばれる）生涯発達学説については，Erikson (1959; 1982) を参照してください。日本人を念頭にアイデンティティを考えるための入門書としては，鑪（1990），栗原（1982）があります。日本人のアイデンティティの例として，森　有正や近衛文麿の例はわかりやすい。アイデンティティの問題は若いときだけでなく，中年のときにも（岡本，1994），さらに老年期に入っても（Kaufman, 1986; Erikson et al., 1986）姿を表します。この書物は29名の高齢者の生活史研究ですが，深みのあるデータとその解釈が提示されています。生涯発達という視点からは，Erikson et al. (1986) の第III部を手に，ベルイマンの名画『野いちご』をビデオで鑑賞するのも一案です（エリクソンは，ハーバード大学時代に生涯発達におけるライフサイクルを講ずる際に，授業でこの映画を使用していたそうです）。

[4] わたしがおこなう対談では，どこかでキャリアや生き方・働き方に深い興味をもっていますので，そのような方向に議論が向かいます（金井，2002e）。

手のある話なので，相手に断られるところもあれば，相手からOKが出るところもあって，そこから決まってくるのです。自分のひととなりや持味が，その会社にあっているかどうかを，相手（自分にとっては外側）からの目で見てくれるから，自分にふさわしいところを探すヒントがそこかしこにあるのです。会社に入ってからも，お客さまの声や，上司や先輩の声があるから，方向が定まるという側面を軽視するわけにはいきません。あたりまえのことですが，自分らしく生きようとする個人も，ロビンソン・クルーソーのようにひとり孤島で生きているわけではないからです。部分的には，外部の要望や刺激から，方向づけがなされるというのもまた健全なことです。自分ばかり見つめていると，かえって抑うつ的になってしまうという研究さえあるぐらいです。[5]

若い学生諸君と接していると，キャリアの入り口を前にして，自分らしさを追求したいという希望と，相手のある世界で，入りたい会社に入れるか，就職活動で生き残れるか，入ったあとうまく適応できるかという不安の両面があるのがよくわかります。

一方で，自分らしく生きたいというのは，純粋かつ一徹でいいが，就職活動や就職後の新人時代をうまく乗り越えられないとさっそく挫折してしまいます。周りの声を聞かなければ，ただのわがままになってしまいます（いい形で，会社の要請，さらには社会の要請が聞こえてくれば，我を通しているようでもそのわがままは，「志の高い」わがままに深化されていくことでしょう）。他方で，要領よくいろんな環境に適応できていける柔軟さやエネルギー水準は大事ですし，それは就職活動や入社後の仕事ぶりを大いに支えるでしょうが，長期的に自分が目指すものを，多忙さやたいへんさのなかでずっと忘れてしまってはいけません。絶えず，周りの声に自分をあわせるだけでは，カメレオンのようになってしまって，自分の色を忘れてしまいます。自分が仕事や会社（さらに言えば，社会）に影響を与えること，そのために，いくら仕事や組織が変わっても自分を貫きつつ成長・発達していくという姿勢を尊重したいし，仕事や会社の要望に自分をうまく適合させていくというもまた大切にしたいものです。

キャリア論の二大視点──発達とマッチング（適合）

キャリアを議論するときには，大きなふたつの視点があります。ひとつは，

---

[5] 坂本（1997）は，自己注目が社会心理学的には，抑うつの理由のひとつとなりうることを主張しました。

発達という観点からそれを捉える視点で，自己概念やアイデンティティなどの概念がそこでは中心になります。6) もうひとつは，マッチング（適合）という観点から，キャリアのあり方を把握しようとする見方で，そのひとが，勤務する会社の社風や仕事の性質にあっているかを見る視点がこれです。実は両方が必要なのですが，われわれはしばしば一方だけに囚われがちです。

　たとえば，入社した会社になじめない，あるいは，中年になるころにこのままでいいのかという焦燥感があるときに，一方では，「わたしとはなにか」という問いが有益です。それは，思春期のときに解決ずみではなくて，中年になっても，またそれ以後の節目においても，何度か吹き上がってくる問いです。7) 難しい問いですが，ときにはパンドラの箱を開けるような怖さがあっても，この問いに直面することが必要です。また，他方では，入社後の会社に，異動後の職場になじめない，このままでいいのかと悩むときに，当面の（しかも，絶えず変化しつつある）仕事環境が自分にあっているのかどうかの診断も必要です。その際の問いは，「わたしはいったいどのような状況に置かれているのか」，「どのような人びとに取り囲まれ，彼らがどのような要望の嵐のなかで生き残ろうとしているのか」という問いです。

　学生との対話で感じるのは，まだフルタイムで社会人として仕事をする環境に入る前なので，このサバイバルのほうのテーマよりも，自分らしさ，自己イメージが中心になってしまうことです。でも，学生に，外部から「これやったら」とか，「おまえのここはよくないが，あそこはいいよ」みたいな声があるおかげで，みつかる自分もあります。もちろん，入社後やっていけそうか予期不安を感じたら，先輩などの声も聞くでしょう。だから，新しい世界でうまくやっていくということを考えたら，周りの要望に耳を傾けることも大事になってきます。

　学生時代が終わって，とうとうある会社に入社したときには，そこでサバイバルするという適応の問題8)が（もはや予期不安ではなく，現実の不安として）大きく姿を現して，今度はしばらく自分らしく生きるどころではなくなります（そのために，入る前には，その会社で実現したい夢をもっていたひとで

---

6) キャリアの研究で，最初に自己概念に注目した初期の研究者のひとりは，ドナルド・スーパー（Super, 1957）です。
7) 中年期になってこそ，再度，アイデンティティが問題となってくることについての詳細な研究は，広島大学の岡本祐子さんによる一連の研究を参照してください。岡本（1994；1997），岡本編（1999）。
8) 金井（1994d）。

も，まず馴染むことに一生懸命で，その夢をしばし忘れてしまうことがあります）。とはいえ，会社に入る前から，準備できることに限界があります。いくら仕事環境について入社前からできるだけ知ろうとしても，結局仕事環境は，上司や同輩，先輩，お客様など周りにいる具体的な人びとから成り立つものですから，事前に知ることは難しいです。[9] 勤めてから年数が経てば，仕事を通じての自分らしさにまつわる問いと，自分を取り囲む人びとのネットワークからなる仕事の世界にまつわる問い，との両面を見ることができますし，節目ではそうすべきです。

　シャイン自身は，サバイバルにまつわる問いは，実は，キャリアの問いではなく，職務と役割にかかわる問いだと，わたしがインタビューしたときに強く主張されました[10]が，このままでいいのかという節目では，〈自分を眺める〉のも，〈(自分がいる) 仕事世界を眺める〉のもともに大事です。第3章では，(キャリア・サクセスについて論じながら) 前者を主観的な基準，後者を客観的な基準と呼び，仕事のなかのわたしをこの両面から捉えることの意義を述べています。

　（対象となる）世界のない主観もありませんし，主観のないまま（生きられる）世界もありません。わたしらしさはわたしが生きている世界と照らし合わせて見つかるものですし，世界は，わたしにとって，わたしによる意味づけがない限りは，存在しないのと同じです。

別の言い方をすれば，インサイド→アウトの視点とアウトサイド→インの視点

　このように，キャリアをうまく歩むために，自分の姿を振り返るのに基本的には，どうもふたつの見方があるようです。アイデンティティにかかわる見方は，内側から自分を眺め，マッチングにかかわる見方は，外側から自分を照らしていることになります。[11] 表現を変えれば，前者をインサイド→アウトの見

---

9) 金井 (1994c)。
10) キャリア・サバイバルという言葉によって，雇用調整の対象になったひとのアウトプレースメントに使われるようだと適用範囲が限定されすぎていて問題なので，この言葉は誤解を招くと指摘していました。職務と役割の戦略的プラニングは，そのようなひとたちだけでなく，新しく管理職になったひと，工場長になったひとなど，会社を移らなくても節目をくぐった後では，使用してほしいと願っていました (Schein/金井，2000，18-19頁)。
11) ここでは，詳しい説明を省きますが，ジョン・ホランドのRIASECなどが，静態的なマッチングの見方の典型例です (Holland, 1997)。もちろん，職業への関心といっても，関心そのものは，個人の内側にあるのですが，職務や仕事のほうがもつ特性に照らし合わせてそれを探る点が，アウトサイ

方，後者をアウトサイド→インの見方とも呼べるでしょう。

　第1のインサイド→アウトのアプローチは，内側にあって普段は見えないものを少しばかり見えるものにしてみようという立場です。この視点からは，自分のキャリアの拠り所を探すことになります。ひとは，仕事，上司，同僚，勤務場所がどのように変わっていったとしても，場合によっては働く会社ごと移っていったとしても，外から傍観しているだけでは気づかないし，本人にもどの程度自覚されているのか定かでないのですが，それらを貫く基盤というものがあります。これを探すのに役立てるために作成されたのがキャリア・アンカーのエクササイズです。アンカーとは，もともと船の錨（いかり）を指す言葉です。小学館の『国語大辞典』によれば，錨とは，「船を留めておくために綱や鎖をつけて水底に沈めるおもり」で，わたしたちがよく見るのは，鉄製の四爪碇（よつめいかり）ですが，古代には，石を用いたそうです。それがあるおかげで，船が遠洋航海にも出られるのと同じように，ひとにも（内なる）キャリア・アンカーが，ツールによって，少しは見えてくると，いったい自分はなにをめざしてきたか，これからなにをめざすのかを探るよすがとなります。内面を引き出すという意味での診断法ですので，キャリア・アンカーは，インサイド→アウトというわけです。まず，ソクラテスではないですが，汝自身を知れ，というわけです。

　第2のアウトサイド→インという見方は，働く個人を取り囲む周りからの要望が，そのひとの仕事ぶりにどのように影響を与えているのかを見る方法です。自分自身をキャリア・アンカーという観点から見定めることがうまくできていても，そのアンカーにふさわしい仕事にうまい具合に就いているとは限りません。また，幸いそういう仕事についていても，周りの関係者からの要望しだいでは，日常の忙しさのなかで，いわばパンク状態になっていることもありえます。わたしは，仕事がら多くの会社のミドル・マネジャーや若手の社員によくお会いしますが，以前より少ない人数でより多くの仕事をこなしているようです。彼らの仕事ぶりに，過剰負荷のなかでプレッシャーに耐え，しかも多種多様な要望に（なかにはわけのわからない要望もあるのに）対処しつつなんとかがんばっている姿が見えてきます。研究のための調査や，教育のための研修の場で話を聞いていますと，そのような姿が見て取れます。だから，自分探しのためにも（キャリア・アンカーにかかわります），たいへんな環境のなかでうまく生き残るためにも（サバイバル・キャリアにかかわります），自分と自分

　ド→インの方向だというわけです。

のおかれた場を知るためのツールがあれば，キャリアにかかわることで戸惑っているひとに役立ちそうだと，ますます感じています。

生涯発達とライフコース（人生行路）という視点

　　　ひとの発達は学校にいる間に終わるのではなくて，成人になってもいくつになっても発達が問題となり，たとえば，中年には中年の発達課題があることを明らかにしてきたのが生涯発達の心理学[12]です。生涯発達の心理学は，第4章でもふれますが，主として移行期（節目）の心理を扱います。個人の発達そのものが研究調査の焦点となるために，その個人が他の人びととともに生きている社会環境，社会状況，時代というものは背景に退きます。たとえば，中年の問題を考えるとしましたら，わたしよりも，10年年上のひとが40歳だったときも，わたしがそうだったときも，これから10年先に40歳になるひとも，中年への過渡期の課題に，世代を超えてどのような特徴があるのかを見るのが，この立場です。

　　　これに対して，ライフコースの社会学[13]では，人生行路が埋め込まれている時代の社会経済的状況を大きくクローズアップします。終戦のときに40歳ぐらいで若くして役員になったひとたち，高度成長のいけいけドンドンのときに働き盛りの40歳だったひと，ちょうど中年に差し掛かるころに日本の仕組みが世界に通用しなくなり大きな人事制度の変化を40代になってから経験しているひとを比べると，心理的な発達課題は同じでも，時代からの期待，それへの適応の様式はおおいに変ってきます。これは，いかにも社会学者らしい視点で，生涯発達の視点と補完的です。

　　　キャリア・サバイバルは，自分の周りのミクロで見た仕事環境の分析ですので，社会環境を直接見ているわけではありませんが，この役割ネットワークのアプローチは，キャリア・アンカーが心理学的であるのに対して，相対的には

---

12) それを詳しく紹介するのが，このガイドブックの使命ではありませんので，深く学習したいひとにはいい書籍がいっぱいあります（たとえば，波多野・高橋，1990；村田，1989；武藤編，1995）。女性の生涯発達に焦点を合わせたものとしては，岡本（2002），キャリアの問題をクローズアップした生涯キャリア発達の理論としては，武田（1993），渡辺編（2002）を参照してください。
13) Elder (1974) は，大恐慌のときに子供時代をすごしたひとたちのライフコースを扱っている古典的研究です。日本でも，たとえば，青井編著（1988）は，同じ津田塾大学を出た女性でも，世代ごとに生き方に違いがあることを，示しました。森岡・青井（1985）もわが国での実証研究の例です。ライフコースの社会学の包括的な読みやすいテキストとしては，Clausen, (1986)を勧めます（立派な邦訳があります）。

社会学的だといえます。そもそも役割という言葉は社会学の概念です。このような視点の対比も，シャイン自身はふれていませんが，自分の発達を見ること，おかれている状況のなかで自分を見ることの両面を大事にしたいものです。

ミクロの仕事状況もつまるところ，今の時代，そこで今日本という国が，あるいは個々の会社が抱えている問題に派生する大きな適応課題をもっています。

時間的・空間的に遠くの世界と近くの世界

つぎは，時間軸に目を移しましょう。アンカーは，長い期間にかかわります。入社後10年近くなると自分が遠くめざすものが見えかけているでしょうし，その基盤にどのような自分らしさがあるのかについて，ある程度考えが深まっていることでしょう。それを実現するのは，今の仕事，今の会社に限定されません。つまり，アンカーは，時間的により長い期間，時間的には「今」を超えるものに注目し，そのような視点を過去から現在そして将来を展望するところまで貫いています。空間的には「ここ」を越えるものを念頭においています。それに対して，サバイバルは，今自分がいる仕事環境にかかわるという意味で，時間的にも数ヵ月から数年のレベル，空間的にも今いる会社の今の職場での適応にかかわっています。つまり，キャリアの拠り所をインサイド→アウトで探すのは，時間的にも空間的にもより遠くを照らし出す作業になります。それに対して，変化する仕事状況での適応具合をアウトサイド→インで診断するのは，時間的にも空間的にもより近接した未来と「今－ここ」の現在に密着しています。もちろんその「今－ここ」も変化の嵐のなかにあります。だから，ダイナミックな視点が，職務と役割のプラニングでも大事になってきていますし，キャリア・サバイバルは，そのことを強く意識したツールです。

自分の究極の拠り所，つまりキャリア・アンカーがたとえば創造性の発揮であるとわかったとしても，それだけでは，「今－ここ」の職場環境でうまくやっていけるとは限りません。なぜなら，仕事は，ひとりでなされるのではなく，自分の仕事ぶりを取り囲むかのように，さまざまな職務上のゆかりの人びとが自分の周りにいるからです。周りの人びとと相互作用しながら仕事が進みます。自分も彼らに要望を出すでしょうが，サバイバルするためには，自分も彼らからの要望にうまく対応していく必要があります。

先に，創造性をアンカーとするひとを例にとりましたが，専門能力や奉仕・社会貢献などの他のアンカーを例に考えてもらっても同じことです。上司，同僚，社長，大口顧客，家族など社内外の関係者から成るネットワークがわれわれを取り囲んでいます。そのなかに，（働きすぎて家がおろそかになると怒ら

図1　アンカーとサバイバル

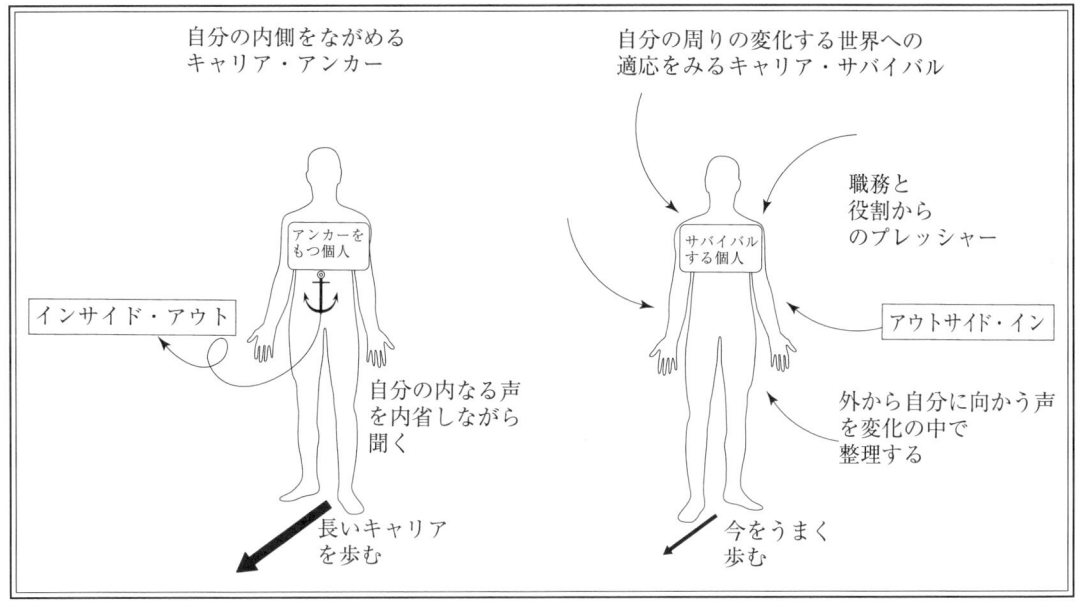

れるという意味では，利害関係者なので）配偶者や子ども，つまり家族を入れて考えるのも自然なことで，かつ大切なことです。[14] そのひとのアンカーが起業家的な創造性だと知るだけで，仕事場面で創造性がうまく実際に発揮できるとは限りません。そのひとが今，自分を囲むネットワーク内の主要人物からどのような職務上の役割を期待されているのかを知り，さらに，その役割が（変化する社会・経済環境のなかで）今どのように変わりつつあるのかを知らないと，現実に，新事業の立ち上げなど，そのアンカーにふさわしい仕事についてはいても，その仕事がうまくこなせるとは限らなくなってしまいます。

職務と役割についても，キャリアの節目を超えた後で（たとえば，とうとう新規事業開発の責任者に就任したというようなときに）しっかりと戦略的にプランニングする必要が出てきます。それを支援するのが，キャリア・サバイバルです。外側を見て，そこから自分のあり方を考えるという意味で，アウトサイド→インの視点です。周りから見て，自分の居場所を知る視点です。キャリア・サバイバルのエクササイズで皆さんが描かれた役割ネットワークの図は，

---

[14] ワーク・ファミリー・バランスという研究領域（Zedeck, 1992）があります。ライフスタイルをアンカーにしているひとに限らず，この問題の重要性の認識がようやくこの国でも，徐々に高まりつつあります。わが国で企業の側がおこなっている女性就労支援制度の導入については，藤本（2002）の研究があります。

そういう意味では，今航海している海域の海図です。アンカーが船や航海のたとえから生まれてきていますので，それにあわせて言えば，「海図（役割ネットワークを診断する図）を手にしているおかげで，沈まない」というのが，サバイバルです。

あまりうまい図だとは言えませんが，両者の対比は，図1に示すとおりです。

みんなとともにいる世界

キャリアの拠り所は，自分を基軸におくものですから，それは最終的には，自分で探し選び取り，育てるものです。なにがあっても犠牲にしたくないものがそれです。

ただし，それを探す上でおおいに指導的な立場をとってくれるひとがいる場合があり，そのようなひとのことを，メンターと呼びます。

メンターについて，最近，興味深い議論が研究者の間でなされています。パワフルなひとにだけ依存するのでいいのかという議論です。

ハーバード大学のモニカ・ヒギンズは，キャリアが社会的な脈絡のなかに存在することに注目して，ひとのキャリア発達に貢献する，「発達的ネットワーク（developmental network）」に注目しています[15]。これは，なんでもない発想のようですが，それまでのメンターの研究を超える論点を含んでいました。この新たな視点は，どうして，メンターというと，自分より年長でよりパワフルな立場にあり，成功していて，往々にして（メンタリングを受ける側が男性でも女性でも）男性のひとが多いのかという疑問から始まりました。

たしかにキャリア上の大きなチャンスをくれるひとは，そういうパワフルなひとかもしれません。でも，皆さん，ちょっと想像してみてください。いくら相談に乗ってくれて，ときには親身に接してくれるひとでも，あなたのキャリアの将来がひとりの年長のおじさんに握られてしまっていたら，少し気持ちわるくないですか。成功しきっているひとにはわからないこと，同じ苦労をくぐっている同輩だからこそできるアドバイス，仕事の世界とは異なるところでの友人だからできる励まし，若い同性どうしだからはしゃぐように気楽にできてしまう相互の情報交換，等々のことを思うと，たったひとりの上位者のメンターも大切ですが，それ以外にも，そこかしこに，自分の発達にプラスになるリソースとなる人びととのつながりがあることがキャリアを助けます。

---

15) Higgins (2001); Higgins and Kram (2001)。

キャリア・サバイバルの着想は、このような議論よりもはるか以前に、これとはまったく独立に生まれたものですが、自分に仕事の要望を出すひとたちのネットワークを描く間に、そのなかに、自分がキャリアを歩むのにずいぶん助けになっているひとたちがまじっているはずです。その意味では、仕事の要望を出す「うるさいひとたち」のネットワークを描きながらも、「自分の助けになるひとたち」がそのなかに混じっていて、役割ネットワークのなかに、なにがしからの発達的ネットワークが埋め込まれているかもしれません。もし後者が全然見えてこなかったら、やや深刻ですが、その場合も、仕事上の要望を出すという意味で大事なひとたちでなく、自分のキャリアを情報、チャンス、リソース面で応援してくれたことのあるひとたちからなるネットワークを、役割ネットワークとは別個に描いてみるというエクササイズも、自分なりに加えることもできるでしょう。[16]

サバイバルは、実はキャリアそのものの問題ではない

　いろんな具合に対比が可能ですが、アンカーとサバイバルという言葉は、キャリアを考えるうえで興味あるペア（一組）の概念です。どこに航海していっても、大洋に出て行っても、寄港する先々で頼りになる錨（アンカー）があり、その途上で、たとえ嵐があっても、今いる海域の状態がダイナミックに把握できているので、座礁もしないし、沈むこともないというのが、サバイバルです。遠洋航海のように長い仕事生活（キャリア）の節目でとまどっているときでも、アンカーとサバイバルの両方のツールが備わっていたら、遠く目指すべき方向感覚を過つことなく、同時に当面直面している海域の航行も、円滑になっていくことでしょう。

　キャリア・アンカーという言葉は、ツールの開発者（エドガー・H．シャイン）に大のお気に入りの言葉で、それに対して、キャリア・サバイバルは、職務と役割のプラニングのツールに対して出版社（パイファー社、当時）の編集担当者がつけた言葉で、開発者のシャイン自身は、「なんかちがうんだよね」と繰り返し言っています。キャリア・サバイバルという言葉は、やや継子扱いです。また、その言葉は、やや誤解を招く表現だとも感想をもらしていました。[17] 今いる仕事状況をいかに乗り切るかという課題は、自分の分析というよ

---

[16] わたし自身は、ボストン近辺の企業者のネットワークの研究でそのような大勢のひとたちが担う支援機能を確認したことがあります（金井、1994a）。

り，自分の周りの分析なので，正確には，長い目で見た仕事生活という意味でのたった 1 回限りの長期的には人生にオーバーラップするようなかけがいのないキャリアそのものを直接に問うものではないというのが，シャイン教授の判断です。

　生意気なようですが，シャイン教授の弟子で邦訳者のわたし自身は，こうやってあらためて，アンカーという言葉とサバイバルという言葉を並べると，恩師の違和感にもかかわらずとてもいいペアだと思っています。そのわけをもう一度要約させてください。

　もともと航海というのは，大航海時代の昔には冒険であり，危険と機会の両方に満ち溢れていたことを考えると，アンカーとサバイバルは言葉としてもなかなかよいペアだと感じるようになっています。確かに目的地について停泊するときにはアンカーもいるけれど，目的地にたどり着く前に，タイタニックのような大型豪華客船でさえ，沈んだら終わりです。アンカーとサバイバルという言葉と並べることに意味がありそうです。大海に浮かんでいる船なのに，遠い行き先があり，そこにたどりつくまでけっして沈まないというのは，キャリアの歩みを大事にしているひとにはきちんとできていることですが，それは偉業です。アンカーもサバイバルもふたつながら実現していくのは，力みなぎるステップです。わたし自身は大学という「ぬるま湯」世界にいて，少なくともこれまではわがままが許されがちだった世界のなかでさえ，しばしば（中年になって）行き先にとまどい，大学も変革期をむかえるなか，沈んでしまいそうになります。読者のみなさんはいかがですか。自分を知り，究極の行き方や拠り所を知ることも，周りを知り，「今－ここ」をうまく乗り切ることも大事だと思われませんか。

---

17) 著者との対談や，来日時の対話（Schein/金井，2000，6-18頁）にもとづいています。キャリア・サバイバルという言葉への開発者であるシャイン自身の違和感については，つぎのような発言がありました。「アメリカでは，出版社が私の期待に反して，『キャリア・サバイバル』という名前をつけてしまった。アメリカでは，このタイトルのために，会社はアウトプレースメントを処理しなければならないので，生き残りのためにキャリアの問題と格闘している人たちに，広く使われているようだ。

　でも，この本はアウトプレースメントのためでなく，ダイナミックに変貌する仕事のなかで，管理職全体がうまく生き延びるのに必要な道具なのだね。

　日本では，『キャリア・サバイバル――職務と役割の戦略的プラニング――』という私の希望どおりのタイトルで出版されるので，そんなふうに使用されていけば，うれしいがね」(18-19頁)。わたしたちは，総合的に判断して，『キャリア・サバイバル』をメインのタイトルに選びましたが，ここでのシャインの懸念を重視して，これがアウトプレースメントだけに使われるツールでないことを，このガイドブックやサバイバルの冊子の訳者あとがきで，十分に明らかになるようにしました。

アンカーという言葉，サバイバルという言葉

　しつこいですが，このふたつの言葉の語感をさらに吟味してみましょう。まず，アンカーという言葉。船の錨は，文字通り，船の内（インサイド）から鎖でつながって外（アウトサイド）へ出てきて，どんな国の港でも，下ろすことができます。内から外に出て，水底でおもりとなるわけです。錨を下ろせば，もう潮の流れに流されて翻弄されることはありません。これが，アンカーのイメージです。キャリア・アンカーも内側から出てきて，やっている仕事が，自分の能力，動機や価値のイメージと合っていれば，そこから外界にうまくつながれるというわけです。働くひとの基盤となるものです（船でなく，建物の喩えなら，大黒柱でしょう）。アンカーというと，テレビなどでニュースの出し方の全体を仕切る報道番組の総合司会者，スポーツの世界なら，陸上や水泳の競技においてはリレーの最終走者や最終泳者を指し，最も頼りになるひとを指します。航海なら錨，建物なら大黒柱という役柄をさします。自分のキャリアの拠り所がわかっているひとこそ，その仕事に意味ある形で長くかかわることのできるひとなのです。

　つぎに，サバイバルという言葉。ほとんどのひとがこの言葉からまっさきに思い浮かべるのは，競争や生存ということでしょう。外界（アウトサイド）から自分（インサイド）に向けられる圧力がその世界を特徴づけます。チャールズ・ダーウィンそのひとが使ったとおりに，サバイバルといえば，適者生存 (survival of the fittest) という言葉を想起するかもしれませんし，社会思想史を学んだひとなら，社会ダーウィン主義の考え方に見るように，それを人間社会にもあてはめるような思想を思い浮かべるかもしれません。

　実際に，最近のキャリアをめぐるジャーナリスティックな言葉は，後述しますように，「21世紀にも生き残る」とか「21世紀にも勝ち組で居続ける」というように，サバイバルがらみの言葉が多くなりました。キャリア・サバイバルとは，仕事環境の性質を見たとき，つまり外から見たとき，自分のなかにそこでうまく生存するにたるコンピタンスが備わっているかどうかという話です。今の日本では，サバイバルという言葉には，「きびしい時代だけど，沈没しないで！」という響きが，伴う感じがします。航海のイメージというより水泳のイメージですが，なんとか生き延びていますよという意味合いで，I just try to keep my head above the water（「ちゃんと，顔だけは水につからないように，ぎりぎり泳ぎ続けていますよ」）という表現があります。日常の仕事においてパンクぎみで，アプアプしてしまっているなら，まさにこういう状態です。

しかし，うまく仕事環境に溶け込み，適応できていたら，波があっても，流れが変わっても，うまく潮に乗れています。そういう状態がサバイバルできている姿です。いったん自分探しは，括弧に入れているので，流れの勢いに乗り出したら，元気が回復します。そのためには，自分がいる場所，外界のダイナミックな特性を，対人ネットワークのなかからよく把握していなければなりません。

　アンカーが自分探しにかかわるとしたら，サバイバルは，自分らしさもさることながら，生き残れなかったら終わりだという環境適応の側面をさします。ひとは，生き残るためだけに生きているのではありませんが，生き残れなかったら，自分らしく生きることもできません。

サバイバルがキーワードになってしまっている今の時代——これからの組織，これからのキャリア

　われわれを取り囲む世界を見てみましょう。世紀の変わり目と前後して，世界全体でも課題が山積みですが，日本は，今は国レベルでその生存価値や元気の度合いが世界という舞台で問われています。そのために，ジャーナリズムの世界では，生き残りと勝ち組をテーマに，さまざまなキーワードをわたしたちに提供してきました。しかし，国を支え，個別の組織を支える元気の源泉は，働くひとりひとりの個人です。国はいったんわきにおいて，組織と個人にかかわる時代のキーワードを検討してみましょう。詳しく検討すると際限ないので，その一端をリストに示すと表1のようになります。カタカナばかりですが，実際に，われわれが目にするのは，これらの言葉です。コンサルタントと経営学者がカタカナのまま使うから，見苦しいほどにカタカナが横行してしまったともいえますが，このことはとりもなおさず，このリスト内の用語が外来語だということを示しています。市場のなかでの生き残りをまず大きく気にかけて，にもかかわらず，組織の温かさよりも，市場における競争の価値を喧伝するのが，アングロサクソンの伝統だったことともかかわりがあるかもしれません（ほぼ，冗談のようですが，表1に登場する言葉を大和言葉に置き換えた表2も作成しましたので，ご覧ください——これはこれでなんかへんでしょう）。

　表1の左の列に21世紀にも発展する組織の特徴，右の列にこれからの時代にますます通用する個人の特徴について，キーワードをリストしただけのものです。わたしがこの表のように自分自身も信じているという整理の表ではなく，順不同で最近の経営書やビジネス・ジャーナリズムの世界でよく聞くカタカナ言葉をリストしただけです（ですから，読者の皆さん自身，仲間と議論しなが

表1 新しい組織，新しいキャリア（カタカナ・バージョン）

〈組織のキーワード〉	〈個人のキーワード〉
・オープン	・エンプロイヤビリティ
・フレキシブル	・ポータブル・スキル
・フラット化	・キャリア・デザイン
・IT	・マーケット・バリュー
・オーケストラ型	・スペシャリスト
・コア・コンピタンス	・コア人材
⋮	⋮
・バウンダリーレス	・バウンダリーレス

表2 新しい組織，新しいキャリア（大和言葉バージョン）

〈組織の鍵概念〉	〈個人の鍵概念〉
・開放的	・就業可能性
・柔軟	・他社でも通用するスキル
・文鎮型，平らで低い	・職歴設計
・情報（＋通信）技術	・市場価値
・交響楽団型	・専門家
・中核能力	・中核人材
⋮	⋮
・境界線のない組織	・境界線のない職歴

らよく聞くキーワードを組織と個人について並べてみてください）。[18]

　勘のいいひとならすぐに気づくと思うのですが，一見すると多様なこれらの言葉の底流をなすのは，「小さな政府（そして，簡素な組織）と市場主義」です。市場に任せるのなら，政府の役割も小さいほうがいい。規制緩和は，見える手（行政）から見えざる手（市場）にバトンタッチすることです。簡素な組織にするのがいいというのも，官僚制化した組織に，市場の風を入れるということですから，底流になる考えをひとつに絞るなら，市場主義かもしれません。市場を彩る言葉が競争で，競争が鍵ながら，当然，勝つこと，生き残ることが

---

[18] ここでは，わたしがよく目にする言葉を並べただけですが，バウンダリーレス・キャリアという概念の提唱者が，これからのキャリアや組織の特徴として並べたキーワードは，金井（2002a），58頁を参照してください。また，このような新しいキャリアが実際に各国で，またいろんな産業分野でどのように生じているかの検証については，Peiperl et al. (2000) を参照してください。この本は，バウンダリーレス・キャリアが現実のものになっているかどうかを議論するためにロンドン・ビジネス・スクールでおこなわれた会合から生まれました。

中心に語られるようになるでしょう。サバイバル（生き残り）がキーワードになっているのが，今の時代です（そういう議論をよく耳にするということで，わたしが市場主義の考え方を全面的に信じているというわけではけっしてありません）。[19]

21世紀に勝ち組で生き残る組織の特性

　まず，表1の左側の列，これから生き残る組織の特性としてよくあげられる言葉を見ていきましょう。たとえば，メーカーでも原材料部品などの供給は外に任せることが可能ですし，工場でさえ自社内部にもたなくてもファブレスで事業を起こし発展させることもできます。開発をしたら，製造は外部に任せるというやり方です。モノや情報だけでなく，今まで内部でおこなっていたヒトによる作業のかなりの部分も，その気になればアウトソーシングが可能で，時代のキーワードは，オープンでフレキシブルということです。全部を自社に背負い込んでしまうと，かえって柔軟な身動きがとれなくなったり，迅速さを犠牲にしたりします。業務の安定のためにすべてを内部に囲い込むよりも，必要に応じて外部とうまくつながるほうが柔軟性を磨きやすいです。変化に対する適応のためにオープンでネットワーク型の組織がいいという考え方をよく聞くようになりました。慶應の國領二郎さんが，見事に描いた[20] この姿は，働くひとのキャリアや生き方にも影響を与えるでしょう。このようなオープン化，アウトソーシング化の動き，また，組織内でのフラット化の動きを支えているのは，ITです。好むと好まざるとにかかわらず，組織のあり方や個人の働き方に，ITが本格的な影響を与え始めました。

　「ITが進めば，ミドルの情報伝授の役割がなくなる」ことだけが喧伝されますが，わたしは，「どんなにIT化が進んでも，そこにヒトが介在しないとできない判断やアクションはなになのか」という問いが，よりまっとうな問いだと思っています。P．F．ドラッカーは，これからの組織を考える手本のひとつがオーケストラ型組織だと述べました。[21] ミドルが介在しないこととの関連だけで，この主張を理解するひとがいますがそれは間違いです。楽団員と指揮者がいい音楽をアンサンブルで奏でるという目標のもとに，直接につながって

19）そのことを警告する文献（たとえば，Kennedy, 2000）も目につきます。
20）國領（1995）。
21）Drucker（1993）。

いるし，楽団員のひとりひとりが高い専門性と芸術性をもっている点がすばらしいという重要なポイントがあります。ミドル抜きになるという指摘よりも重要な点はこちらにあります。オーケストラは，100名ぐらいですから，実際に何千人，何万人もいる組織からいきなりミドルが不要になることはありません（指揮者のいないオーケストラからも大いに新たな組織のあり方を学ぶべきですが，規模は30名ぐらいまででしょう）。その役割がどう変わるかにもっと注目すべきでしょう。実際に，オーケストラにも，指揮者のほかに，コンサートマスターという楽団員のリーダーがいますし，その役割は，ITで変えることなど当然できません。

　内で閉じずにオープンで社外とネットワーク状につながりながらも，組織のアイデンティティをけっして失わないのは，自らの組織のコア・コンピタンスがうまく描かれ，発展させられているからです。顧客の価値の創造につながり，今，競争に勝つだけでなく将来も勝つという持続的な（簡単にまねが他社にはできない）競争優位性をもたらす元となるのが，コア・コンピタンスです。それは，当該組織で働くひとりひとりに誇りを与えるが，けっして個人の能力（ケイパビリティ）ではなく，組織の能力であるという特徴をもちます（個人に依存しているとしたら，そのひとがいなくなると，それまでの強みがすぐに失せてしまいます）。それがあれば，オープン・ネットワーク型の経営で，（GEの元会長，ジャック・ウェルチが好んで使った言葉です[22]）「バウンダリーレス（境界線のない）組織」になっても，柔軟さを追求するあまり，アイデンティティを失うことはないというわけです。また，他組織と戦略提携しても，どこにも負けないコア・コンピタンスがあれば，相手に飲み込まれてしまうことはけっしてありません。

　これが，表の左側の列にリストした，これからの組織の特徴です。オープン，フレキシブル，フラット化，IT，オーケストラ型，コア・コンピタンス，バウンダリーレスという言葉を並べましたが，ほかに，アジル（迅速な），知識創造，学習する組織，エンパワーメント（現場に近いところに権限と決定権を委譲）など，読者なりに足してみてください。

---

22) Slater（1999）の第3部「境界のない組織の構築」にウェルチのバウンダリーレス組織の考え方が示されています。

21世紀に勝ち組で生き残る個人のキャリアの特性

　さて，右側にも，言葉をリストしましたが，これらは，これからの時代にも，勝ち組で居続けることができる個人の特性，キャリアの歩み方にかかわるキーワードを並べたものです。組織がバウンダリーレスでオープンになるにつれて，働く個人もどうも，この会社にだけしか通用しないということでは困るという認識が高まってきました。囲い込み型の経営の終焉が人材マネジメントにもたらした意味合いは，エンプロイヤビリティ（就業可能性）とポータブル・スキル（会社が変わっても普遍的に通用するスキル）という言葉にもっとも色濃く表明されています。雇用されているという安定した状態，つまりエンプロイメントを大切にするのが，永らく日本企業の特徴でした。数年前には，リストラが報告されるたびに，その企業の株価があがるアメリカのほうがヘンだと言っていたものですが，最近は，論調が変わってきました。結果において内部昇進で長く同じ会社にい続けることになるひと，経営幹部までいくようなひとでも，今，社外でなにかの機会にばったりと出会ったときに，「あなただったらわが社に勤めてほしい」と声をかけたくなるように自分を磨いているひとなのか，という問いが急激に浮上してきました。その問いが，エンプロイヤビリティ，労働市場のなかでばったり出会っても雇うに値すると思えるほどの人物かという問いです。必ずしも，エンプロイヤビリティが高いから転職するとは限りませんので，転職可能性と訳す必要はありません。実際には，エンプロイヤビリティ（就業可能性）が高いひとのほうが，雇用調整の対象にはなりにくいのです。どこにでも勤まるけれど，この会社が好きだから，思い切りそこでがんばってみたいと，迷う節目があってもそう決めていくひとたちが（私の観察では）けっこう大勢います。

キャリアを成り行きまかせや組織まかせにしたままでいいのかという反省の声

　会社まかせにキャリアや人生を歩んでいるようでは，その会社にしか勤まらないような人間になってしまっても仕方がありません。就業可能性が高く，ポータブル・スキルを備えているひとは，ただ会社まかせにキャリアを歩むだけでなく，自分なりに自分のキャリアをデザインするという発想で生きてきたひとです。ただ収入があがるので転職するというような類いの（「ステップアップ」とかよく雑誌のキャリア特集でみるような）キャリア・デザインではなく，自分の持味をより普遍的に通用する形で高めるような，節目のキャリア選択を

するべきだというキャリア観が強調されるようになりました。たった一回限りの自分のキャリアであり，人生であるのだから，成り行きまかせ，組織まかせでいいのかという反省がここにあります。他社にも十分に勤まるようなひとかどの人物は，どこかに専門性を磨いていて（結果的にはゼネラル・マネジャーまでいくひとでも，なんらかの領域のスペシャリストやプロであり），その専門性ゆえに，万が一，雇用調整の対象になっても，いい値段（マーケット・バリュー）が自分につきます。[23]

興味深いことに，高い専門性やリーダーシップが評価され，他社から2倍，3倍の年収額が提示されても，あらためて今いる会社の理念，社風，社会的貢献を鑑みて，他社に移らず，今の会社にい続ける決定をするひとにも，ちょくちょく出会います。[24] その場合，会社は替わらなかったが，選択をしっかりおこなっているという意味で，このような生き方・働き方にはキャリア・デザインがあります。このような人材に備わっている持味が会社のコア・コンピタンスに大きく貢献しているのなら，そのような人材こそが，人材のアウトソース化が進んでも，内部開発すべきコア人材です。

こういうコア人材以外の流動性を高めることによって，組織はもっと柔軟になると期待されていますが，その動きは，しばしば個人にきびしい選択を迫ることもあります。

バウンダリーレス組織にバウンダリーレス・キャリア——有力なアイデアでも鵜呑みにせずに，「ほんとうか」と批判的にみて，自分で考えること，議論することが大切

さて，表1の左側で，組織に対してジャック・ウェルチがバウンダリーレス（境界線のない）組織といったのと同様に，右側のリストにも同種のバウンダリーレス・キャリアという言葉をあげました。キャリアの研究者たち（たとえば，カーネギー・メロン大学のデニス・ルソーやサフォーク大学のマイケル・アーサー）は，これからの時代のキャリアは，バウンダリーレスになると主張しました。[25] 組織から組織へ移るひと，実際に転職しなくてもその気になれば

---

23) そういう用語法はいやだという方もおられるでしょうが，このようなひとが「売れる人材」（橘，2000）だというわけです。
24) 個人と組織のかかわり合いを見るには，組織コミットメント（Meyer and Allen, 1997）という概念と尺度があり，わが国でもよく研究がなされています（鈴木，2002；田尾編，1997；若林，1987）。キャリア発達と結びつけたコミットメント研究がひとつの焦点となりつつあります。
25) Arthur (1994), Arthur and Rousseau (1996)。

移れるひと，他組織に移らなくても同じ組織のなかでCFT（クロス・ファンクショナル・チーム）において自分の専門をもちつつも特定の専門の狭い枠を超えて活躍するひと，ホームオフィスなどの導入によって会社と家庭の境界もなくなりつつあるひとが登場してきました。このような動きがバウンダリーレス・キャリアと名づけられたのです。

　表1の右側の列をご覧になると，以下の言葉が並んでいます。エンプロイヤビリティ，ポータブル・スキル，キャリア・デザイン，マーケット・バリュー，スペシャリスト，コア人材，バウンダリーレス・キャリアに加えて，読者の皆さんなりに，ジャーナリズムに見る，これからのキャリアを考えるキーワードを足してみてください。

　このようなノーテンキな表を無批判的に受け入れるのではなく，リストを見つつ自分も内省し，また周りのひとと議論してみてください。組織も個人も今どこに向かっているのかについて，話し合ってみてください。たとえば，バウンダリーレス・キャリアというのは，キャリア研究のなかで出てきた有力な概念で，その提唱者であるマイケル・アーサーやデニス・ルソーの両教授をわたし自身は研究者として尊敬はしていますが，しかし，この言葉とて，そのまま日本にあてはまると思わないほうがいいと思っています。[26] 最近の動きにそれがあてはまったとしても，それでもまだ鵜呑みにせずに，それがわれわれの望む方向なのかどうか，しっかり議論をして自分なりの見識をもつことが大事です。

それが時代の傾向だとしても，それが望む方向でなければ，これまでの日本的なキャリアのあり方のよさを残すことも大事になってくる

　さて，誤解のないように繰り返し強調したいのですが，わたし自身は，これらの言葉の集合（リスト）が描く産業社会をまるごといい社会だと信じている

---

26) 1998年にロンドン・ビジネス・スクールで「ニュー・キャリア・リアリティ」会議に出席したときのテーマも，アーサーが基調報告をしつつも，バウンダリーレスという新たなキャリアが注目されつつあるが，それが現実のものになりつつあるのかを，検証する会合でした。わたしたちは，藤井ほか（1996）を発表して，日本に進出している外資系の企業でも，まだまだバウンダリーがあることを示唆しました。社外にいることもあるが，社内の上司からのメンタリングがミドルになるころにも元気づけに役立っていたからです。わたしたちの研究以外でも，直属の上司の役割を重視すべきだという調査結果が出ています（代表的なものとして，若林，1987；Wakabayashi and Graen, 1984）。上司というのは，社内（つまり，バウンダリー内）のひとですから，時代としては，バウンダリーレスという方向が見えつつあっても，この国では，まだまだ，バウンダリーフルな側面が濃厚なようです。

わけでもありませんし，そのような方向に向かう動きが必ずしも，望ましいものとも手放しでは思っていません。むしろいっぱい違和感があります。それが証拠にこれらの言葉は，たいていカタカナのままの外来語で耳にします（わざと全部，カタカナ表記にしたわけではありません。逆に，無理して全部，大和言葉にした表2もつけました。雑誌等でもカタカナで見る言葉が，戦略系，人事系のどちらの文献でもふえました）。この表1にリストしたようなことがもっとも典型的に色濃く成り立つのは，シリコン・バレーやIT関係やネット関係のベンチャーでしょうが，それが唯一のよい手本ではけっしてないことも，わたしたちは学んできました。

東京大学の藤本隆宏さんによる非常にスケールの大きな研究からも，日本の産業が強みを発揮してきた産業は，インターフェースをよく整備して出来合いの（しかし，最高の）モジュールを外部から入手して，それらを迅速にはめ込んでものをつくるような分野より，全体の統合や決め細かな擦り合わせが威力を発揮する分野だとわかります。[27] だから，長期雇用をはじめ，それに適した人事の仕組みを構築してきました。それは，一朝一夕にできたものではありません。それなりの働きをしてきました。その意味では，キャリアのあり方や組織のあり方をめぐって，いかに変化の時代だとはいえ，シリコン・バレーのコミュニティやアングロサクソンの市場主義が成り立つ世界に一目散に向かうのがいいとは思えません。擦り合わせするためには，同じ会社に長く勤務することや，アウトソース先とも長期的な信頼関係をもつこと，あわせて，組織のメンバーが組織へのコミットメントやある程度の組織忠誠心を抱くことが重要で[28]，それらの価値は，依然として捨て去るには大きいです。時代の節目に，表の左側の列にあるような言葉が頻繁に使われるようになったという事実が，

---

27) 藤本・武石・青島編（2001）は，製品開発における設計思想（アーキテクチャー）に焦点を合わせましたが，同様に，キャリア・デザインにも設計思想があり，キャリア・アーキテクチャーにも，一社内に長く勤務するという擦り合わせに適したキャリアと，一社に必ずしもとらわれず境界を越えていくという，組み合わせの製品開発に適したキャリアとが対比できそうです。最高のモジュールを選びインターフェースを整備して組み合わせで迅速に製品を創っていく場合には，組織としては國領（1995）のオープン・ネットワーク型の組織が適していて，キャリアでは，バウンダリーレス・キャリア（Arthur, 1994; Arthur and Rousseau, 1996）がより適しているように思われます。キャリア・デザインの議論のなかに，キャリア・アーキテクチャー（キャリアの設計思想）という考え方を導入する野心的な試みが，研究面からも実践的にも，待望されます。日本での違いについては，すぐ前の注21も参照してください。

28) 組織へのコミットメントは，わたしたちが調べたある組織では，入社後すぐに高まるものでなく，4，5年経過してから，高まり始めることが確認され，定性的なインタビュー・データからは，キャリア発達の節目ごとにハードルを越えるたびに，コミットメントが高度化していることが示唆されました（金井・鈴木・松岡，1998；鈴木，2002）。

どのような意味合いをもつかを議論する必要があります。組織も個人も，単に生き残るためだけでなく，より自分らしく発展し続けるうえで，これらの言葉が表すことがなにを意味しているのか，一度真剣に議論してみてください。

もともと，擦り合わせと組み合わせは，製品開発におけるアーキテクチャー（デザイン思想）の議論から生まれた対比です。分野はちがいますが，長期的な働き方のパターンにも，キャリア・アーキテクチャーのようなものがありそうだという議論をわたしたちは，試論的に重ねてきました。[29] 製品開発や組織開発の世界だけでなく，キャリア発達（開発）の世界においても，デザインするならどのようなアーキテクチャーでいくべきか，考えるべき時代に来ているともいえそうです。これまでのように擦り合わせに強みをもたせるなら，やや囲い込み型になってでも，人材を長く同じ会社に雇用し，統合的な人材マネジメントやキャリア発達をめざすべきでしょうし，モジュールの組み合わせでスピードを旗印とするなら，先に紹介しましたバウンダリーレス・キャリアのようなキャリア・アーキテクチャーが適合しているでしょう。

旧来の日本型の仕組みに自信をなくしつつある時代ですが，われわれは，〈「キャリア・デザイン」のデザイン〉[30] という考え方，つまり，キャリア・デザインのやり方そのものをどのようにデザインすべきかというメタ発想まで，問いかけを深め研ぎ澄ますべきです。組織から組織へとひとが流動的に動く方向がいいのか，できれば組織に長くいてもらう（とりわけ，コア人材にとっては）のがいいのか，また，この両者はいかにして両立可能なのかを，しっかり（成り行きや時代の流行に流されずに）考察して選び取ってほしいです。

どんどんアウトソースして（たとえば，人材さえもリストラもして）身軽でフレキシブルな組織ができても，温かさや信頼が組織の側から完全に失せてしまったら大問題です。確かに，経営戦略やその基軸となるコア・コンピタンスを意識せずに，ただあらゆる領域に手を出してがんばっているだけの姿は，もう過去のものにしたいです。組織の側にも戦略的な選択がいります。その組織の中でキャリアを歩む個人の側にも戦略的な選択がいります。同時に，ある程度の歴史と，確固たる理念や将来へ展望のある会社なら，選択のなかで，その組織が貫くものを大事にしてほしいです（個人レベルで，サバイバルとアンカ

---

29) 慶應学術事業会の丸の内シティ・キャンパス（MCC）で，「先端知」サーチ・コンファランス『キャリア・アーキテクチャー論——地に足のついたキャリア支援システムの確立をめざして——』という11回のシリーズを，慶應義塾大学SFC研究所キャリア・リソース・ラボラトリーの後援で，開催しました。
30) 金井・髙橋（2002）。

ーがどちらも大事だというのと同じメカニズムが組織レベルでも成り立ちそうです）。表にあげられたキーワードが時代の傾向を示すとしても，その傾向が望む方向でなければ，これまでの日本的なキャリアのあり方のよさを残すことも大事になってきます。

　表1の左側に対して，右側は，キャリアにもっと密着した用語のリストになりますので，キャリア・アンカーやキャリア・サバイバルのエクササイズをする方々は，ぜひともこれらの趨勢が自分に対してもつ意味合いをぜひ探ってみてください（『キャリア・サバイバル──職務と役割の戦略的プラニング──』の第8章も，この時代の動きの理解に役立つはずです）。

サバイバルだけのために生きているのではないが，サバイバルできなかったら自分らしく生きていくこともできない

　さて，時代の風潮として，生き残りにかけるトーンが濃厚なので，アンカー（長期的なキャリアの拠り所）よりも大きなスペースをサバイバル（キャリアのなかにおける「今－ここ」での当面の生き残り）の問題に費やしました。しかし，最も強調したいのは，アンカーもサバイバルもともに大事だし，この組み合わせが大事だということです。サバイバルしなかったら，アンカーがあっても停泊すべき場所にたどり着く前に，キャリアの歩みは，停止してしまいます。サバイバルばかり気にしてアンカーがなかったら，カメレオンのように外にあわせるだけで，自分らしさというものが希薄になってしまいます。

　外の声だけにあわせて生きていると，その都度器用に適応できていても自分というものを失ってしまいますし，内なる声のみに耳を傾けていると，己を貫いてはいますがへたすると「ただのわがまま」になってしまいます。もちろん，社会性を意識した「志の高いわがまま」もありえますが，そのときには，外からの声も意味ある形で，取り込まれているはずです。ひとはひとりでは生きていないので，外の声も聞かないといけないし，ひとは自分らしく生きるということも大切なので，内なる声も傾聴しないといけないのです。哲学を少しでもかじったことのあるひとなら，「わたしのいない世界も存在しない」し，「世界のなかでないとわたしは存在しない」という哲学的な議論をこのツールの根底に感じるかもしれません。

　だから，キャリア・アンカーとキャリア・サバイバルは，ツールとしては，両方とも試すのが望ましいと原著者もわたしも思っています。とりわけ，今はキャリアの節目だと思うひとはそのようにしてみてください。わたしは，はじめて自分のキャリア・アンカーを知ったときに，やはり，知らないよりはずっ

とよかったと思ったものです。ちなみに，何度試してみても，わたしのアンカーは，自律・独立です。キャリア・サバイバルの役割ネットワーク図を描くと，わたしのパンク状況がよくわかります。アンカーがなかったら，周りの圧力にふきとんでしまいます。だから，両方をペアのまま使っていただきたいという気になります。しかし，こんなことを考えている時間など十分にないということもありえるでしょう。まずどちらかを先にと思われている方については，しかるべき順序は，その個人の事情によります。長期的な自分の拠り所を大きく深く振り返り，それに基づき将来を大きく展望したいひとは，キャリア・アンカーの方を先に試すべきでしょう。今の仕事状況でパンクしていて冴えないということをきっかけに長いキャリアのなかの「今－ここ」のダイナミクスを省みようとしている方は，まずキャリア・サバイバルの方を試してみられるのがいいでしょう。周りからの期待や要請がいっぱいで，パンクしかけているひとの場合，きっと，かなりきびしい役割ネットワークの記述になるのではないでしょうか。今のわたしは，世代的・年代的に，学内でも学会でもいろんな仕事がよくあたるので，そういうネットワークの記述になるひとにもしっかり共感できます。

キャリア・デザインとキャリア・ドリフト

　このことは，わたしがここ数年使ってきた用語を使わせていただくと，キャリア・デザインに戸惑う時期には，キャリア・アンカー，節目をくぐってキャリア・ドリフトの時期に入っていくときには，キャリア・サバイバルが大切になってくるということになります。もちろん，ここをくぐるのはたいへんという大きな節目では両方セットで試すのが望ましいですが，まず，どちらかひとつを試すなら，キャリア・アンカーは節目で迷ったときに，キャリア・サバイバルは，節目を選び新しい世界に入って適応におおわらわの時期に，または，節目と節目の間でなにか不調を感じたときに，取り組むのがよいでしょう。大きな節目では一気に両方とも試すのがいいでしょう。

　まず，デザインとドリフトについて説明しましょう。[31] ずっと右肩上がりの経済環境に慣れ親しみつつも，それに安住するのではなく，この国で働く人びとがいつもがんばり抜いてきました。そのなかで，この国で働く人びとに欠けていたのは，自分のキャリアは，自分でしっかりと選ぶという発想です。とも

---

31) 詳しくは，金井（2002a），110-123頁を参照してください。

すれば，キャリアについては，会社まかせだったのではないでしょうか。あるいは，キャリアとして自分の仕事生活を考えるという発想そのものが乏しかったかもしれません。だから，わたしは，キャリアをデザインするという発想について，前からもっていたひとにはその発想を復権・強化してもらい，ずっと周りの動きに沿うことを最優先してひたすらがんばり通してきたひとには，その発想を新たに身につけてもらいたいと願っています。ドリフトとデザインとどちらが，キャリアにとって大事かというと，わたしは，躊躇なく，キャリア・デザインの方だと答えるようにしています。

にもかかわらず，いつもキャリアの拠り所を自分の内なる声に耳を傾けながら内省し，それに基づき進路を選び取るというのは，なかなかたいへんなことです。

デザインするということは，言い換えると，とまどっている，迷っているということです。今，うまくやっていけているのなら，また仕事ぶりに違和感や不都合がないなら，流れに身を任せて，がむしゃらにがんばるのでいいはずです。節目だと感じて，キャリアの来し方を振り返り，それに基づき，将来を展望し，直面する岐路での進路を選び取るのは，生涯の間（転職や起業を重ねてきたひとでさえ）数えるほどのできごとのはずです。だから，わたしは，〈節目だけは，キャリアをデザインしよう〉と提案して，〈節目と節目の間は，キャリアをドリフトするのもよしとしよう〉，それどころか，〈間の時期は，流される（ドリフトする）のもまた，勢いに乗る意味でいいのだ〉と主張してきました。

大きな節目とは迷い戸惑うべきとき，節目と節目の間は勢いにのるべきとき

もっとも，ドリフトというと，大事な節目かもしれないのに自己決定していない状態を指すのなら，それは避けるべきことです。〈キャリアのドリフターズにはならないで〉と警告してきたのは，そういう観点からです。しかし，いつもいつも節目をくぐっているわけではありません。大きな節目は，定義により数が限られています。常にキャリア・アンカーの所在に迷っているようだと，勢いが失せます。キャリアを問うことは，人生を問うことと，かなりの部分，重なり合います。哲学者でない限り，毎朝，歯を磨きながら，「人生いかに生きるべきか」と問う必要はありません。繰り返しになりますが，キャリアをデザインするのは，節目のときだけで十分で，節目とは過渡期であって，それは迷いの時期でもあります。デザインを意識的にしているということは，納得がいくまでは，迷っているということにほかなりません。しかし，そのような大

きな節目は，個人差もあるでしょうが，長い人生で10回を越すひとは稀でしょう。

　迷っているときには今の歩みには勢いがなくなります。だから，いったん，この方向でいこうと自己決定して選び取ったら，節目と節目の間は，これと決めたことに邁進する意気込みや努力の積み重ねが肝要です。とはいうものの，これをやると決めたのに，歩み始めたら，不調だということになったら，そこで挫折して，歩みが鈍ります。そういうときこそ，適応が重要な発達課題となります。そこを歩むと決まったあとには，その決まり方が自己決定であれ，思わぬ異動の場合であれ，まず，思い切り，そこの新しい世界を生き抜く必要があります。就職直後のことを思い浮かべてください。この産業，この会社に入ると決めて，入社して配属先がきまったあとは，まずその世界にうまく適応して，生き延びること，有能に仕事ができるようになることが，課題となります。キャリア・サバイバルは，その課題について，自分のおかれた仕事状況を診断するのに適したツールです。

　大学もまた大きな節目の時期なので，わたし自身，自分がほんとうにやりたいことはなにかというアンカーにかかわる自己点検をあらためておこなっています。自律・独立がアンカーだということから，大学という世界で研究と教育を続ける決心を新たにすれば，あとは勢いよく仕事をすることが大事です（同じく大学の世界というなかでも，企業での経営を扱う経営学の領域でキャリアの研究を続けるのがいいのか，ひとの発達の問題が成人になって以後仕事の世界でどのように続くのかをたとえば教育学部に活動の場を変えておこなうのがいいのかどうか，大きな疑問が出てくれば，アンカーは大事にしつつも，職場を変えるということもありえるでしょう）。同じ職場で貢献を続けたいと思って仕事をしているつもりなのに，はかどらずうまく仕事がこなせないときには，自分に対して，どのような仕事上の要望がだれからなされているのかを，しっかり分析する必要があります。変化の流れに押しつぶされず，その流れの勢いに乗り，偶然をもうまく生かすためには，サバイバルがテーマとなります。

　キャリア・アンカーは，キャリア・デザインの節目に迷いつつも深く自己点検をするために，キャリア・サバイバルは，キャリア・ドリフトの流れの勢いに乗るためにこそ，より重要になるだろうと言い添えたのは，その意味においてです。

アンカーとサバイバルの同時発刊の意味と経緯

　このような紆余曲折がありましたので，このふたつの冊子が，装丁までペアで順次日本語版として刊行されたことは，とてもうれしいことです。そのように先にイントロダクションで述べた意味合いが，これでよりはっきりしてきたはずです。日本語版がなかったキャリア・サバイバルだけを出そうという企画で今回の白桃書房での出版計画はスタートしました。わたしの校正作業，仕上げ作業が大幅に遅れている間に，キャリア・アンカーも一般書籍の形式で出版できるという段取りになったという事情があります。遅れたのはご迷惑でしたが，そろって出るようになったのは，うれしいです。同時にペアで世に問えるのはよかったのかもしれません。

　ここまでアンカーとサバイバルについて，両者がいかなる意味でお互いが不可欠のペアであるのかを説明したあとで，まえがきでもふれたこの3冊セットの誕生の経緯を，あらためてちょっとふれさせてください。わたしが，キャリアにまつわる研究会や講演会などの場で，あるいは他の書籍で，これらのツールについてよくふれてきましたので，白桃書房さんに問い合わせが，そしてわたし自身にも多数ありました。そのたびに，「まだ出ていません」と繰り返しお答えするだけで，大勢の方にながらくご迷惑をおかけしました。どちらのエクササイズも今回，正式な訳がこのようにセットで出るまでに，その存在はキャリアの研究者のあいだではよく知られていました。ただ，ふつうに出版社から出ていて入手可能な邦訳がなかっただけでした。

　わたし自身が直接的に関与する形で，キャリア・アンカーは早くも1988年にある金融産業の会社で10年次の社員を対象に，キャリア・サバイバルはそれから約10年後に，ある製薬会社で50歳をむかえたコア人材を対象に，はじめて日本語版がテストされました。これらのふたつのツールを開発したひと（エドガー・シャイン）は，MIT時代以来のわたしの恩師でもありますので，知的財産権の尊重という意味からもテスト版の実施については，開発者の理解をいただき，早くもっとよい訳文に改訂して，正式に一般の書籍として出版したいと思っておりました。キャリアの問題についてようやく真剣に議論されるようになったこの国で，興味をもたれるどなたにも，広く使えるツールにしたいという思いがありました。

　そこで，キャリア・アンカーの方は，1995年より正式に日本語版が導入され，キャリア研修プログラムの教材として利用されてきました。残念ながら，せっかくアンカーの日本語版ができたものの，また，わたしが邦訳の監修作業等を

おこなったにもかかわらず，業務用という位置づけで導入されたために，一般の個人には入手も利用もできませんでした。ですから，わたしがキャリア・アンカーについて，説明すればするほど，「それはどこで入手できるのですか」と聞かれるたびに，たいへん心苦しい思いをしてきました。いいものだといって紹介するのに，使わせてはもらえないという状態がずっと続きました。

そのような困った時期を乗り越えて，ここにようやくキャリア・アンカーとキャリア・サバイバルの日本語版が両方そろいました。原著がそれぞれ1990年，1993年の出版でしたので，今回のようにこのふたつのツールの日本語版がペアで，このガイドブックとともに出るまでに，10年以上経ってしまいました。遅れてはしまいましたが，米国で特定の業者が占有しているツールとしてではなく，ふつうにブックレットとして市販されていて気楽に利用できるツールとして，この国でも出るようになりましたので，これからはキャリアに興味をもつ万人にふつうの書店から入手可能となりました。

これまでの対比をまとめて表に

ここまで，いろんな形で，手を変え品を変え，キャリア・アンカーとキャリア・サバイバルを対比しながら，それぞれに大事な役割を果たす補完的なツールであることを述べてきました。この3冊目の冊子を読む前に，先に一方だけを試された方も，他方のもつ意味合いに気づき，このガイドブックを手に，内なる声と外なる声をつなげてみてください。それらのすべてを含むわけではありませんが，このふたつのツールがどのような意味でペアなのかを要約する表3を作成しました。

表3　キャリア・アンカーとキャリア・サバイバルの補完性

	キャリア・アンカー 内なる声から個人の基盤を探す	キャリア・サバイバル 外なる声から自分の周囲の事情を探る
概念のきっかけ	インタビューから船の錨（いかり）のたとえが，キャリアの拠り所として浮かび上がってきた。 もともとは，個人は組織にいかに溶け込んでいくか（組織社会化されるか）について研究をしているなかで，個人には，仕事が変わっても，さらには組織が変わっても，貫くものがあることがわかったことが，アンカーの概念の発見につながる。	組織心理学者として，多種多様な組織との接触において，職務分析，人事計画，職務設計にかかわる議論と実践のなかから生まれた。 キャリア上の目標が，市場の動きや職場レベルの変化，長期的な個人プランとうまく符合しているかをチェックするには，自分の職務がおかれている仕事関連の対人ネットワークの有様を，定期的に調べることが役立つ。

		そこから，ツール開発がおこなわれた。	ツールは，それらの組織の一部との共同で開発された。
働く個人は，なぜそれを知る必要があるのか		キャリアを長期にわたって歩むうえで，変化のなかでも不変の機軸がどこにあるのかを知っているほうが，実りある選択ができる。少なくとも，10年ぐらい仕事をしてきたひとなら，あるいは，最初の就職のあと，つぎのキャリアの節目をくぐるころには，知っていたほうがいい。その場の状況にあわせるだけの生き方をしてきたひとは，自分を貫くものにもふれるべきだ。	いいキャリアを歩むにも当面の仕事の状況にダイナミックに適応できていないと今がしのげないので，サバイバルのために知る必要がある。自分のキャリアの拠り所（アンカー）や長い目でみたキャリアの目標や人生の夢があっても，現代の変化についていけなかったら，そこで脱落してしまうので，自分だけでなく，周りにも目をむけることが必要。
節目でのキャリア・デザインにとっての意味合い		迷ったときに，自分の内なる声に耳を傾けることが必要。大きな節目では，なおのこと外からの声だけに流されないために，キャリア・アンカーを岐路の選択に際して活用してほしい。	今の状況での仕事状況が忙しすぎたり（パンクぎみになっていたり），周りからの要請がときに曖昧だったり，矛盾したりしているときには，人びととのダイナミックな関係のなかに，自分を位置づけたほうがいい。
だれの声に耳を傾けるのか（内なる声，外なる声）		対話のなかで，自分の内なる声に耳を傾けて，それを診断する。調子よく元気に仕事をこなしているときには，自分がほんとうになにをめざしているかという大きな問いを忘れがちだ。自分を振り返るなかから，将来を展望するイナー・ボイスを探る。これまでの仕事の自分史のなかから，心の中をのぞくという意味で，〈インサイド→アウト〉の視点。	研修や仕事仲間といっしょに，職務上の関係で自分を取り囲む人びとが，自分に対してどのような要望を，どの程度の強さでもっているのか，それらの変化はどのようであるのか，という外なる声を重層的に聞く。外から自分への要望がどのように錯綜しているか見る，つまり外から自分をながめるという意味で，〈アウトサイド→イン〉の視点。
診断ツールとしての特徴		質問票だけでなく，パートナーに聞いてもらうインタビューから診断。キャリアという観点から自分史を振り返り，全体を貫くものを探し，節目で迷ったときの拠り所とするのが診断の目的。パートナーのキャリア・アンカーも今度は，自分の方が聞き手となって診断するのとあわせて実施するのがお奨め。	自分のおかれた職務と役割にかかわる大勢の人びとからなるネットワークを描き，周りの人びとから自分に対する要望，その変化を診断。質問票とネットワークの分析から成る。同種の仕事につく仲間と議論しながら，あるいは診断の後，ネットワーク内の重要な人物と話し合うのもよい。周りからの要望の変化がマクロの環境の変化とどのようにかかわっているのかも考察してもらうようになっている。

ふたつのツールの開発者が研究者としても真摯

　　ここで少しばかり，ツールの開発の過程とシャイン自身のキャリアとひととなりについて，少しコメントしておきましょう。より詳しい記述は，付録1と付録2をご覧ください。

　　これらのツールの開発者であるシャイン教授は，今はMIT（マサチューセッツ工科大学）の名誉教授です。X理論とY理論の提唱者として有名なダグラス・マクレガーが，基礎学問分野（この場合，心理学）を極めたひとをMITスローン経営大学院に迎えたいということで，MITに着任しました。シャイン教授はMITの組織論を立ち上げたマクレガーの実質的な後継者として，長らくMITのOSGと呼ばれる組織研究グループ（Organization Study Group）をリードしてきました（ちなみに，古い話ですが，今は南カリフォルニア大学に勤務し，リーダーシップ論の大御所でおなじみのウォレン・ベニスもマクレガーの人事により，シャインの着任と同時期にMITに招かれていました）。キャリアの研究で足跡を残した経営学者で組織心理学者だったひとがどのようなキャリアを歩んできたのかを知るということは，興味深いことです（わたしも，留学中に日常的に接して，2回の来日時と，ケープコッドでのインタビュー[32]のときに，あらためて，シャイン先生が学者として節目ごとに一皮むけた経験にふれて，この碩学ならではの，学問に根付いたツールだと再認識しました）。それは，ただひとつの生き方，働き方として興味深いばかりでなく，このような生き方，働き方をしたひとから，キャリア・アンカーとキャリア・サバイバルという考えが生まれたことを知れば，味わい深いことだと思っております。

　　シャイン先生はわたしがMITで組織論の研究に携わっていたときの恩師のひとりで，彼の組織論演習（doctoral seminar in organizational studies）を同期の仲間わずか4名といっしょに受けました。少人数で贅沢な機会でした。初回のイントロのあと，実質1回目のゼミが，いきなり「組織をどのように定義するか」という難しい問題で，自分で考えることの意味をそのセッションで強調されました。研究室で個別に指導を受けるときには，いつもそれを「おまえはどうしたいのか」，「わたしになにをしてほしいのか」と聞かれました。ど

---

32) Schein (1993) の自叙伝に書かれていない記述は，このときのインタビューの記録（Schein/金井壽宏，2000）と，それ以外にお会いするたびのやりとりの記憶に基づいています。

うふるまうことが長期的にみて相手にほんとうにヘルプフルな（意味ある支援として役立つ）のかを，いつも自問しておられました。

わたしがMITにいたのは，1984年から1987年にかけてでした。留学前から，エドガー・シャインといえばビッグネームで，日本で組織論を学んでいても修士レベルなら知らないひとはもぐりと言われたぐらいです。よく知られていたのは，いろんなわけがあります。たとえば，洗脳の臨床的研究を若いときにおこなったこと，初期のNTL（感受性訓練やTグループで名高いNational Training Laboratory）で活躍していたこと，組織心理学という新しい研究分野を切り拓いたこと[33]，プロセス・コンサルテーションという独自の方法を開発したこと[34]（組織研究に臨床的アプローチをもらしたこと[35]と言い換えることもできます），キャリアの重要さに早い時期から気づきキャリア・アンカーなど独自の概念を提唱していたこと[36]，組織文化の研究でも大きな貢献をしたこと[37]，等々。経営学のなかの組織論を習っていたら，このどれかに遭遇して，シャインという名前を聞くはずです。

世の中にいろんなツールがありますが，キャリア・アンカーとキャリア・サバイバル，とりわけ前者は，このようなしっかりとして輝かしい研究歴をもつシャイン教授が作成されたものです。「よい理論ほど役に立つものはない」，「ひとから成り立つシステムを理解する最良の方法は，それを変えてみようとすることだ」というMITゆかりの心理学者クルト・レビンの教えに忠実に，これらのツールは，研究や理論を踏まえていますが，読むひと（エクササイズがありますので，それをするひと）にヘルプフルであることがめざされています。

---

[33] Scehin (1965; 1980b)。
[34] Schein (1969; 1987b; 1988; 1999b)。
[35] Schein (1987c)。
[36] Schein (1978; 1980a; 1990a; 1995)。
[37] Schein (1985a; 1992b; 1999a; 1997)。

第3章

キャリアの捉え方とキャリア・サクセスの基準

　　キャリアというカタカナ言葉は，長い目で見たときの仕事生活のパターンや意味づけを指します。キャリアをどのように捉えればいいのかという問題については，実は非常に難しい問題で，日本型のキャリア観が今，ある意味では模索されているなか，わたしのようなキャリアの研究者が，勝手に定義することよりも，もっとよい方法があります。みんなで議論してもっともぴったりするキャリアの捉え方の定義や納得のいく捉え方を，自ら創り出していくという姿勢です。皆さんも自分の経験にもとづいて自分の頭と心で考え，感じ，周りのひとと議論してください。その思考と議論の材料のために，いくつかの見方を提示させてもらいます。もちろん，そういう見方もあるという程度のことですので，鵜呑みにせずに，自分の頭と心で考える材料に使ってください。そして，キャリア・アンカーとキャリア・サバイバルのエクササイズを通じて，自分なりのキャリア観，納得のいく持論[1]をキャリアについてもつようにしてください。

---

[1] わたしは，持論という言葉にやや特別な意味を込めています（金井，1996g；金井，1997b）。自分の経験を語り，そこから教訓をうまく引き出せるひとを，かつて，MITのドナルド・ショーンは，内省的実践家（reflective practitioner）と呼びました。また，そのようなひとが経験からの教訓を持論（theory-in-practice）まで編み上げていることに，ハーバードのクリス・アージリスとともに，注目しました（Argyris and Schön, 1974）。たとえば，いいキャリアを歩むために，すばらしいリーダーシップをとるための持論をもっているようなひとが，若い世代にはありがたい内省的実践家です。心理学者がつくったリーダーシップ論が「理論」だとすれば，「持論」は，「素人理論」（Furnham, 1988）だけど本人がそれを実践に使い役立てているものです。

モティベーション論と比べてキャリア論が扱う時間幅は長い

　　時間幅が長いというのが，キャリアというときの，まず第1の特徴です。社内で営業のキャンペーンがあり，その強化月間に予算以上の数字を達成しようとしてがんばるというときの時間幅を考えてみよう。1ヵ月から数ヵ月までが通常でしょう。何十年続くキャンペーンなどありません。あるいは，仕事の例ではありませんが，だれもが打ち込んだ経験として思い浮かぶものとして，受験のときのがんばりを思い浮かべてもらってもいいでしょう。中学3年や高校3年のときには受験のときにがんばったというものの，長さとしては1年間ほどの時間幅です。これは，モティベーション（意欲や動機づけ）の世界と呼ばれます。このモティベーションの世界と，20歳前後から40歳，50歳，さらに60歳代にいたるまでの長い期間をかけて，自分にも納得のいく，意味の感じられる仕事生活を送り，しっかりそのときどきの仕事の場で生き残り，それらの仕事経験を連ねつつ会社にも社会にもなんらかの貢献をする働き方をしていくという世界とでは，時間軸がまったく異なります。目先の問題だけでなく，ちょっと長い目で見た自分の仕事ぶりを考察したいと思っているひとには，エドガー・シャインのエクササイズ，とりわけキャリア・アンカーが有益でしょう。

　　モティベーション論では捉えられないのが，この後者の世界で，それをわたしたちはキャリアと呼んでいます[2]（この意味では，シャインが主張するとおり，キャリア・サバイバルは，そのようにキャリアという冠つきで呼ばれていますが，キャリアの問題というよりは，より短期的な適応の問題を扱っています）。これが第2の特徴です。キャリア論もモティベーション論もともに，「ひとはなぜ働くか」という重要な問いにかかわっています。しかし，モティベーションは，短期的にがんばれば，数ヵ月，1，2年内にどのようなご褒美が得られそうか見越して努力を重ねるという世界です。ある時期にとことんがんばり抜くというのは，すばらしいことです。そして活気のある会社の営業部門では，今月のMVPみたいな形で，営業トップを称えています。しかし，生涯にわたる長さを考えると，そのときどきを瞬間風速のような勢いでがんばるというのだけで済まない部分があります。とまどう時期，落ち込む時期もあ

---

[2] モティベーションは短期の瞬発力の世界での概念で，キャリアは，より長期的な持続力が問われる世界での概念だという対比を認めたうえでも，もちろん，キャリアを歩む際のモティベータはいったいなになのかという問いは残ります（cf. London, 1983）。

るでしょう。また，どんながんばり屋さんでも，生涯にわたってずっと受験勉強のような生活，いつも MVP や一等賞をめざすというような張り詰めた生活だったら，息が詰まって困ることでしょう。そのような殺伐とした競争と生き残りの生活の中では，自分らしく生きるという内なる声が希薄になってしまうからです。特に，長期的に自分をどのように育てたいか，結局いったいなにに向かって日々努力しているのかという問いが，節目の時期には浮上してきます。

あるひとが，入試のとき，営業強化月間のとき，それから，はじめて管理職になったときや，とうとう海外勤務になったときも，そのときどきでいつもがんばってきたとしましょう。そのひとが，たとえば，40歳になったときに，これまでの歩みはなんだったのか，これからは，どこをめざしているのかを，立ち止まって内省し展望したときに，そのひとが考えているのは，モティベーションの問題ではなく，キャリアの問題です。ですから，時間幅が長いというキャリアの第1の特徴と密接ですが，この点を強調するために，モティベーションとは異なる視点をもつことが，キャリアを理解する第2の視点だと理解しておきましょう。すでにモティベーション論は知っていても，長期にわたるキャリアのあり方をダイナミックに捉えたいひとは，ぜひとも，エドガー・シャイン著の『キャリア・ダイナミクス』（二村敏子・三善勝代訳，白桃書房，1991年）[3]にも挑戦してもらいたいです。少し難しいかもしれませんが，また，原著が出版されてから四半世紀が過ぎますが，この分野でベストの文献のひとつです。

節目だけはしっかりデザインすべきものがキャリア

がんばっているだけのときには，つい忘れがちな問いがしっかりと浮上してくるのが，キャリアの節目もしくは移行期（トランジション[4]）の特徴です。キャリアについて考え，デザインしようとするというのは，たいへんなことなので，あまりふだんはすべきではないのかもしれません。むしろ，打ち込んでいるとき，がんばっているときには，「わたしは，どこから来て，これからどこに向かっているのか」というような重たい問い，長期的な自分探しにかかわる問いは，しないものです。なんかわけがあって立ち止まったときにこそ，考

---

[3] Schein (1978)。
[4] Bridges (1994)。

える回顧と探し求める展望が必要で，それがキャリアに関わってくるのです。そこで，第3の特徴としては，キャリアは，節目でとくに意識すべきものだと言えるでしょう。できれば，節目だけは，自分でそれを選び取る，デザインするという発想が大事なのではないでしょうか。現在おかれている状況の不都合をチェックするには，役割ネットワークのなかに節目のこのわたしを描き出すこと（キャリア・サバイバルの課題）が有益でしょうし，キャリア・アンカーそのものが自己イメージの類型でもありますので，そういう節目の自分探しのお供としてもアンカーの冊子は有効でしょう。この3冊のシリーズのなかで，キャリア・アンカーの冊子でも説明されていますが，キャリアとは，自己イメージや自己概念にかかわっています。長期的な仕事を通じての自分探しの旅が，キャリアだと言ってもいいかもしれません。キャリアは，「長い目で見たときの仕事生活のパターンや意味づけ」だと述べましたが，節目を何度かくぐりながら，それら全体にパターンが見えてきたり，自分の歩みを連続的な部分だけでなく，非連続的な部分も含め，こう来て，ああ来て，それからこう来て，今ここにいるというわけが意味づけられたりしたら，それこそがキャリアだというわけです。

自分らしさ，自己イメージ，自己概念にかかわるのがキャリアで，それは特別なひとの問題でなく，だれもの問題

　　　カタカナ語で「キャリア」という用語を使う理由は，「長い目で見たときの仕事生活のパターンや意味づけ」という言い回しでは長すぎるからです。長い目で見た仕事生活のパターンという代わりに，便宜的にキャリアと短くカタカナ語で読んでいると思ってください。職歴という言葉はキャリアの簡潔な訳語の候補として考えられます（実際，「キャリア」が「職歴」や「履歴」と訳されることがあります）が，ふたつ問題があります。職歴や履歴というと，履歴書のなかの職歴欄に書かれるように，何年に学校を出て，何年入社でそのあとどこに配属され，そこに何年いて，そのあとの異動は，……みたいなリストがキャリアであるかのように誤解を与えます。主観的な（内なる声にかかわる）自己イメージとしてのキャリアを知るうえで，このような客観的な事実記述（職歴という文書）も必要物ではありますが，より重要なのは，これらの配属や異動（さらに，場合によっては転職）等を，本人がどのように自分のユニバースとして意味づけているのかという問いかけが，キャリアを知り，それを節目でデザインするうえでは大事なのです。これが第1の問題です。

　それに加えて，これらの日本語では，職「歴」や履「歴」というとおり，過

去の歩みの記録というニュアンスが前面に出てきます。確かに過去の歩みを内省することが，自己イメージとしての主観的キャリアを知るうえでも重要ですが，ポイントは，将来を展望するために，過去を内省しているという点です。来し方を振り返るのは，そこにパターンが見出せると，それが将来の展望に役立つからです。大和言葉で適切なものがあれば，カタカナは避けるべきですが，キャリアとカタカナのまま表記する理由は，たんなる便宜のせいだけではなく，職歴や履歴では，過去のウェイトだけが重く響く語感があるからです。

　先に，キャリアを捉える視点として，発達の視点とマッチング（適合）の視点があるといいましたが，ここでは，前者により強く注目しています。たとえば，入社のときやその後の思わぬ異動，最初に管理職や海外勤務になったとき，新しい世界にいかに適応するか（サバイバルの問題）とあわせて，そもそもその仕事が自分にあっているのかという適合の問題があります。しかし，完全な適合などなく，いつもずれがあり，ずれがあるから，ひとは発達するのだともいえます。節目ごとにどのようなキャリア上の選択をしてきたかをときほぐすことが大切です。連続している小さな節目だけでなく，やや非連続面に見える大きな節目をも貫く自分なりのテーマがあれば，それが自己イメージとしてのキャリア・アンカーを形成していきます。先にあげた第1の点で，より長期的な視点をもつのがキャリアの特徴だという点からは，マッチング（ダイナミックなマッチングも含め）よりも，自分らしさ，自己イメージ，自己概念，アイデンティティなどが，キャリア発達の芯の部分をなしています。この芯の部分を捉えるもうひとつの見方として，分化と統合というアイデアがあります。いろんな経験をしてきた，一見すると異質な仕事経験もくぐってきているので分化も進んでいる，しかし，同じ人間がくぐってきた経験なので，あるテーマの元に統合感があるという見方です。成熟，発達しているひとは，それだけに分化が進んでいて，（そのせいでばらばらの発想になるのでなく）それらの分化した経験が人格のなかで統合されているひとです。[5]　統合は，アイデンティティの元ですし，また，エリクソンの発達段階説のもっとも進んだ段階の発達課題でもあります。

　さきに，「キャリア」という言葉をやむなくカタカナ表記している理由を書きました。もうひとつ，付け加えるなら，キャリアというカタカナには，その

---

[5] この「分化に応じた統合」というアイデア（金井，1996c；金井1996e）は，シャインのキャリア・アンカーともかかわりますが，わが国での研究から生まれた独自のキャリア概念であるキャリア・ドメイン（平野，1999）とも関連しています。

語感に，気になる無視できない問題があります。それは，たとえば，外資系コンサルティング会社に勤務するキャリア・ウーマン，経済産業省のキャリア組などの特別なひとだけを指す言葉のように思われるからです。「長い目で見たときの仕事生活のパターンや意味づけ」なら，だれもの問題です。特別なひとだけでなく，もう10年以上働いているひとなら，なんらかの意味づけを自分の歩みに対しておこない，それを将来構想に生かしてほしいものです。まだ，そんな風に意識したことないというひとも，やっていることに違和感のある異動の要請があったときや，実際に転職することになったときには，そのひとの年齢，勤務年数の長さに応じて，10年，15年，あるいは20年のスパンで，それまでの仕事生活のパターンや意味づけをしているはずです。だから，「長い目で見たときの仕事生活のパターンや意味づけ」と書きますと長いので，「キャリア」というカタカナ表記にしていますが，大事なことは，「キャリアはだれもの問題だ」ということです。とくに，今，ひょっとしたら節目かもしれないというひとにとっては，だれもが自問すべきことです。

組織にとっての戦略にあたるものが個人にもあるとしたら，それがキャリア・デザインという発想

　最後に，第6の視点として，キャリアを意識するおかげで，個人が長期的によりうまく生きられるという可能性にふれておきましょう。会社がただ環境に振り回されるのではなく，その会社ならではの貢献ができる部分（コア・コンピタンス）を磨き，その会社らしい長期的な適応ができるのは，戦略があるからです。その意味では，キャリアは，それをデザインするという発想をもつことによって，個人にとっての戦略にあたるものを照射しているともいえます。会社に戦略があるように，個人にもキャリア・デザインを通じて戦略がありえるというわけです。個人がただ外界にその都度適応していく（サバイバルの側面）だけでなく，自分らしく生きていく（アンカーの側面）のにも注意を向けることが大切です。この両面をうまく照らし出すのが，キャリア・サバイバルとキャリア・アンカーです。会社の戦略とは，内なる声（創業来大事にしてきた理念や組織のなかのケイパビリティ）を外から（顧客，納入業者など）の要請にダイナミックにマッチングさせるプロセスです。キャリア・デザインという個人の戦略も，自分の持味を聞き（アンカーという内なる声への対応），それに照らし合わせつつ，変化しつつある今の仕事環境のもとで自分に対してどのような要望があるのか，どのようにそれに対応すれば生き延びることができるのか探る（サバイバルという外なる声への対応）ことです。とりわけ長い仕

事生活における節目の時期に，両方からの声をダイナミックにマッチングさせていく試みです。ちょうど戦略論でダイナミック・シナジー（動態的相乗効果）という概念がわざわざ強調されるのと同様に，個人の発達も，ある時点で内なる声と外なる声が静態的にマッチングすればおしまいというわけではありません。今築きつつある強みが将来に生きてきたりします。通常はずれがあって，ずれがまた成長のばねになるので，もし，マッチングがいいキャリアを捉えるキーワードのひとつだとしても，その場合にも，動態的なマッチングを目指すことが大事です。

表4 〈キャリアとは？〉を考えるいくつかの視点

(1) 時間幅が長い
(2) モティベーションとは異なる視点がいる
(3) 節目だけはしっかりデザインすべきものだ
(4) 自分らしさ，自己イメージ，自己概念にかかわっている
(5) 特別なひとの問題ではなく，だれもの問題だ
(6) それを節目でデザインすることが，個人にとっての戦略になる

うまくキャリアを歩んでいるというのはなにを指すのか──ふたつの視点

うまくキャリアを歩むということは，どういうことかについて，皆さんは，これまでの議論からどのように思われますか。

第2章で紹介した，内なる視点と外からの視点という対比，インサイド→アウトとアウトサイド→インというペアについて，そしてそれらが相互に関連していることを強調してきましたので，いいキャリアとはなにかについて，すでに間接的には言及してきたことになります。

また，キャリアを捉える二大視点として，発達という視点とマッチング（適合）という視点があることを述べてきました。

ある仕事経験をくぐる前とくぐった後では，一皮むけた，つまり大人になってもひとの成長・発達があるという意味では，その経験を通じて「成人発達した」としたら，そのキャリアの歩みは前進だといってよいでしょう。本人がいい歩みの連鎖だったと思うかどうかが基準なので，これをキャリア・サクセスの主観的基準といいます。

また，同時に，異動や転職など大きな節目のあと，新しい仕事環境にうまく適応してきた，つまり周りの仕事上の要望にうまく対応できるようになったとしたら，それもやはり間違いなく前進でしょう。外から見ていても，その仕事

ぶりは見えますし，その前進の結果は，自分らしさの追求という不可視のものだけでなく，たとえば，昇進，昇給などの形で目に見えます。本人以外の外部者にも客観的に把握できるという意味で，こちらはキャリア・サクセスの客観的基準といいます。

主観的基準から見たキャリア・サクセス

　　　　長い時間幅で見ると，前者の基準におけるキャリアの歩みとは，いくつもの節目をくぐりつつ，自己実現[6]という生涯発達課題（life-spun developmental task）をクリアしていく姿を指します。自分らしさの追求への旅がここでは鍵となりますので，外からの声より自分の納得，意味が感じられることがポイントです。自己実現は，提唱者のマズローによれば，若いときにそれを経験しているひとは稀で，動機づけの問題というよりも，生涯をかけての発達にかかわっていると示唆されています。[7] 20代よりは30代，30代よりは40代，40代よりは50代により，より自分らしく生きることができるようになっているとしたら，それはうれしい充実感をもたらすでしょう。

　　内なる声が鍵になっているので，こちらの方を，キャリア・サクセスの主観的基準と呼ぶのです。究極的にはそのひと本人がどのように感じるかという問いがこれです。キャリアや人生がかなり進んだ段階で，地位・肩書きや名誉や収入がなんであれ，たった一回限りの自分だけのキャリアの長い歩みを自分なりに「これは，よかった」と自己肯定できることが，（エリクソン流に言えば）統合できる[8]ことが，その意味では尊いことだと考えられています。逆にいえば，世間的には成功していても，外の世界に器用にあわせてきただけで，思えばずっと空しかったと感じるなら，主観的にはキャリア・サクセスではないことになります。

　　たとえば，銀行の頭取まで登りつめたひとが，「こんな人生なら生きるのではなかった。高校・大学時代にラグビーをしているときの方がよかった（あるいは，バンドでギターを弾いている方がよかった）」と心深く嘆くなら，主観的には幸せではありません。世間的には大成功していても，内面的な意味で失敗とも思えるキャリアです。自己肯定とは，うまく達成できたことばかりでな

6）自己実現が，モティベーション(動機づけ)よりは，発達にかかわるという点については，Maslow (1998) の監訳者（金井）解説を参照してください。
7）上の注6と同様に，金井の解説のなかに詳しい説明があります。
8）Erikson et al. (1986)。

く，うまくいかなかったことや途中で挫折したこと，その仕事をくぐっているときはつらかったことも含め，すべてまるごと「いい人生だった，おもしろいキャリアだった」と肯定できる心の状態のことを言います。[9]「ラガーにもミュージシャンにも，なりたかったがなれなかったこの自分こそ自分らしいんだ」，「銀行マンとしてあれとあれはうまくできなかったけれども，この業界でやるだけのことはやってきた」と微笑み，「いい仕事人生だった」とつぶやける姿が，究極の自己肯定です。

客観的基準から見たキャリア・サクセス

他方で，客観的な基準からのキャリアの進展とは，たとえば，弁護士なら，司法試験に通り，司法修習生の期間を無事に修了し，名門法律事務所に就職し，エール大学で LLM などの学位をとり，さらに名門の事務所に移り，アソシエートからジュニア・パートナーへ，さらにパートナーになっていくような道筋を歩んでいる度合いです。肩書きで書きましたが，それに応じて，名声や名誉などの周りからの評価や，数字で表すことができる年収などの面からも，成功の度合いが見て取れます。

ビジネスの世界において，大企業に入って，役員まで昇進したひと（さらには社長までいったひと）のことを考えてください。つぎの段階まで登りつめるひととある段階で脱落・脱線してしまうひとがいます。課長まではよかったが部長は勤まらなかったというひとは，部長で無能レベル[10]に達したということになります。あるいは，副社長のときにはよかったのに，社長にしてみたら，ナンバーワンの器ではないことがわかったという話がよくありますように，最後の段階まで脱線（deraliment）[11]は，起こりえます。また，ある段階で昇進の梯子から脱落すると敗者復活がなくて，トーナメントのような競争[12]が強いられることもあります。日本の企業は，入社後しばらくは差をつけずに，つけても微細な差の時期をへて，つぎの段階では，昇進のスピードの競争にはなっても，勝ち抜きまではいかず，とうとう役員に選ばれるころにはじめて，ト

---

9) ここでの記述は，具体例は偽装しているが，精神病理学者の野田正彰先生に，何度か直接にご教示いただいた「自己肯定」の理解の仕方に，大きなヒントを得ています。
10) Peter (1969)。
11) McCall (1998)。
12) トーナメント型の競争から見たサバイバルの世界については，Rosenbaum (1979; 1984)，花田 (1993) を参照してください。また，役員までの昇進の決定要因についての調査としては，橘木・連合総合生活開発研究所編 (1995) があります。

ーナメント（勝ち抜き）型になるというケースが多いようです。

このようなキャリアの客観的な進展は，なにもビジネスの世界に限られているわけではありません。起業して事業を大きく育てIPOで（最初に株式を公開したときに）自分の持ち株に流通する値段がついて巨額の富を築いたひと，スポーツの世界において，日本でも最高のポジションをえつつ，さらに大リーグや海外のチームで活躍する野球選手やサッカー選手などを考えてください。音楽界，大学，伝統芸能それぞれの世界も，しかりです。どこにもスター，ミニスター，中堅，駆け出しがいるはずです。

もちろん，外面的に成功しているだけでなく，内側もきわめて充実していて，昇り龍のように活躍し成功を収めること以上に，自分らしさの追求をした結果，社会にも認められ，要職についているというケースもいっぱいあるでしょう。わたしは仕事がらいろんな方々にインタビューしますが，そのなかで，心ある道を歩まれ，しっかり自己実現の道を選びつつ，同時にその世界の華として世間的にも成功しておられる方に大勢出会いました。[13]

ここでも両方の視点が大事

キャリア・アンカーとキャリア・サバイバルの両方を大切にしてほしいというこの本の基本趣旨からして，ポイントはもうおわかりでしょう。外面的な成功だけを目差すと軽く思われますが，それがまったく伴わないと自己実現の道，自分らしさをみつける旅もつらくなるばかりでなく，いつか立ち行かなくなったりします。芸術の世界ではしばしば起こることですが，後世に残るすばらしい作品を残しても，生前にまったく認められていなかったら，サバイバルという面では，苦境に立つことになります。「生き残る」ことができなかったら，「自分らしく生きる」こともできないのです（もちろんベンチャーの世界でよく言われるとおり，あるときに生き残れなかったとしても，敗者復活のチャンスがもっと多い会社や社会になれば，事情はちがってくるでしょうが）。逆に，先の（架空の）頭取の例のように，どのように地位や富を築いても，外側の要望にあわせて器用に波乗りのような昇進街道を歩んできただけなら，ほんとう

---

[13] ここ数年の間，『CREO』（神鋼ヒューマン・クリエイト刊）という雑誌を通じて，多種多様な人びととインタビューをしてきました。経営者から映画のプロデューサー，ドラマーの村上ポンタ秀一さんにまでインタビューさせてもらってきました。社会も認め，それだけ客観的基準でも成功していて，また，自分のやりたいことを貫いているひとにそういう機会に出会い，話をうかがってきました。それらの一部は，金井（2002e）で書籍の形になっています。

にそれで幸せかどうか疑わしくなってしまいます。その都度サバイバルを重ねても，めざすものや拠り所がなかったら，アンカーなきキャリアとなってしまいます。

ちまたのキャリアものの雑誌特集ややや軽めのキャリアのガイドブックが，「キャリアアップ」という言葉を使うときには，たいていの場合，ランクがあがる，収入があがるというような「アップ」で，もっぱら客観的基準のキャリア・サクセスを中心に扱いがちです。これに対して，真剣にキャリアの研究を重ねてきたキャリア研究の大御所たちは，どちらかというと主観的基準を強調してきました。ダグラス・ホール教授は，その代表格でキャリア・アイデンティティの大切さを新著[14]でも語っています。キャリア・アンカーとキャリア・サバイバルというこのふたつのエクササイズを作成したエドガー・シャイン教授自身，サバイバルそのものはキャリアの問題ではないと考え，キャリアの主観的側面を『キャリア・ダイナミクス』のなかでは強調しています。全米キャリア発達学会（NCDA）の元会長のリー・リッチモンド教授も，来日時の講演[15]やその他のインフォーマルな会話で，「自分の心の声に従うこと（Follow your heart）」という言葉を繰り返し，主観的基準の大切さを示唆していました。わたしも，（筑波大学の渡辺三枝子教授からご教示いただいたことですが）「キャリアにアップもダウンもない」というM．サビカス教授の言葉に共鳴しました[16]ので，いつも主観的基準の方に軍配をあげてきました。これまでも，キャリア・サクセスの主観的基準と客観的基準のどちらをより重視するかというと，前者だと答えてきましたし，今でも，紙一重の差でもいいからとどちらが大事かと聞かれたら，前者だと答えます。

でも，今わたしたちが置かれている変化の時代のきびしさを考えると，主観的基準一点張りというのは，ややきれいごとに過ぎます。このことを痛感したエピソードを紹介しましょう。

アメリカ経営学会でのやりとり——客観的基準をないがしろにしないこと

2002年8月にコロラド州デンバーで開かれたアメリカ経営学会のキャリア部会のシンポジウムで，キャリア論の大御所，ダグラス・ホール，ナイジェル・

---

14) Hall (2002)。
15) リクルート＝CCE Inc (2001) の58-63頁。
16) 渡辺・ハー (2001)，iii頁。

ニコルソン，およびマイケル・アーサーの3名が，このセッションを企画した若手1名とともにそろって姿を見せました。そのシンポジウムの場では，キャリア・サクセスの主観的基準と客観的基準について発表と討議がありました。驚いたのは，ロンドン・ビジネス・スクールのニコルソン教授の発表でした。

　自分らしくキャリアの道を歩むことが大事だ（つまり，主観的基準が大事だ）という話をホール教授がしんみりしたあとで，ニコルソン教授は，堂々と「客観的サクセスが重要だ」という発表を，さまざまなデータをまじえておこないました。そのときに披露したデータというのは，たとえば，精神衛生上も，あるいは肉体的な健康状態についても，したがって寿命の長さや病気にかからない率に関しても，地位や収入が高いひとの方が有利だというような各種の公表データでした。ロンドン大学でわたしは，ニコルソン教授のすぐ近くに研究室を構えていたことがありますので，彼がすばらしい人柄で，どうひっくり返ってもお金の亡者ではけっしてないことをよく知っています。ですから，議論のときによく使われる言葉ですが，悪魔のような意見提供者（devil's advocate）という役柄を示したのだと思っています。デビルズ・アドボケートとは，議論を深めたり，きれいごとに終わらせないために，その議論の場であえて極端な意見を言ったり，みんなと反対の立場を示すひとのことを言います。

　わたしたちは，いつもキャリアというと，決まり文句のように「自分らしく生きる」，「アイデンティティを追求する」，「自己実現をめざす」という側面ばかりを強調しがちです。そのため，ニコルソン教授は，その場のデビルとしてはあえて，きちんと世間的に成功している方が健康でいい暮らしができるという当たり前のことを，しかも思いつきでなくデータで示したかったようです（再婚して子どもが生まれたばかりで，あらためてご自分の健康を愛するひとのためにも再考していたりしたのかもしれません——このセッションのあと，すぐに，新しい奥様と子どもちゃんの写真をわたしに見せてくれました）。客観的基準を特に気にかける時期，気にかけざるをえない時期があっても全然かまわないですし，それを気にかけないと滅んでしまうことさえあります。

　時間の流れや人生のステップのなかでこの問題を見ますと，ほんとうにやりたいことを追求するために，まず客観的基準で成功を収めておこうと考えるひともいるかもしれません（いつまでも，ほんとうにやりたいことを先送りするのはよくないですが）。たとえば，シュリーマンは，古代への情熱を胸に，いつかはトロイの遺跡を発掘したいという夢の実現のために，まずはビジネスマンとして富を築きました。[17)] これほど劇的ではなくても，キャリアや人生の段階によっては，客観的基準がクローズアップされる時期が出てくるでしょう。たとえば，第1子が生まれ，そろそろより快適な住まいがほしいと思ったとき

など(そういえば,学会の発表のなかで,ホールは,「すごく若いときに第1子が生まれるのと,50代,60代を超えてからパパになるのとでは,また意味合いが違うところもあります」と発言していましたが,これは,友人のニコルソンのことを念頭においての発言のようにも後からは思えました)。マズローの欲求階層説では,自己実現が最上位にあるために,それ以下の欲求を「下位の」欲求と呼びがちですが(マズロー自身そういう言い方をしていますが),それらのうち,生理的欲求や安全への欲求などは,人間が生きていくうえで,(「下位の」と呼ぶよりも)「基本的な」欲求と考えたほうが,よりまっとうな用語法による理解です。

　このニコルソンの発表は,わたしにとって,それを聞いた瞬間目から鱗でした。しかし,考えてみますと,米国でのキャリア・カウンセリングは元々,社会の大変革期にうまく適応できず困っている若者の職業指導から始まったという経緯があります。[18] キャリア(や若い世代の職業指導)への注目が始まった時期は,マッチングという視点,つまり客観的に見てもうまくやっていける(なによりもまず第一に職がある)ということがいちばん重視されました。キャリア・カウンセリングが始まったのが19世紀から20世紀へという節目だったとすれば,それは,アメリカ社会が産業革命以後の都市化と職業の多様化をはじめ,数々の社会変革期の課題をかかえていた時期です。変革期にキャリア・カウンセリングがアメリカで始まり,つぎの20世紀から21世紀への移行期の後,この国でもそれが問われるようになっていますが,今の日本は,大きな社会変革期です。キャリア・カウンセラーには,変革の促進者(チェンジ・エージェント)という役割もあります。[19] 若い世代だけでなく,ミドルからベテランにいたるまでのキャリア研究がはじまると,そのときどきのマッチングだけでなく,長い仕事生活を通じての「自分らしさの追求」,つまり主観的キャリア概念,あわせてキャリア計画やキャリア・デザインという発想が重視されるようになったのです。1970年代のシャインやホールの研究はそういう代表格ですし,自己概念と発達という捉え方を,マッチングという捉え方より前面に出しているキャリア研究はだいたい,その立場に立っています。

---

17) 金井・米倉・沼上編(1994)に紹介されているベンチャー・キャピタリストの原 丈人さんには,現代版シュリーマンみたいなところがあります。
18) 渡辺＝ハー(2001)第2章。
19) ここらのアメリカ社会の当時についての捉え方と,変革とのからみでキャリア・カウンセラーの役割を捉える視点については,渡辺＝ハー(2001),44-45頁,53-57頁,ならびに,いろんな会合における渡辺三枝子教授からのご教示に基づいています。

でも，生き残れなかったら終わりだということを考えると，(1)そもそも職がある，(2)当面の仕事がうまくできている，(3)繰り返し異動のたびに適応できたので，結果スキルのレベルもあがり昇進もした，(4)その結果，収入や家庭，健康状況などが安定している，という類の客観的なサクセス基準は，けっして軽視すべきではないという警鐘を，あらためてニコルソンが鳴らしているという風にその発表が聞こえたのでした。

そう思って，また，キャリアにまつわる文献の最近の現状を見直してみますと，シャインは，この3冊のセットのひとつであるキャリア・サバイバルを作成して仕事状況のなかでパンクせずに生き残ることを（キャリアというより短期的だが）支援しようとしているわけです。同じシンポジウムにいたホールは，『これまでのキャリアは死んだ』[20]という前著で今までどおりのキャリアではやっていけないことを高らかに警告しています。もうひとりのマイケル・アーサーは（デニス・ルソーとともに），既述のとおりバウンダリーレス・キャリアという時代が来たことを検証しようとしています。いずれも，環境が大きく変化するなかで，生き残ること，さらにいえば客観的成功基準からもいいポジションをとることの勧めでもあります。自己実現，アイデンティティ，内なる声がどれほど大切でも，この側面を見逃さないようにしたいものです。

「いいキャリアとはなにか」について，いろんな角度から読者の皆さんにも考えてほしい

「いいキャリアとはなにか」という問いは，自分のキャリアを自分なりに切り拓きたいと思う人びとにとって，自然かつ大切な問いです。この問いにアプローチするキーワードは，発達とマッチングというキャリアを捉える二大視点です。このふたつ（また，その重なり）をにらみつつ，読者の皆さんなりに，「自分にとって，いいキャリアとはなにか」，「その観点から今はどうなのか」，「今後にむけてなにに気をつけて，どのようなアクションをとるべきか」，ぜひ自問してみてほしいものです。

繰り返しになりますが，つぎのどちらの状態も困ります。生き残っているけれど自分らしくない。自分らしさをめざしたが頓挫してほかならぬこの自分が生き残っていない。

その都度，どちらにウェイトがかかるかは，人生のステージごとに違ってく

---

20) Hall et al. (1996)。

るかもしれませんが，両方の視点を忘れずに，「いいキャリアとはなにか」を自問してください。わたしも，キャリア・サクセスとそれをうまく導くキャリア・コンピテンシーを今後の研究テーマに追加したいと思っています。まだまだ羅列的ですが，「いいキャリアを歩むとはどういうことか」を考えるヒントとなる見出し（と括弧内に皆さんへの問いかけ）をリストしておきます。[21]

〈発達やキャリア・アンカーにかかわるもの〉
 (1) 節目がしっかりデザインされているキャリア（流されるだけになっていませんか）
 (2) キャリアを長く歩めば歩むほど，より自分らしく生きていると実感できるようなキャリア（趣味の場だけでなく，仕事の場にも，自分らしさの追求，自己実現を求めていますか）
 (3) 〈わたしが選んだ道だ〉という尊い自己決定の感覚と，〈皆とともに生きている，皆に生かされている〉という他の人びととつながるネットワーク感覚をふたつながら，感じさせてくれるキャリア（最終的にはキャリアの選択肢は自分で選ぶことになるのですが，その際に，大切な人びとに助言や支援を求めていますか）
 (4) 物語の多いキャリア（自分より若いひとに，キャリアについて聞かれたときに，どのような話をしますか？ そのような話が豊富にありますか）
 (5) 知識創造や知恵につながるキャリア（自分のキャリアや仕事ぶり，さらには仕事のコツ，いいキャリアを歩むための工夫について語ることによって，相手に役立つだけでなく，自分のこともよりよくわかったというような経験がありますか）
 (6) 仕事で一皮むけるたびに行動や発想のレパートリーを広げながらも，ひとりの人間としての深み，統合感，存在感，人間的魅力を絶えず磨き上げているようなキャリア（自分のキャリアから，より若い世代がいい影響を受け，自分もまたそれを自己肯定できていますか。自分への信頼ゆえに，大きな絵を描けば，みんながついてきますか）

〈マッチングやサバイバルにかかわるもの〉
 (7) 個人のニーズと組織のニーズが今の時点でうまくマッチングされたキャ

---

21) 金井（2002a），272-283頁（第1版第1刷では，266-277頁）。

リア（自分が望むものと，組織が自分に要望するものが大きくずれたりしていませんか）

(8) 流されること（ドリフト）さえも楽しめる余裕をもったキャリア（デザインは節目だけでいいので，それ以外のときは，打ち込んだり，仕事を楽しめたりしていますか）

(9) 節目で選んだ後は，流れに身をまかせつつ，つぎつぎとアクションをしっかり取っているキャリア（選んだ後，これでよかったかとくよくよするよりは，つぎの節目までは，よほど違和感が大きくない限り，しっかり歩み始めていますか）

(10) 緊張とリラクゼーションが絶妙に入り混じったキャリア（緊張しすぎていませんか。逆にちょっとゆったりとのんびりしすぎていませんか。移行期には緊張，安定期にはリラックスということになりますが，今両者の混じり具合はいかがですか）

(11) よいガマンはしっかりとしているけれども，わるいガマンは排しているキャリア（石の上にも3年といいますが，仕事がおもしろくなるまでに必要な最低限以上の努力＝よいガマンをしていますか。ほんとうはほかの仕事，場合によってはほかの会社を試してもいいタイミングなのに現状に辛抱＝わるいガマンをしていませんか）

〈アンカーとサバイバルの両方にかかわるもの〉

(12) 個人のニーズと組織のニーズが(a)変化する環境のなかで，また(b)長い仕事生活のなかで，ダイナミックにマッチングされているようなキャリア（あまり両方のニーズがぴったりだと今度は挑戦課題や刺激がないので，ちょっとのずれや背伸びするような課題が今の仕事環境にありますか。両方のニーズにたえずギャップがあっても，長期的に自分が大切にするものを犠牲にせずにいますか）

(13) いくつになっても一皮むけて発達を続けるキャリア（くぐっているときはサバイバルがたいへんでも，それで一皮むけたという経験をいくつぐらいくぐってきましたか。もし，40代のひとなら，30代がワイルドかつ元気でよかったなどと嘆かずに，40代，50代にさらに大きく一皮むける仕事機会を求めていますか）

第4章

キャリア発達のなかのアンカーとサバイバル
── 仕事や人生で一皮むける経験とトランジション・サイクル ──

　わたしは，長らくモティベーション（そのときどきのやる気や仕事意欲），キャリア（より長期的な仕事生活の意味合い），リーダーシップ（経営幹部になるころには，とりわけ全般的管理をアンカーにもつひとが身につけるべき対人影響力），ネットワーキング（ひとはひとりでは生きていないので，連帯と自立のはざまで大勢の人びととのかかわりを生み出していること）を，主たる研究テーマとしてきました。なかでも，自分もそういう世代なので，ミドル・マネジャーを念頭にこの問題をずっと調査しつつ，考察してきました。[1] ここ数年は，ひとの発達が学校を出るころに終わるのではなく，仕事の世界での経験を通じて，さらに発達していくという問題に，（もともとは経営学の世界に入る前には教育学を学んでいたこととも大いにかかわると思うのですが）取り組んできました。この冊子を書いているのも，そのような研究テーマを実践に生かしたいという一環です。そこで最近大いに注目しているのは，「仕事で一皮むけた経験」について，人びとの語る物語に耳を傾けるという方法です。研究調査目的でインタビューの方法として使用することもありますし，キャリアやリーダーシップ（また，その双方）にかかわる研修で受講者が持ち寄る自前の教材として，そのような経験について事前レポートを書いてもらって，共有し議論する機会をよくもちます。

1）金井（1999）。

だれもの問題としての「仕事で一皮むける経験」——自分の場合を考えてください

　経験を通じての学習や発達は，だれもの問題ですので，わたし自身もひごろ自問することです——将来を展望して，どうすれば，学者としても教育者としても著者としても，さらに一皮むけて，よりビッグになれるのか，と。

　また，将来を構想するために，まず過去を振り返りますと，今日に至るまでに，ささやかですが，わたしなりに一皮むけた経験がいくつかあります。大学は，経営学のような分野でさえやや世間離れしておっとりした，(少なくともこれまでは) 強い競争圧力にさらされていなかった，ぬるま湯のような世界なので，あまりビジネス界の皆さんには参考にならないと思われます。それでも，それをくぐる前と後では違いが感じられるような経験がありました。「さらに一皮むけたい」というのは，だれもの課題だと気づきます。会社，病院，学校，スポーツや音楽の世界，どこにいても，仕事を通じて視野が広がり，成長の足音が聞こえるような経験があることでしょう。

　わたしの場合には大学にずっと勤務していますので，研究歴を語るみたいになってしまいますが，たとえば，はじめて大規模なフィールド調査に同行させてもらったとき，MIT留学中に博士論文のため，ボストン近辺の企業者とその集まりの場をすべて単独で調査したとき，地方自治体や政府の委員会で実践とかかわる問題に取り組んだとき，ミラノとロンドンでデザイン・ビジネスの会社を調査するためのアポを (業者を介さずに) すべて自分でアレンジして調査プロジェクトを最後までやり抜けたとき，1冊目と3冊目の著書 (『変革型ミドルの探求』『企業者ネットワーキングの世界』) を学術書としてまとめたとき，経営幹部のための研修のデザインをはじめて中心人物としておこなったとき，若手の研究者の育成が自分の重要な使命になりつつあると心から気づいたとき (自分のでなく，自分の院生たちが博士論文を仕上げるために議論する機会が増え始めたとき)，ロンドン・ビジネス・スクールで海外にいるミドルのキャリアにかかわる調査をしたとき，等々。小さな経験も含めれば，いろんな仕事経験があげられます。でも，ほんとうに大きく一皮むけた経験を3つあげろといわれると，(1)最初のフィールド・リサーチと(2)留学と(3)大学院博士後期課程の院生の指導になります。それぞれ，(1)現場発でないと経営学の研究は空しいことに気づいたこと，(2)世界の一流にふれて，より広いワールドクラスの土俵を念頭におけるようになったこと，(3)自分だけで研究をするのでなく，研究室として創造性をあげるにはどうしたらいいかを真剣に考え始めるようにな

ったことが，その理由です。

　読者の皆さんにも，多種多様な仕事上の経験が（とくに仕事についている年数が長いひとほど）たくさんおありだと思われますが，特に印象深いものというと，3つ，4つぐらいに集約できるのではないでしょうか。時間と聞き手さえあれば，それらについては，かなり詳しく，仕事を舞台にした自分語りができるのではないでしょうか。

　あるいは，すでにキャリア・アンカーの相互インタビューを済ませたひとは，「一皮むけた経験としてどうなのか」という観点から，インタビュー記録を読み直してみてください。

キャリアについて話す，ひとのキャリアの話を聞く ── ともに興味ある機会となる

　キャリア・アンカーのインタビューで経験済みでしょうが，自分の仕事上の経験や気持ちを語ることも，他のひとの語りに耳を傾けるのも，ともにいざおこなってみるとたいへん興味あふれる機会になるはずです。

　わたし自身は，キャリアの研究に着手するようになってから，ひとの仕事の話を聞くのが前よりも好きになりました ── そうでないと研究を続けられないと思います。1994年から95年にかけて，海外で活躍する日本人ミドル・マネジャー50名にかなり詳細なインタビュー調査をした[2]ときには，インタビューを受けてくださった何人かから，自分の仕事生活を出発点から今日に至るまで，しっかり振り返るのに役立ったとよく言われました。調査を依頼するときには，「キャリアについて語るなんてたいへんだし，1時間もいりますか」と言われるものですが，実際には，インタビューは受けたひとのご承諾のもと，キャリアにまつわる自分語りは，1時間半，2時間に及ぶことがあります。

　わたしは，プロのキャリア・カウンセラーではないのですが，仕事の世界について真剣に耳を傾けているだけで，ご本人にとっては，キャリアの流れの整理になったり，「今－ここ」の仕事ぶりがもつ意味を再度，深く考え直し，将来を展望する機会になっていたりすることがよくあります。そうなると貴重な時間を割いていただいたけれど，それに値することが相手の方にもなにかそのインタビューから生まれたかなと思えて，ほっとします。

　これは，キャリアの研究者や専門のキャリア・カウンセラーだけに必要な傾

---

[2] 調査結果は，金井（1996a）に報告されています。

聴経験ではありません。キャリア・アンカーとキャリア・サバイバルを経験された読者が，部下をもつ管理職やプロジェクト・マネジャーの場合には，自分にそれらのツールを使用するだけでなく，部下やメンバーたちの仕事を通じての生涯キャリア発達を支援するうえで，ツールを彼らにも試してもらって，いっしょに話し合ってみてください。

ロンドンでの調査時点で39歳だった，松下に勤務のミドルは，インタビューのテープ起こし原稿に読みやすいように見出しをつけてフィードバック差し上げたところ（いつもそうしています），礼状まで返してくださり，そのなかで「きっと49歳になったときに，10年前はこう考えていたのだと読み返すでしょう」と書かれていました。

「仕事で一皮むける経験」にも滲み出るキャリア・アンカーやサバイバルという課題

もともとは，リーダーシップの研究をながらくしていましたので，わたし自身は，最近，キャリア発達とリーダーシップ開発を結びつけて考えることを目指しています。理想的な経営幹部育成のプログラムとキャリア計画はどのように結びつくのかについて，経営学者としては，非常に大きな興味をもっています。

そのような関心から，関西経済連合会の人材育成委員会で，日本を代表するような会社で役員にまでなった方々20名を調査対象に，ひとりひとりのかけがえのないキャリアについて，一皮むけた経験を3つ以上お聞かせいただく形でインタビュー調査を実施しました。[3]　わたしがまずなによりも感動したのは，物語のもつパワーです。一皮むけた経験というだけあって，迫力があり，その経験がその後のキャリアにどのように影響を与えているのかをあわせて聞かせていただくことは，わたしたちミドルの調査者にとっても，すばらしい学習機会となりました。われわれは，経験とそこからの教訓をふたつながら聞かせてもらいました。

今テープ起こし原稿やそこからまとめた本を読み返してみても，どの話にも，キャリアのあり方を考える生の素材に満ち溢れています。その経験からの教訓

3）興味のある方は，一般の読み物としては，金井（2002 c），元の調査の報告書は，関西経済連合会（2001）です。後者は，入手が困難ですが，調査にご協力いただいたおひとりごとのインタビュー結果の貴重な資料が付いています。

のひとつとして，その経験を通じて，自分のほんとうにやりたいことがわかった，自分についての認識が深まったという気づきがあります。いろんな経験をくぐっていても，そこで自分らしさというテーマから，一見すると非連続な経験のなかにも，共通テーマがみつかりましたら，それがキャリア・アンカーにかかわってきます。あるひとにとっては，それはゼロからの立ち上げの仕事に顕著に見られますように，アンカーが創造だと判明したりします。

　他方で，多くの調査協力者の方々が，「今でこそ，一皮むけたありがたい経験だと思っているが，くぐっているときは，けっこう修羅場だった，きびしい経験だった。正直言って当初はやっていけるかな，と思ったぐらいだった」などと感想を述べられました。つまり，一皮むけた経験を振り返ることは，一方で，自分の仕事生活を支える拠り所を探るのにも役立ち，他方で，けっこうたいへんな状況でも自分が乗り越えられてきたという自信や自尊心をあらためて確認し育むのにも役立っているようにも思えました。[4] 前者は，キャリア・アンカーに，後者は，キャリア・サバイバルにかかわっています。ただの修羅場なら，生き残るだけにたいへんなだけですが，それが自分探しに役立ち，そこを生き抜いたことが，さらに自分を深め自信を高めるのに役立っているという点が良質な修羅場経験ならではの味噌です。

指揮者として一皮むける節目をくぐる

　この調査プロジェクト以来やみつきになったように，ほとんどどなたに出会っても，フォーマルにせよ，インフォーマルにせよ，仕事で一皮むけた経験を聞いています。指揮者の佐渡裕さんにインタビューさせていただいたときでも，そのような経験を，お聞かせいただきました。[5]

　京都で芸大の学生をしていたときには，とにかく音楽が好きで，音楽が続け

---

[4] 人生物語（life story）やわれわれがそれをもとに生きている物語（stories we live by）という概念が，Viney (1993) と McAdams (1997) によって提唱されています。自分を語ることが語る側にもアイデンティティを確かめたり，元気づけたりするのに意味があると指摘されてきました（Kaufman, 1986; Viney, 1993）。これらの臨床的アプローチ以外に，社会学，人類学でも，ひとの語るパーソナル・ヒストリーが注目されています（Langness and Frank, 1981）。シャインのキャリア・アンカー・インタビューがそのひとの内面へと迫る（アウトサイド→イン）のに対して，社会学者の場合には，個人の語る物語から，時代や社会経済的背景を読み取ろう（先に使ったわれわれの言葉では，インサイド→アウト，もしくはミクロ→マクロに向かおう）とします。なお，中野・桜井編（1995）からは，ライフ・ヒストリーの社会学の基本を知ることができます。
[5] 佐渡裕/金井壽宏（2002）。

られるならいいと思っておられたそうです。経営学でよくビジョンやミッションに導かれた経営者の話を聞きますが（実際に，佐渡さんの友人の経営者が著した書籍にそう書かれていたそうですが），佐渡さんは，キャリアの出発点では，どうすれば世界の檜舞台に立てるかという大きなビジョンも，また，音楽を通じて人びとを元気づけるというミッションも，持ち合わせていませんでした。当時を回想して，あったのは，音楽へのパッションだけだったと言われました。おおげさなビジョンやミッションはなかったが，熱いパッションがあったというわけです。

でも，パッションがあっても食べていけないとだめですので，その点では現実主義者でもあったそうです。芸大の学生のときに，たとえば散髪屋さんにいっても，「それで食っていけるの」と言われるのがしゃくだったので，佐渡さんは，現実主義者らしく，フルートを教えたり，ママさんコーラスの指揮をしたりすれば，生活が成り立つことを確かめて実践し，学生から仕事の世界へという最初の節目をくぐります（佐渡さんは，誕生時点の節目ということになりますが，自分の生涯，キャリアにとって，もっとも大事なのは，「あの両親の元に生まれたことだ」ということを強調されましたので，その意味では，最初の節目というより，ここがふたつ目かもしれません）。

つぎの大きな節目は，タングルウッド（ボストンから車で3時間ほど走ってたどり着くマサチューセッツ州西部にある音楽祭の街で，ボストン・シンフォニー・オーケストラ（BSO）の野外音楽堂があるところです）で，厳しい競争のなか奨学金をえて憧れの指揮者であったレナード・バーンスタインの指導を直接受けられたことです。感激を胸に，また京都に戻ってがんばろうと思っていたら，バーンスタインとともに指導にあたっていた小澤征爾さんから，「また，ママさんコーラスの世界に戻るのか。世界のバーンスタインがお前には，いいものがあると言っているのだよ，借金してでもバーンスタインについていけ」とアドバイスを受けました。それで，オーディションを受けてドイツにバーンスタインとともに行きます。バーンスタインは，手書きの書き込みのあるスコアをまるごと，「これで勉強してみて」と言って，佐渡さんに渡されたりしたそうです。

さらに，この後の大きな節目は，ブザンソンでの指揮者コンクールで一位になったことです。それで認められた，自信がついたという点が大事なのではなく，佐渡さんが回想する言葉によれば，これを契機にはじめて，ワールドクラスのオーケストラの指揮台に立てるという展望，つまりビジョンめいたものが出てきたことが重要です。コンクールでにわかに自信がついたという面もありますが，同時に，そういう舞台でやっていく不安と闘い，そういう檜舞台での

経験から持続する自信をつけていったのでした。

そして，わたしがインタビューしている今がもうひとつの節目かもしれないと発言されました。ジパング＝日本から世界に発信してもう一度クラシック音楽を盛り立てること（プロジェクト・ジパング），また，音楽を通じて人びとを元気づけ，また若いひとを育てること（たとえば，一万人の第九やヤング・ピープルズ・コンサート）が，徐々に自分のミッションとのつながりから自覚されるようになってきました。

音楽家のように，生まれつきの要素がかなり効きそうな分野でも，生まれつきだけではなく経験を通じて，より大きく脱皮していきます。まず，自分が仕事に選んだことにパッションをもち，節目では大きく方向を選び取り，それをくぐった後は，不安や葛藤を乗り越える努力をして，徐々によりはっきりとしたビジョンを持ち，最後はとうとうミッションまでもてるようになるのでしょう。最初から，ビジョンやミッションをもっていたわけでないという点も励みになります。節目でより大きな舞台へとキャリアの進路を選び，パッションをもって挑戦しているうちに，つまり，一皮むけることによって，まずビジョンが，つぎにまた一皮むけるころに，ミッションまで備わってきたということです。

ワールドクラスの仕事をされている佐渡さんほど劇的ではなくても，わたしたちみなは，ここぞという一皮むけるような経験のなかで，自分のめざす方向と基盤（アンカー）を探り，そこを生き抜く（サバイバルする）ことが，明日からの自信につながっているという経験を，節目ごとに繰り返していくのでしょう。

研修の場でも議論の材料になる「一皮むけた経験」や「マイ・ベスト・ジョブ」

さて，もう一度，話をふつうのビジネス，仕事の世界に戻しましょう。

自分の生きてきた仕事の世界について，真摯な聞き手を目前にしたときには，ひとはいかに語るべきことが多いのかにいつも感動します。話のコンテンツには，よかったこともつらかったこともあり，いずれの場合にも経験からの教訓に満ちていて，聞き入ってしまいます。研究の性質上，わたしが建築家や音楽家などの創造的なひとたち，すぐれた経営者，りっぱなイノベーションを起こしたひとばかりに会っています[6]から，そうなっているのだと思わないでく

---

6) 金井（2002e）。

ださい。

　確かに，研究目的でターゲットを絞り込んでインタビューするときが，リーダーシップや創造的ミドルの研究では多いですが，それ以外にも，先に述べましたとおり，多種多様な研修の機会に，受講生が歩んできたキャリアのなかでの，ベスト・ジョブや一皮むけた経験について，話を聞いてきました。何百人もの日本のミドルを通じて，少なくとも軽く1000以上のベスト・ジョブや一皮むけた経験に，研修の場でふれてきました。ふつうのひとと思っていたひとのなかにも，すごい自分語り，自分物語があり，だれもが結局かけがえのない一回限りのキャリアのなかで，いろんな経験をしているのに，ほんとうにいい意味でびっくりさせられます（キャリア・アンカーのエクササイズを相互インタビューで，自分にも相手にも，仕事生活のなかでも物語や武勇伝が豊かなのに，読者の皆さんも気づかれることでしょう）。ミドル・マネジャーの研修でも，しばしば〈ベスト・ジョブ〉をひとつかふたつレポートしてもらい，それについて議論を重ねてきました。

　読者の皆さんも，パートナー（聞き手）を通じて内省して議論しつつキャリア・アンカーを確定するプロセスで，自分が一皮むけたような仕事上のエポックとなる経験を振り返ることになるでしょう。また，キャリア・サバイバルを試されようとするひとの場合には，今，どのような試練をくぐりぬけているか，とりわけ修羅場をくぐっていて仕事が時間的にもエネルギー的にもパンクしがちなひとは，自分に問いかけることになったことと推察します。

一皮むける経験の連鎖とキャリア・アンカー──節目でけっして犠牲にしたくないこと，節目間を貫くもの

　そこで，一皮むける経験という観点から，キャリア・アンカーやキャリア・サバイバルはどのような意味合いをもつかを，わたし自身が，キャリアにまつわるいろんな研修と研究の場面を通じて，気づいたことをこの章では，手短に述べさせてもらいます。

　キャリア・アンカーのインタビューは，一皮むけた経験という聞き方にはなっていませんが，自分のそれまでの仕事の軌跡を振り返ることになります。いくつかの仕事経験の間に見られるつながりは，すべて自然かつ連続的とは限りません。非連続的な部分があるでしょう。そのうちのさらにいくつかは，大きな節目であったかもしれません。しかし，一見すると他のひとの目には非連続と見えるところでも，本人にとっては貫くテーマがあったら，それがアンカーを考えるヒントです。起業家的創造性にアンカーがあるひとなら，仕事や場合

によっては会社が変わっても，いちばん犠牲にしたくなかったもの，いつも大切にしてきたものが，創造だと気づくでしょう。そのアンカーにいちばんぴったりと思える仕事経験，たとえば，3年越しで新規事業を立ち上げた経験があったとしましょう。後に一皮むけた経験として回想される，そのときの自分の歩みは，創造というアンカーにあっている経験でさえ，そこを歩んでいるときには，修羅場のようにたいへんなことが往々にしてあります。ゼロからの立ち上げという仕事がやわなわけがありません。やっていけるかなと心配になった局面があるでしょう。それでもそこをなんとかくぐり抜けたというのは，キャリア・サバイバルにかかわることです。

　自分がほんとうにやりたいことはなにかという自分の内なる声をそのときに聞くことが当然にありますし，また，聞こえなかったら，内なる声を探し求めることでしょう。また，振り返ってみて，これがベスト・ジョブという経験は，くぐっているときには，なかなかたいへんな経験で，もしそのときに，キャリア・サバイバルのエクササイズをしてみたら，自分の仕事を取り囲む世界の姿に，確かに，これは，ほんとうにたいへんな適応の時期だったと思われることでしょうか。

　わたしたちは，一皮むける経験をくぐるようなときに，思い切り，自分の内なる声をインサイド→アウトで聞き，自分の外からの，ときには過酷なほどの要望を，アウトサイド→インでいっぱい耳にすることでしょう。

　米国でリーダーシップの研究と研修をおこなってきたCCL（Center for Creative Leadership）によれば，リーダーシップはけっして研修だけでは身につかず，キャリア発達の道程における経験から身につくものだということが，データから示されています。[7] 研修でのリーダーシップ開発の根っこは，キャリア発達のうえでの経験にあることが，明らかになりました。

　たとえば，会社のなかで，ルーチンの仕事を離れて，ゼロから新しい事業を立ち上げる任務を担うようになったときに，経営幹部にまで育つひとは，そこで大きく飛躍することが数々のデータ，事例から見て取れます。わたしたちが，関西経済連合会でおこなった日本での調査でも，同様の経験が特筆されました。[8]

---

7) McCall (1988; 1998), McCauley et al. (1998)。
8) より詳しく知りたいひとは，一般書としては，金井（2002c）を参考にしてください。先の注2でもふれましたとおり，元になった調査は，関西経済連合会（2001）です。トップとミドルの間での一皮むけた経験の比較は，金井・古野（2001）にあります。金井（2002c）は，新書判ですので，報告

なにもないところに新しいビジネスの種を探すことを期待できれば，当然，内なる声に耳を傾けることになります。それは，キャリア・アンカーのほうの冊子に詳しく書かれているとおり，
(1) なにが得意か，
(2) なにがやりたいことか，
(3) なにに意味を感じるか，
という問いです。

また，同時に，ゼロからの立ち上げは，修羅場をくぐるような経験で，サバイバルするだけでも息も絶え絶えという状況に直面することになります。

だから，たいていの一皮むけた経験やベスト・ジョブ（ワーストジョブとして聞いたわけではない武勇伝）において，キャリア・アンカーとキャリア・サバイバルの両方にかかわるテーマが出てきます。

よくそこを生き抜いたというときに，自分の拠り所をキャリア・デザインに目をやれば，アンカーというテーマが姿をあらわし，自分を取り巻く世界への働きかけ（たとえば，ある特定の新事業をやると決めたあと）における勢いに乗ったキャリア・ドリフトに目をやればサバイバルというテーマが姿を現すことになっています。

仕事の世界のスピリチュアリティ（精神性）

この章のなかでは，少しサイド・ストーリーになりますが，大事なことですので，一言，仕事の世界における崇高なものの存在についてふれさせてください。

シャインの3つの問いのうち，それをやりたいという動機と，それがうまくできる能力と並んで，意味・価値があげられていますが，これは，一部のひとたちにとっては，仕事のなかの精神性（スピリチュアリティ）まで行き着くことがあります。「なぜそれをするのですか」と聞かれたときに，「それがうまくできるから」「それがすごく好きだから」といえるだけで，相当いいポジションに立っていますが，そのひとが仕事を通じて，なにか崇高な意味や社会への役立ち感，貴重な価値を感じられるなら，それは，長期的にキャリアを歩むうえでの牽引力として深くパワフルです。

書や論文と比べれば，読みやすく書かれています。定性的データの提示は，関西経済連合会（2001）がいちばんリッチです。

同じ作業をしていても，うまくできる，好きだ，というレベルを超えて，その作業の意味合いを語れるような生き方があります。かつて一橋大学の野中郁次郎先生がイタリアでネクタイのデザインをしているデザイナーとのやりとりで，なにをデザインしているかという問いに対して，「崇高なものをデザインしているのです」と答えたデザイナーがいたそうです。聞き飽きた例かもしれませんが，石を運んでいるひとになにをしているのかと聞いて，「肉体労働です」というのと，「家を作っているのです」というのと，「教会の基礎を作っているのです」というのと，さらに「神に少しでも近づくためにこれをしています」というのでは，大きな開きがあります。どのような仕事の世界でもそういう精神的なところがあります。わたしたちのように大学で研究しているひとでも，なにかをデザインしているひとでも，石を運んでいるひとでも，なぜそれをしているかという問いに深く答えることができるひとは，これから述べるキャリア・トランジション・サイクルを回るうえで，深いスピリチュアルなエネルギー源をもっていることになります。

トランジション（節目，転機，移行期）に注目──5つのモデルを順次説明する前に

　何十年にもわたるキャリアの研究も，またキャリアのデザインという実践も，「節目」に注目することなしには，不可能に近いというのがわたしの立場です。これまでも述べてきたとおりです。
　英語では，トランジションという言葉が使われます。この言葉は，「節目」とも，「転機」とも，「移行期」とも訳されます。生涯発達の心理学者たちは，「移行期」と訳してきました。臨床的に，たとえば，カウンセリングやグループ・セラピー（集団療法）を通じて，人生につまずいているひとを支援してきたひとたちにとって，トランジションとは「転機」です。人生の転機をいかに乗り越えるかがそこではテーマです。わたしは，キャリアの流れのなかでのトランジションには，「節目」という言葉が大和言葉としては，しっくりくる訳語だと感じて，この言葉をよく使っています。また，仕事の世界に直結した研究では，最初に管理職になるようなときに注目して，「脱皮」や「転換」という言葉も使われます。[9] 節目をくぐって新しい世界に入ることは，ある意味で

---

[9] 一皮むけた経験は，quantum leap experience の訳ですが，脱皮経験ともいえます。また，一橋大学の守島基博教授は，担当者のときに一生懸命に仕事することがそのままでは，つぎの段階，たとえ

は，「冒険」です。[10)]

　トランジションをどのように訳すのがいいのかという話をしたいのではありません。今，いろいろあげた用語でこの問題を扱ってきたひとがそれぞれに，節目をどう生きるかを考える参考となるトランジション・モデルを提唱していますので，これからそれらをざっと概観していきます。キャリアにまつわる会合で，あるいは経営幹部をめざすひとのリーダーシップ開発を議論するときに，どれもよく実務家の皆さんに紹介し議論を重ねてきたモデルです。どれかひとつがいいというわけでなく，それぞれに読者の方の課題，懸念事項がなんであるのか，どのような将来展望をしたいのかに応じて，うまく組み合わせて，使い分けてください。

安定期と移行期の繰り返し（生涯発達心理学者，D．レビンソン）──トランジション・サイクル・モデル♯1

　キャリアや人生を喩えるいろんなメタファー（隠喩）があります。旅，劇場，マラソン，太陽の動き，等々。生涯発達心理学の金字塔，とりわけ中年期の発達課題を明らかにしたことで名高いD．レビンソンたちは，人生を四季に喩え，金字塔となった著作に『男性の人生の四季（The Season's of a Man's Life）』[11)]というタイトルを付けました。季節は巡りますので，サイクルをなしています。邦訳名が『ライフサイクルの心理学』となっていることからもわかります。トランジションを何度もくぐるサイクルとして，ひとの生涯にわたる発達が描かれています（キャリアの問題を，適合（マッチング）の視点よりもまずは発達の視点から捉えたいひとには，お奨めの書籍です）。

サイクルの3つの意味　レビンソンによれば，サイクル（円環）とディベロプメント（発達）とは，ラテン語やギリシャ語に遡ると同語源だそうですが，前者の言葉にはさらにふたつの味わい深い3つの含意があります。[12)]

　ば，部下をもつ管理職としての仕事をこなす準備になっていないことから，人的資源に「転換」が必要であり，転換には抵抗がともなうことを指摘してきました。担当者（individual contributor）から管理者になるという節目についての転換課題については，Hill（1992）が参考になります。
10) 後述するように，Campbell（1949），Campbell and Moyers（1988）の英雄論が，キャリアの世界ではなく神話の世界を扱っているのですが，大いに参考になります。
11) この書籍（Levinson, 1978）を紹介する際に，どうして男性しかないのですかと，よく聞かれます。実は，後から女性の人生の四季についても研究がなされ出版されている（Levinson, 1996）のですが，そちらの方は邦訳がないので，これしか紹介できないのです。「人生の秋は美しい」（野田，1997）という言葉遣いも，四季のメタファーによっています。

(1) 人生にも（そして一年にも，季節にも）始まりと終わりがあり，
(2) 冬がくればまた再生の春がくるというサイクルをなし，
(3) 全体としては，人生は比較的安定した時期と，季節の間のような移行の時期の繰り返しである，

という3つの考え方がそれです。これらの点について，少し詳しくみていきましょう。

第1の点が強調するのは，始まり（誕生，旅の出発点）から終わり（死亡，旅の終わり）までのプロセスまたは旅に注目したいということです（旅という言葉も，レビンソンが使っているままの言葉です）。人生という旅は，季節と同じように一定の順序で進みます。もちろん，ひとりひとりのかけがえのない人生を（最初からこうなっていたのだという具合に）決定論的に描くことはできません。ひとによって，時代環境によって，文化によって，さまざまなサイクル内での歩みの表現型があります。別のルートを歩んだり，回り道したり，予定より速いひともあれば，ゆっくりのペースのひともいます（病気や夭折により，途中で歩みを止めることもありえます）。でも，旅が続く限り，季節が巡るような程度の規則性ならありうるのではないかという前提にレビンソンたちは立っています。

第2は，そのサイクルを一連の段階（ステージ；とてもいい言葉で，「段階」ごとの「舞台」を意味します）で捉えていくという考え方です。人生やキャリアは，ずっと連続した流れでなく，その前と後では質的に異なる段階から成り立っています。ちょうど，春から夏にかけてただ日が長くなり，気温が上がるという量的な変化だけでなく，春と夏の間には，季節が推移したという質的違いがあります。四季という意味合いを，レビンソンはつぎのように説明しています。「人生は連続した一定不変の流れではない。質的に異なる季節から成り，それぞれの季節は独自の性格をもつ。ある季節はその前後の季節と共通点も多いが，まったく別個の存在である。各季節のもたらすイメージはさまざまである。一年という単位で見れば，春は開花のときであり，冬は枯死のときだが，冬はまた再生のとき，新しいサイクルの始まりのときでもある。一日も夜明け，正午，夕暮れ，深夜と分けられ，それぞれその日によって雰囲気によって，また心理学的にも異なるひとときである。男女関係，戦争，政治，芸術活動，病気などにも四季はある。」[13] 味のある説明なので少し長く引用しましたが，レ

---

12) Levinson (1978), pp. 6-7; 訳25頁。原著の箇条書きはふたつですが，ここでは，第2の点をふたつに分けて，3点で整理しました。

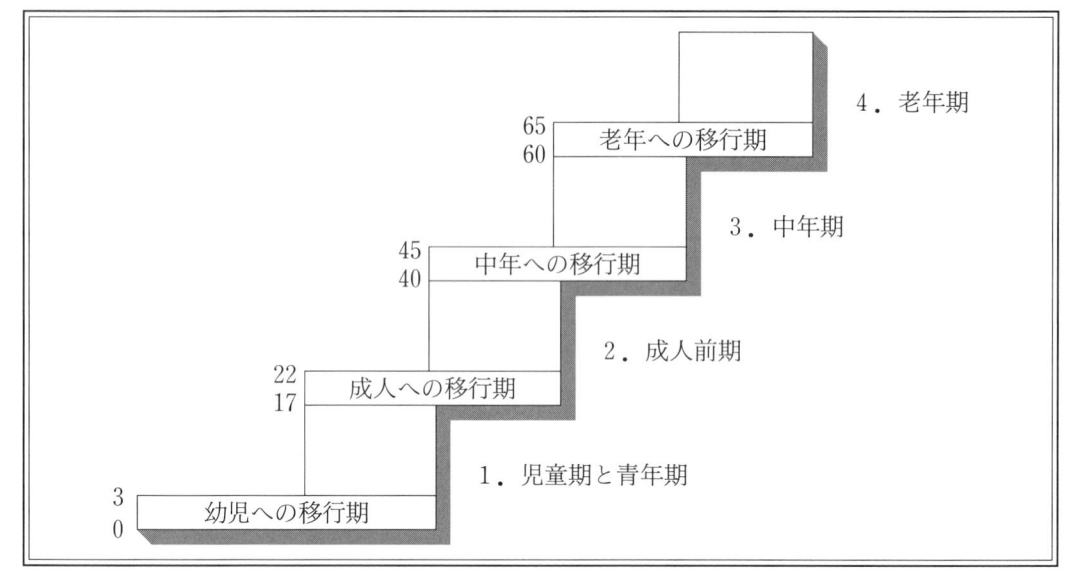

図 2 ライフサイクル（人生の四季）の区分（eras）

```
                                              ┌────────┐
                                              │ 4．老年期
                                         65 ┌──┘
                                         60 │老年への移行期
                                    ┌───────┘
                                    │  3．中年期
                              45 ┌──┘
                              40 │中年への移行期
                         ┌───────┘
                         │  2．成人前期
                      22 ┌──┘
                      17 │成人への移行期
                  ┌──────┘
                  │  1．児童期と青年期
               3 ┌┘
               0 │幼児への移行期
```

出所　Levinson (1978) p. 20；訳48頁。

ビンソンは，このように述べています。

　第3に，われわれがいちばん注目する点ですが，長い人生は，季節の移り変わりと同じように，比較的に安定した時期と，比較的に変化の目立つ移行期との繰り返しから成り立っているという考え方です。同じ季節のなかでも，たとえば，秋のなかでも初秋と晩秋とでは，漸進的な変化が進んでいます。でも，同じ季節のなかでは（季節の変わり目に比べると）基本的には同じような気候をムードとして経験します。ときに寒い日があったりするでしょうが。これが安定期です。芽を吹く春が終わり，つぎの灼熱の夏が始まる過渡期にあたる英語がトランジションです。先に述べたように，生涯発達心理学では，「移行期」か「過渡期」と訳されることが多い言葉です[14]（ちなみに，レビンソンの訳書では「過渡期」と訳されています）。

人生の四季と移行期（過渡期）　　レビンソンの業績といえば，必ず引用されるのが，上の図2です。この図では，人生は四季と同じく，大きくは4つに分けられています。

---

13) Levinson (1978), pp. 6-7; 訳25頁。
14) ひとの一生を節目，移行期からストレートに捉える試みがほかにもたくさんあります。タイトルに移行という言葉そのものを含むものまであります。たとえば，山本・ワップナー（1991）など。

(1)　児童期・青年期　　0～22歳
(2)　成人前期　　　　　17～45歳
(3)　中年期　　　　　　40～65歳
(4)　老年期　　　　　　60歳以降

　4つの時期への移行期とは，この年齢ゾーンでいうと，それが重なっている部分です。つまり，重複期が移行期というわけです。どちらでもあり，また，どちらとも言い切れない時期です。

(0)→(1)　幼児への移行期（early childhood transition）　0歳～3歳
(1)→(2)　成人への移行期（early adulthood transition）　17歳～22歳
(2)→(3)　中年への移行期（mid-life transition）　　　　40歳～45歳
(3)→(4)　老年への移行期（late adult transition）　　　60歳～65歳

　唄の歌詞ではないですが，「思春期に少年（少女）から大人に変る」というのが，成人への移行期です。中年への移行期は，それにあわせて思秋期ということもできるでしょう。移行期だからこそ，いろいろとまどったり，物思いにふけったりすることがあるわけです。

思春期（少年少女から大人へ）　子どものときに，パパ大好きで，ママがいると安心で，この世の中は信じていい，安心だという基本的な信頼感のもとでずっとはしゃいできた女の子が，思春期に入るといろんな気持ちに揺れます。パパも仕事で疲れてがっかりしている日もあり，いつも元気印とは限らないことに気づきます。ママは，ほんとうはほかにやりたかったことがあるのに，それをがまんしているのではないかとか，疑問も出てきます。大人だって完全ではないし，ずっと子どものままでいたいという気持ちにもふとなります。でも，体は大人とかわらなくなっているし，心の中でも大人と同じように，好きな人のことや進学・就職で悩んだりし始めます。もっと大きな世の中に目を向けると，自分の住む世界には，貧富の差もあれば，戦争もあったりして，いろいろ矛盾があるのだということにも気づきます。そんななかで，自分がいったいなにものなのか，なにになりたいのか，どのような世界に入っていきたいのかという問いがもたげてきます。就職活動というキャリアの節目は，ちょうどこの成人への移行期と重なります。

思秋期（中年のころ）　中年とは，人生のまんなかあたりですので，これまでの夢がどれぐらい実現したかを自然と自分なりに検討することになります。もう20代のときほどには若くはないが，かといって老境に入っているわけでもありません。なかには，人生の後半戦ということで，守りに入るひと，停滞していってしまうひともいます。でも，そういうひとばかりではありません。中年への移行期のころには，まだまだこれまでの経験を生かして新しいことに挑戦

図3 トランジション・サイクル・モデル♯1
人生の四季にみる移行期と安定期の繰り返し（D. レビンソン）

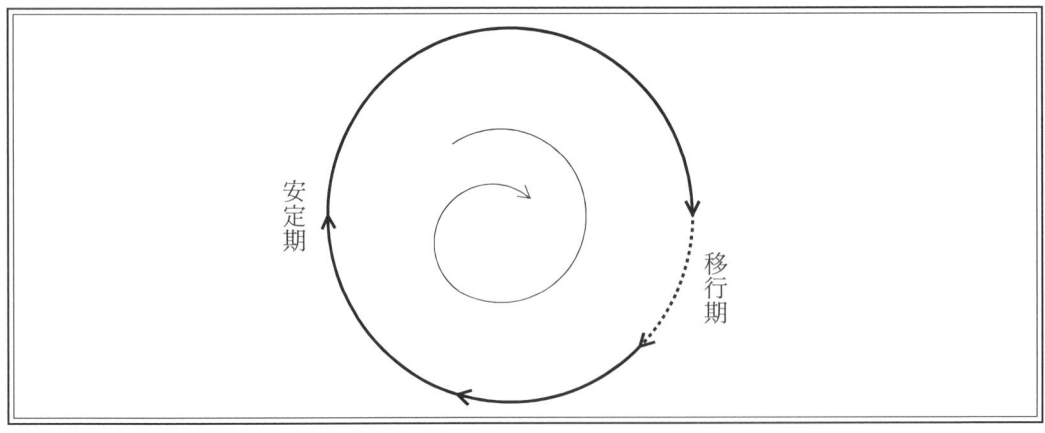

（図：安定期／移行期を示す円環の矢印）

注：4つの季節（移行期）があるということは，このサイクルを4周するということです。

するエネルギーも残っているし，知恵は若いときよりも深まっています。それを生かしてより大きな絵を描き，それを若いひととともに実現でき出せば，ユングのいうとおり，中年以降にほんとうに自分らしい仕事，ライフワークができ始めるかもしれません。つまり，生涯発達の心理学でいう安定期と移行期の繰り返しの人生という観点からは，キャリアの上で中間管理職として過ごす時期は，人生半ばの節目でもあるというわけです。

仕事上の節目と人生の節目がいつもオーバーラップするわけではありません。でも，節目ではアンカーの声に導かれキャリア選択をすべきだが，選んだ後はつぎの世界でしっかりサバイバルして勢いに乗ってほしいというわたしの主張の背後には，移行期と安定期の繰り返しというレビンソンのサイクル・モデルが見え隠れしているはずです。そこから大きな影響を受けていますから。

中年の生涯発達の研究から見つかったトランジション・サイクル・モデル♯1の提示　最も単純化して，このトランジション・モデル♯1を提示するとつぎのようになります。円環（サイクル）をなしていますが，人生の四季ならこれを4周することになります。仕事上の大きな節目（海外勤務や関連会社の社長として出向というような経験への入り口の時期）を足すと，節目は7回あったというひとなら，これを7周するというイメージです。1周回るたびに，生き方に深化・前進があれば，それが生涯にわたる発達にかかわっているというわけです。

トランジション・サイクル・モデルと呼ぶと少し長すぎるので，簡単にトランジション・モデルと呼ぶこともありますが，以下で紹介するモデルは，いずれもサイクル・モデルであることを忘れないでください。

終わりと中立ゾーンと始まり(人生の転機を乗り切る支援をするセラピスト,W．ブリッジズ)——トランジション・サイクル・モデル♯2

レビンソンは,人生の半ばである中年の時期を見据えながらも,生涯にわたる発達を描こうとしたのに対して,つぎに注目するウィリアム・ブリッジズは,実践的な関心から,移行期そのものに焦点を合わせました。

移行期はストレスフルで,それをくぐるのにしばしばひとは苦労するからです——キャリアの節目でも当然ストレスがあります[15]。臨床家としてブリッジズは,人生の転機(ここでは,トランジションを「転機」と訳すことにしましょう)を乗り切るのにとまどっているひとたちを支援するグループ・セラピーをおこなってきました。橋わたしの時期である転機を直視した本の著者の名前がブリッジズ(いくつもの橋)というのは,おもしろい偶然です。

グループ・セラピーから見つかったトランジション・モデル♯2の提示 その経験を通じての洞察から,転機をくぐるなかのマイクロ・サイクルを見つけました。その概要は図示するとおりです。ここには,移行期のなかの3ステップが描かれています。[16] 先の図の大きなサイクルのなかの,移行期をさらにクローズアップしてそのなかをよりつぶさに覗いていると,そこにどのようなマイクロ・サイクルが心理的には存在するのか,その心理的な意味合いを考えてみましょう。

人生の転機で足踏みするひと ブリッジズのグループ・セラピーに集まったひとは,本格的に「治療的カウンセリング」を受けるほど深く傷つき悩んでいるひとたちではありませんが,人生の転機で足踏みしてうまく先に進めないひとたちです。失恋に苦しんでいるひと,結婚が決まってから婚約後にかえって悩んでいるひと,第1子の子育てに自信をなくし心理的にも疲れているひと,「昇進ですね!」と周りが祝ってくれるのに自分としてはふさぎこんでいるひと,海外勤務で外面的にはうまく適応しているようで大きな違和感がありほんとうは困っているひと,退職後打ち込むことがみつからずなにか喪失感に苛まれているひと,等々。われわれの身の周りにもいっぱいいそうなひとたちがいます(強迫神経症や鬱病で生活にも困るというレベルまではいっていないひと

---

15) キャリア・ストレスの概念がここでは有効です。本格的に学びたいひとは,金井篤子(2000)を参照してください。
16) ここでは,もっぱら Bridges (1980) に依拠して議論しますが,ほかにも邦訳で読めるものとしては,Brammer (1991) と Schlossberg (1992) のふたつがあります。

図4　トランジション・サイクル・モデル♯2
　　　転機（移行期）内のマイクロ・サイクル（W．ブリッジズ）

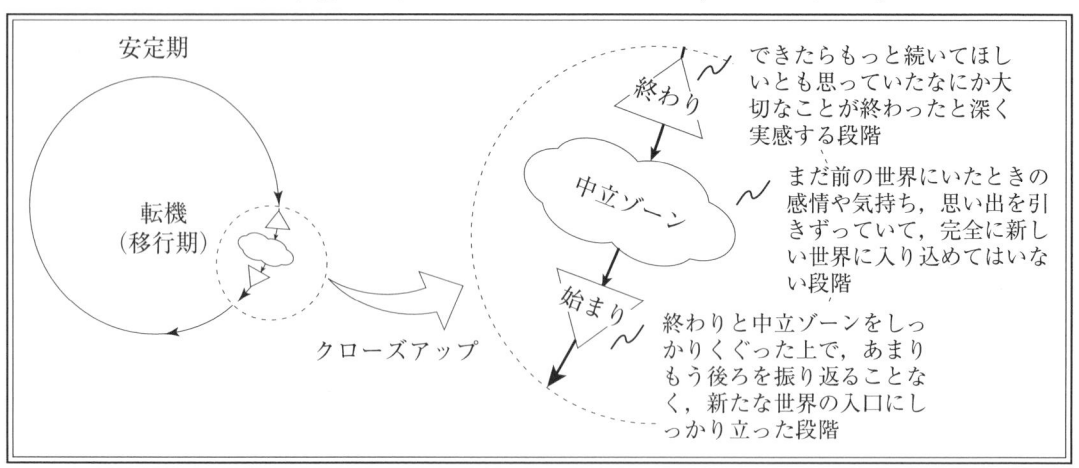

安定期
転機（移行期）
クローズアップ
終わり　できたらもっと続いてほしいとも思っていたなにか大切なことが終わったと深く実感する段階
中立ゾーン　まだ前の世界にいたときの感情や気持ち，思い出を引きずっていて，完全に新しい世界に入り込めてはいない段階
始まり　終わりと中立ゾーンをしっかりくぐった上で，あまりもう後ろを振り返ることなく，新たな世界の入口にしっかり立った段階

出所：ブリッジズ（Bridges, 1980）を参照して作成。

たちです）。グループ・セラピー（集団療法）といってもピンとこない読者は，このようなひとたちが，お互いを鏡にしながら話し合っていく場だと思ってください。その場のプロセスを円滑にするのが，当時はグループ・セラピストだったブリッジズの役割です（今は，変革のマネジメントにおける心理面の問題や伝統的な職務概念がなくなった後の雇用やキャリアの問題を扱う経営コンサルタントになっています）。[17]

始まりの前にくぐるべき2段階がある　ひとりひとりがなにに困り，なにに悩んでいるかは，千差万別ですが，その悩みのコンテンツにかかわりなく，転機では上の図4の3ステップがあることを，彼は臨床的に見つけ出しました。うまくその時期を乗り切れていないひとは，第3のステップ，つまり始まりばかりに目を奪われている点に問題があります。心理的になにごとかが終わりになったと深く実感する時期（第1のステップ），なにかが終わったのにまだつぎの世界に乗り移れていないというきわめて中途半端な時期（第2のステップ）をしっかり生き切れていないところに根本的な問題があると彼は指摘します。たいていのひとは，自分が変っていくときに新しい始まりの時期について語ります。でも，なにかが終わる時期，混乱や苦悩の時期をくぐらずには，新しい生活は一見始まっているようでも始まりに勢いが備わらないのです。

---

[17] 雇用については，職務部という考えがなくなりつつある（de-jobbed）状況に，Bridges (1994) では注目しています。

話が抽象的にならないように，だれでも経験したことがあるような例をいくつかあげてみましょう。
　たとえば，大失恋。深く愛していたのに，とうとう別れるようになったときのことを思い出してください（思い出したくないことかもしれませんが）。4年越しで付き合ったのに終わったとしましょう。どうしてうまくいかなかったのか。自分には，ほんとうにしっかりとひとを愛することができるのか，と考えたうえで，心理的に喪に服する時期（中立ゾーンにあたります）をくぐったあと，とうとうすばらしいひとに出会ったというのなら，つぎの始まりもうまくいくかもしれません。でも，失恋した悲しさから逃れるためにただだれかれとなく声をかけるようでは，ほんとうの始まりにはなりません。始まる前に，終わりと中立ゾーンをくぐっていないと，もう閉まっている扉ばかりに目がいくことになります。

めでたいことでも転機は転機　失恋は悲しい例ですが，めでたいことでも同じような転機としてのつまずきがあります。たとえば，結婚や子どもの誕生。マリッジ・ブルーという言葉があるのは，好きなひととずっといっしょになるといううれしい節目でさえ，なにごとかが終わり，つぎに始まる世界が始まる前に，ほんとうにこれでいいのかととまどう状態があることを意味しています（つまり，そのとまどいや悩みをブルー＝憂鬱と呼んでいるわけです）。身を固めると独身のときに享受していた自由の一部を失います。また，たいていの場合結婚を機に，生まれたときからずっといた家を出ることになります。そして，相手のひとがいくら大好きでも，ほんとうにこのひとでいいのか，もっと自分にぴったりのひとがいるのではないか，もう少し独身のまま気ままにすごしたほうがいいのではないかと，考えてしまうものです。それがブリッジズのいう中立ゾーンです。実は，宙ぶらりんな時期を自分なりに深く考え，積極的にくぐったひとは，始まりの後に続くエネルギーもほんものです。でも，ただ結婚にあこがれただけでとりあえず婚約したというだけではだめです。挙式後に早くも成田離婚があるのは，そのことを教えてくれます。
　ブリッジズ自身のあげる例を少し敷衍して，第1子の誕生の例をあげましょう。彼のグループ・セラピーの場に，結婚して2年後に子どもが生まれ，待望の3人の新生活を始めたひとが来ていました。彼女もその夫も子どもがほしかったので，「待望の」というわけです。赤ん坊のことが大好きですばらしいと言います。でも，子育てが思っていた以上にはるかにたいへんだったので，グループ・セラピーの場に来ているメンバーに，赤ちゃんが泣いていてもどれくらいならほうっていても大丈夫か，夫にもっと手伝ってもらうのはどうしたらいいか，についてアドバイスを求めました。しかし，彼女は，それらのことが

問題である以上に，もう二人だけの生活にはあった気楽さがなくなったこと，自分が思うがままのスケジュールどおりには生活できなくなったことが問題なのに，それを直視していませんでした。彼女はグループ・セラピーの場ではじめて，そのことは目をふせていたことに気づいて，本当の問題を直視して話し始めました。これは，終わりにかかわることだったのです。また，母親になるとはどういうことなのか，それが今ほんとうに望むことかを自問する時期にかかわる中立ゾーンの問題でもありました。「私は赤ちゃんがほんとに大好き。だけどかつての自由や気楽さはもうなくなってしまった（I really love the baby; but the old freedom and easiness are gone）。……もう過去には戻れない。懐かしい時代は過ぎたんです。どうしてこのことを誰も話さないのかしら。皆，新生活おめでとうと言うけれど，私はかつての生活を失った悲しみを味わっているのです（I have to mourn the old life alone）」[18] いう言葉のなかに，グループ・セラピーの場での，この女性の洞察がよく現れています。

人生の悩みでなく，キャリアの節目を例に　　これは，人生の転機の本であって，キャリアの節目の本ではありませんから，仕事の世界におけるキャリアの問題や経営学的な問題には応用しにくいという声が聞こえてきそうです。でも，仕事の世界での節目でも，同じような話はごろごろあります。

　たとえば，ずっとスター営業マン（ウーマン）として，10年連続で予算の数字を達成してきて，その間何度も営業所のMVPに輝いたひとが，とうとう営業所長になったとしましょう。はじめて部下をもつライン長になる経験です。だれもがとうとう営業所長への昇進おめでとう，と言ってくれます。でも，実際はどうでしょうか。かつては，自分なりにがんばれば数字を達成したという仕事の世界になじんできました。管理職になるということは，自分が動くのではなく，他の人びとを通じて営業所としての予算を達成していくことを意味します。4人の部下に動いてもらうのには気を使うし，いっそう自分ひとりで営業の現場にずっといた時代のほうがよかったと悩み，担当者から管理職への節目をうまくなかなか乗り越えられなかったとしましょう。ここで起こっていることは，仕事の世界の例です。さきの子育てに悩む女性と悩みのコンテンツは違いますが，そこに働く心理的なメカニズムは同じです。終わりと中立ゾーンをしっかりくぐっていないことです。営業の世界だけではありません。開発のスターだったひとがとうとう事業部長に任じられたとき，「事業部長就任を祝す」と言われるなかで，新しい世界にすぐにはなじめないときには，同種の問

---

18) Bridges (1980), p. 10; 訳19-20頁。

図5　マクロ・サイクルのなかにあるいくつかの転機

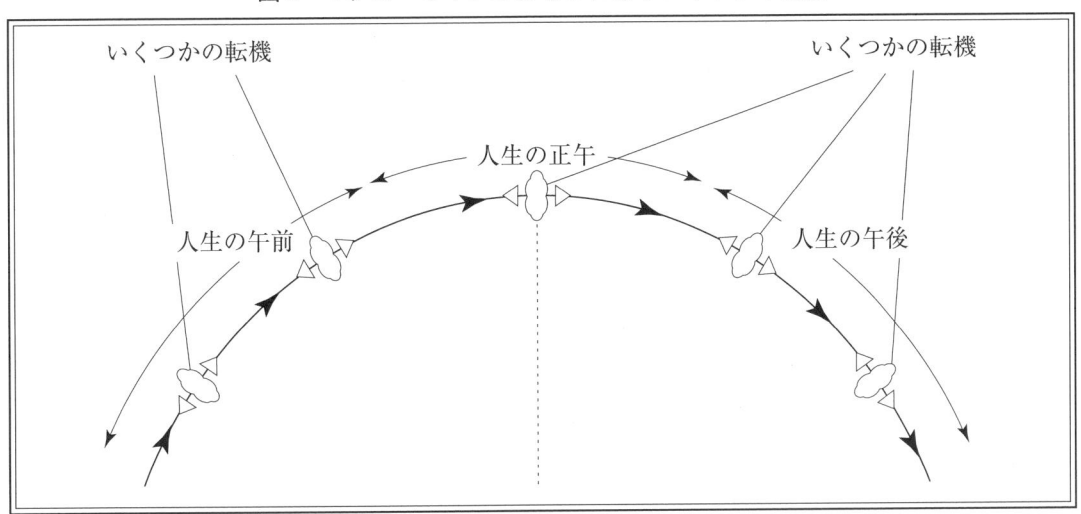

出所：ユングのアイデアとブリッジズのモデルより作成。

題が起こっています。

第2段階の中立ゾーン　ブリッジズは，中立ゾーンの意味合いを，体感的かつビジュアルに想像してもらうために，空中ブランコのたとえを使っています。前のブランコを手放さ（なにごとかが終わら）ないと，つぎのブランコには飛び移れ（新しいことが始まら）ないけれども，その間に，前のブランコも次のブランコからも手が離れている状態があります。これがニュートラル・ゾーンにほかなりません。

さきほど，レビンソンが考える4つの節目というのを念頭に考えれば，ひとは，人生の発達課題という移行期を4回くぐります。それは，図4を4周するイメージで考えてもらってもいいですし，あるいは，図5のように思い浮かべてもらってもいいです。もちろん，人生の季節の大きな移行期に，それ以外にもその都度乗り越えるのに苦労するような転機と仕事の世界の節目を加えれば，節目は4つ以上になるでしょう。

備え，着任し，覚えて，慣れる（仕事上のトランジションを解明する産業・組織心理学者，N．ニコルソン）——トランジション・サイクル・モデル♯3

今，述べたとおり，ブリッジズのモデル（トランジション・サイクル・モデル♯2）は，仕事の世界における節目にも大いに適用が可能ですが，問題は，新しい世界に入ったあと，働くひとがその世界にどのように適応していくかという側面の診断や記述には向いていないことです。その利点は，人生やキャリ

アの転機をくぐるなかの心理的なマイクロ・ステップを見ている点ですが、転機を超えたあとは、扱っていません。

生涯発達，人生の転機からキャリアの世界へ　また，最初にあげたレビンソンのいう安定期は，ただゆったりと安閑としているというわけではけっしてありません。そこで実にさまざまな活動がおこなわれているわけです。移行期に対して安定期と言っているだけで、その間に試練も修羅場もありえます。移行期はとまどう時期ですが，安定期とは実は活動期で，そのときに仕事に邁進しているわけです。トランジション・サイクル・モデル♯1では，移行期と安定期と対比されていたものを，仕事の世界を念頭にもう少し詳しく膨らませると，どうなるのか気になるところです。しかも，生涯発達や臨床心理の視点にアングルを変えれば，さらに経営学のキャリア論に直結した視点から見ると，仕事経験を念頭においたモデルで，新しい世界に入ったあとどうなるのかについてのステップも含んだモデルが必要なはずです。

英国の管理職の研究から生まれたトランジション・サイクル・モデル♯3　そのあたりを全体的にサイクルとして把握するのにもっとも適したモデルが，図に示すナイジェル・ニコルソンの枠組みです。ニコルソンは，産業・組織心理学者ですが，英国のミドル・マネジャーに関するキャリア・トランジションの研究で名を馳せているとおり，レビンソンやブリッジズと比べると，注意の焦点が仕事の世界にしっかりと向けられていて，その研究成果は，経営学におけるキャリア研究に大きな影響を与えました（少なくとも，わたしは多大な影響を受けました）。

　このキャリア・トランジション・サイクルにおける4段階をみていきましょう。[19]

　この円環をなすサイクルは，(1)新しい世界に入る準備（preparation）の段階，(2)実際にその世界に初めて入っていて，いろいろ新たなことに遭遇（encounter）する段階，(3)新しい世界に徐々に溶け込み順応（adjustment）していく段階，(4)もうこの世界は新しいとはいえないほど慣れて，落ち着いていく安定化（stabilization）段階，から成りたっています。「準備→遭遇→順応→安定化」という言葉がかたいと思うときには、「備える→入る→馴染む→慣れる」と書き記すこともよくあります。

　図6のなかには、A～Fという記号で説明を入れています。これらは、(A)トランジションの各段階での課題・目標、(B)段階ごとに不適応の場合に生じるメ

---

[19] このモデルについては、以前にも同じ例示で紹介したことがあります。金井（2002a）84-107頁。

カニズム，(C)うまく適応が促進されるためにその段階で生じているべきこと（(B)のサイクルがまずいサイクルなのに対し，(C)はうまくいっているサイクルの記述になっている），(D)段階に応じて上司・マネジメントや人事部がその気になればできること，(E)それぞれの段階の底流にある心理過程，(F)その心理過程に適応できる理論，についてニコルソンの考えを引用者なりに要約して図中に付加したものです。

広い適用範囲　このモデルは，最初は管理職への移行期を念頭に開発されました。しかし，その適用範囲は広く，はじめて部下をもつ管理職に登用されるとき（あるいは，昇進一般）だけでなく，ほかにも，最初の就職，通常のジョブ・ローテーション，海外勤務，出向・転籍，転職や独立しての起業，さらには退職に至るまでほとんどの節目に，準備→遭遇→順応→安定化というサイクル（あるいは，備える→入る→馴染む→慣れるというサイクル）を，あてはめて考えてみることができます。

ここでは，学校から会社への節目をくぐる学生と，はじめて大勢の部下をもつ管理職につくミドルを例に各段階をあてはめてみましょう。読者の皆さんは，キャリア・アンカーのときに議論した中身のうち，印象深い異動について，これをあてはめてみてください。

まずは，だれも経験があることですので，社会人になるという節目をくぐる学生の場合を例にあげましょう。とうとう就職活動する学年になった学生時代を思い起こしてください。まず，書籍や入社案内（今なら，ホームページ）を調べ，先輩の話しを聞きながら，就職活動に備え始めます（I）。つぎに，迷いはしたが決心して内定をもらった会社のひとつに実際に4月1日から勤務し始めます（II）。社会人としてうまくやっていけるか心配だったが，営業という仕事にも職場にも会社にも，数ヵ月から2，3年もする間になじんでいきます（III）。なんでもできるしこの仕事では一人前になりかけた（V）と思ったら，異動の内示があって，つぎは，意外にも経理だと知らされて，簿記の本など少し買いあさり，つぎのサイクルへの準備にまた入ることになります（V）。

つぎに，もともとニコルソンが詳細に調査を重ねてきたミドルについて，よくありそうな仮設例を考えてみましょう。若い世代を部下にもったことはそれなりにあるけれども，職制で管理職になる時期が近づき，昇格試験を受け，アセスメントを兼ねた候補者研修も受け，その間いろいろ書いたり読んだりします（I）。とうとう実際に管理職となり，工場の生産第2課に課長として着任します（II）。生産現場は職場としては担当者のときに経験ずみですが，80人もの部下がいて，なかには自分より年長者の部下もいる職場で人びとを束ねるという仕事ははじめてです。管理をするより自分で動くほうが速いとつい考え

図6 トランジション・サイクル・モデル＃3
――皮むける仕事経験（N. ニコルソン）

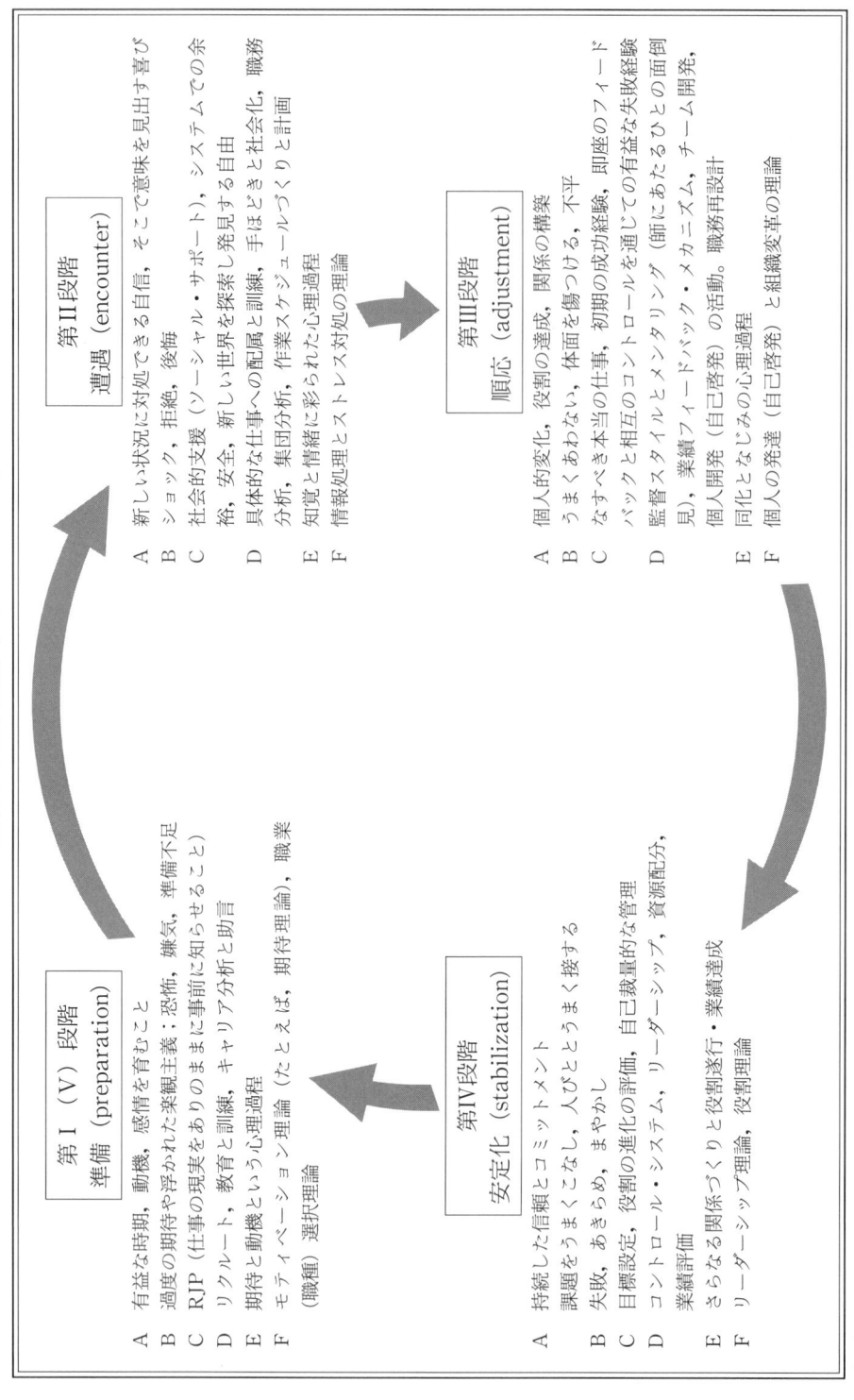

第II段階 遭遇 (encounter)

A 新しい状況に対処できる自信、そこで意味を見出す喜び
B ショック、拒絶、後悔
C 社会的支援（ソーシャル・サポート）、システムでの余裕、安全、新しい世界を探索し発見する自由
D 具体的な仕事への配属と訓練、手ほどきと社会化、職務分析、集団分析、作業スケジュールづくりと計画
E 知覚と情緒に彩られた心理過程
F 情報処理とストレス対処の理論

第III段階 順応 (adjustment)

A 個人的変化、役割の達成、関係の構築
B うまくあわない、体面を傷つける、不平
C なすべき本当の仕事、初期の成功経験、即座のフィードバックと相互のコントロールを通じての有益な失敗経験
D 監督スタイルとメンタリング（師にあたるひとの面倒見）、業績フィードバック・メカニズム、チーム開発、個人開発（自己啓発）の活動。職務再設計
E 同化となじみの心理過程
F 個人の発達（自己啓発）と組織変革の理論

第IV段階 安定化 (stabilization)

A 持続した信頼とコミットメント
課題をうまくこなし、人びととうまく接する
B 失敗、あきらめ、まやかし
C 目標設定、役割の進化の評価、自己裁量的な管理
D コントロール・システム、リーダーシップ、資源配分、業績評価
E さらなる関係づくりと役割遂行・業績達成
F リーダーシップ理論、役割理論

第 I (V) 段階 準備 (preparation)

A 有益な時期、動機、感情を育むこと
過度の期待や浮かれた楽観主義：恐怖、嫌気、準備不足
B RJP（仕事の現実をありのままに事前に知らせること）
C リクルート、教育と訓練、キャリア分析と助言
D 期待と動機という心理過程
E モティベーション理論（たとえば、期待理論、職種（職業）選択理論

出所：この図は、Nicholson and West (1988; 1989), Nicholson (1990) の論考におけるいくつかの図や記述を統合し、本冊子の著者により作成されたものです。

注：(1) ボックスの下に付けたA〜Dの記号の凡例はつぎのとおりです。A 課題と目標、B 不適応の場合、C うまく適応するための方策と救済策、D マネジメントや人事部の役割、E 基本的な心理過程、F その心理過程に適用できる理論
(2) 第I段階のCにおけるRJP (Realistic Job Preview) とは、新しく入っていく仕事の世界について、事前にできるだけ現実主義的にその様子を知らせることをいいますが、詳しく知りたいひとは金井 (1994c; 1994d; 1995)；Wanous (1973; 1980) を参照してください。

がちですが，そのようにしていては「管理」をしていることになりません。ようやく2年目に入って他の人びとを使う機微にも慣れ始めていきます（Ⅲ）。やがて第2課の仕事の全貌も，課員の気心も知悉したころには，なんと海外工場における同種の生産ラインで現地生産を始めるということで，まったく晴天の霹靂で海外勤務に備えることになり，また，その準備に入ります（Ⅴ）。

　ひとは，このようなサイクルを回りながらキャリア発達していきます。そのなかで学習の度合いが深いサイクルは，将来も「一皮むけた経験」として振り返るぐらいインパクトの深いものとなっていきます。

モデル♯3の4つのポイント　このモデルには，仕事で一皮むける経験を考えるうえでの，4つのポイントがあります。

(1)　レビンソンと同じく，サイクルには，始まりと終わりがあり，
(2)　キャリアの全体は，これを何周か回るプロセスと示され（何周かは，そのひとが何回一皮むけたかに依存します），
(3)　レビンソンが比較的安定した時期と述べた部分に，実は，キャリア・サバイバルがかかった試練の時期があり，
(4)　それがうまくできるようになると，またさらに大きく一皮むけるような仕事経験がめぐってきます（第4段階がくればまたつぎの一周への準備段階が始まるというサイクルをなします）

　第1の点は，レビンソンも指摘した点ですが，ここでは人生上の課題というよりも，キャリアにおける仕事上の経験に焦点を合わせています。プロジェクト・タイプの仕事ほど確固たる始まりと終わりの時点がはっきりしています。自分である企画を起案して，その企画が軌道にのって，プロジェクトが完遂するまでの一巡が目に見えるからです。これまでのわたし自身による「マイ・ベスト・ジョブ」や「仕事で一皮むけた」経験にまつわる研修や調査から，プロジェクト・タイプの仕事，それもゼロからの立ち上げのような仕事に（くぐっているときはつらくても）豊富な教訓があることがわかっています。NHKの人気番組『プロジェクトX』でわたしたちが感動しながら見るのは，そのような経験です。

　第2の点も，サイクル・モデルの特徴で，レビンソンなら四季と呼ぶところですが，仕事で一皮むける経験は一年の間に推移する季節のように4回とは限りません。それが何回あるかは，ひとによって，年齢によって異なります。

　第3の点が最も重要な点で，レビンソンやブリッジズが扱ってこなかった点です。遭遇とか，順応とか，安定化とかは，総じてこれまでのモデルでは安定期ということで一括されます。安定期と呼ばれている時期の実態は，けっして順風満帆とは限りません。ここでふんばらなければ，プロジェクトそのものが

潰れるという厳しい瞬間がいくつかあるはずです。ここをくぐっている期間は，とりわけ自分にとっても（さらには会社にとっても）はじめての仕事である場合は，しばしば修羅場をくぐるような経験となります。つまり，キャリア・サバイバルという課題がクローズアップされます。やっていけるのかなという不安に打ち勝ち，冒険したものに備わる自信をつけていくプロセスは，準備段階（移行期）ではなく，まさにこの修羅場経験のなかにあるというわけです。そして，実際，これまでわたしが接した大勢の人びとが，一皮むけた経験やマイ・ベスト・ジョブを語ったあと，「振り返るとすごくいい経験だと思うが，がむしゃらにそれをこなしているときは，自分の生存をかけて必死だった」というような感想を口にします。文字通り「修羅場のようだった。でも，これをやり通せてよかった」という言葉を放つひともおられます。

　第4の点について，われわれが関西経済連合会の調査『仕事で一皮むける』[20]で発見されたことだが，より年配の方ほど，年齢を重ねてからの仕事をとりあげておられたことが印象的でした。つまり，60代のひとならば，20代の経験，30代の経験から3つほどの「一皮むけた経験」を語るのでなく，30代，40代，50代（さらには，もっとも最近の60代になってから）のそのような経験を語ってくれました。このことは，キャリアが進むほどさらに大きな経験をしていることを示唆しています。いくつになってもさらに一皮むける経験があり，なければ買ってでも，そういう経験を求めることが仕事を通じて成人が継続して発達していくうえで，不可欠です。

　皆さんがキャリア・アンカー・インタビューをペアでパートナーと実施してみると，エクササイズのなかの設問にそって，これまでの仕事経験を振り返ることになります。そこで振り返っていくつかの仕事経験のなかでも，大きく一皮むける経験となると，数は限られてくるでしょう。それらを貫くものがキャリア・アンカーです。

　そのたいへんな経験を自分が途中で倒れずにくぐり抜けることは，その時点での変化する仕事環境へのキャリア・サバイバルができたことを物語っているわけです。

「仕事で一皮むける」というのはいったいどういうことか

　　　　　CCL (Center for Creative Leadership) というリーダーシップの研修と研究

---

20) 金井 (2000c)。関西経済連合会 (2001)。

をおこなう機関が,「一皮むける経験」の調査をずっと実施してデータ蓄積と分析を重ねてきました．CCL は，経営幹部の育成，360度フィードバック，サクセッション・プランなどで，実践的にも意義のある興味ある研究とその応用をおこなってきました．わたし自身も，リーダーシップ開発とキャリア発達を結びつけて研究していきたいと思っていますので，CCL の研究[21]は貴重なヒントを与えてくれます．

非連続，転換　ニコルソンのトランジション・サイクル・モデルから考えると，一皮むけたといえるほどの大きなインパクトをもたらした経験の場合には，前の一周がつぎの一周の準備になっているとは限らないという点がきわめて重要です．このことをわたしは「非連続」という言葉で表しましたが，人材マネジメント論を専門にする守島基博教授は，「人的資源の転換」[22]と呼んでいます．

　わかりやすいので，守島さんが例に使われる寿司屋の職人を例にあげましょう．寿司をうまく握れるということと，寿司屋の店を仕切れるという間には，そのひとのスキルの基盤に転換が求められます．職人として寿司を日々握りつづけ，いろんなネタいろんな握り方をマスターしていくことは，連続的な成長です．これに対して，寿司屋をまるごと任されるということは，別世界です．そこでは，魚の仕入れをどこからどれぐらいするのか，またシーズン，その日の気候によっていったいなにを仕入れるかを決めて，一見のお客さんと常連さんにそれぞれどのように接するか，顧客を増やし，満足してもらいつつ客単価をあげるには，どのようにこちらからネタを推薦すべきかなど，課題がいっきに増えます．ひたすら寿司を職人的に握るだけではそれらについて学べていないものです．これらの課題に応じたスキルは，店を任されないと身につきません．その意味で，この例は，前の段階でとてもうまくできることがそのままつぎの段階の準備になっていないというケースです．店をもつというのは，非連続的なサイクルで，本人に転換を要請することになります．

担当者から最初の管理職へ（マネジャーへの節目）　先に最初に管理職になるときの節目を例にあげました．担当者として営業や開発の世界で仕事をする経験

---

21) McCall et al. (1988) が，経験からの教訓に注目した研究で，McCall (1998); と McCauley et al. (1998) は，このような研究が経営幹部の育成やリーダーシップ開発に対してもつ意味合いを探っています．McCall (1998) は邦訳があります．また，邦訳はないのですが，リーダーシップ論そのものではなくて，リーダーシップの開発の研究（ある意味では「研修の研究」）をおこなっている貴重な文献として，Conger (1992), Conger and Benjamin (1999) があげられます．
22) 寿司屋の職人の例も含め，ここの記述は，研究会，学会，研修等の場での守島さんとの議論に基づいています．

表5 ゼイルズニックによるマネジャーとリーダーの対比

属性＼カテゴリー	マネジャー	リーダー
全般的な特徴	・問題解決者	・問題創出者，企業家的人物
目標に対する態度	・受動的とまでいかないまでも，没人格的な目標 ・バランスを重んじる（妥協も実際的には認める）	・相手に合わせる（対応する）というよりも，アイデアを創っていく
仕事の捉え方	・他の人びとがやりやすくしていく過程（enabling process）として仕事を捉える ・システムや機構を通じての解決を図る（たとえば，GM 3代目会長のアルフレッド・スローンは，開発のスターのケタリングを慰留するために，空冷エンジンの開発の部門を創るということによって，組織を通じて問題を解決した） ・他の人びとの選択余地を狭める（こうすればうまくいくという道筋を創る） ・継続的に調整とバランスを人びととの間にとることが必要と考えている ・情緒的な反応を抑制する。クールである	・リスクをとって自分のアイデアをイメージ化していく ・そのわくわくするイメージで人びとをエキサイトさせる（たとえば，J.F.ケネディの就任演説や公民権運動のときのM.L.キング牧師のように，組織を通じてでなく，大きな絵や戦略の実現のために，人びとを熱く巻き込むことによって，創造した問題に挑戦していった。組織に運動を生み出す） ・長年の問題に新たなアプローチ法を求めて，新たなものの見方や選択の余地を広げる，オープンにする ・リスクをとり，危険にも向かっていくので，波風が立つものだ ・情緒面を表出する。怒りたいときには怒る
他の人びととの関係	・単独の活動は好まず，他の人びととともに仕事するのを好む ・しかし一方で，他の人びととの思考や感情を直感的に受けとめる共感力や度量は欠く ・他の人びとを通じて「いかに」ことが成し遂げられるかを気にかける。ハウが鍵 ・TAT（課題統覚法）＊で「バイオリンをもつ少年」の絵図に対して，他の人びととのつながり（たとえば，少年と両親やアメフト仲間との関係など）にふれる物語を作成することが多い ・TATでも，熱い情緒的没頭は見られない	・ひとりでリスクをもって決めなければならないことがあると承知している ・それだけに，自分の考えたアイデアにはこだわるが，直感的かつ共感的に他の人びととかかわることをめざす ・他の人びとにとって，出来事や意思決定が「なに」を意味するかを気にかける。ホワットが鍵 ・TAT（課題統覚法）＊で「バイオリンをもつ少年」の絵図に対して，楽器そのものをマスターしたいという強烈な欲望にふれる物語を作成することが多い ・TATでも，少年がバイオリンに対して，深い愛着や思い入れを持っていることが語られ，その物語は情緒的なシグナルとからみあっている
自己の感覚	・所属感覚を大事にし，義務や責任の理想と調和する役割を果たす自己像をもっている	・分離感覚（自分は，他の人びとを含め環境から超然としているという感覚）をもち，組織で働いていても，組織に所属しきらない自己像をもっている
育成のあり方	・社会化（socialization）を通じての育成 ・その社会化とは，安定した制度としての組織を誘導し，既存の人間関係のバランスを維持できるように，個人を組織になじませていくもの ・特定の個人にメンターとしてべったりつくよりも，もっと広範な人びとに対して，ほどほどの愛着をもつ（多対多の関係，および同輩関係） ・同輩関係（peer relationships）は，一方で「攻撃性」や「個人のイニシャティブ」を抑制し，他方では同輩間の競争やライバル関係を奨励する ・メンターを通じての育成は必要とされない。あるいは，情緒的な表出を伴うメンターにはなじまない ・集団主義の文化，管理的な文化がなじむ	・（先のバイオリンの例のような）個人的な熟達あるいはマスター感（personal mastery）を通じての育成 ・そのマスター感によって，その個人は，心理的な変化や社会的な変化に立ち向かう ・感受性豊かで直感的なメンターとの接触を通じて育成するしかない（一対一の関係，および同輩ではなく年上でより経験豊かなシニアのひとつの関係） ・シニアとの関係では，同輩との関係と違って，パワーに歴然とした差があるので，かえって信頼と情緒的なコミットメントがあれば，刃向かったり，対決（コンフロンテーション）したりもできる。対決できるということは，逆にいうと深い情緒の相互交流（emotional interchange）をもてるということで，そのことを通じて，攻めるべきときは攻め（攻撃性もポジティブに発揮でき），既存の慣行を変えたり，新しいやり方を実験したり，さらには上司にも絶えず挑戦できるような人物が育つ（だから，通常メンターになりたがるひとが少ない－自分も挑戦されるし，情緒の表出や交換も伴うから） ・メンターとの関係において，メンターの側にも，学ぶ側にも，強い情緒的没入が要請される ・個人主義の文化，企業家的な文化もしくはエリート主義がなじむ

注：Zaleznick (1977) という論文全体の記述に基づき作成しました。ただし，もとの論文では必ずしもすべての項目について対照的な記述があるとは限らないので，そこを補っています。

＊ TAT（Thematic Apperception Test, 課題統覚法）とは，投影法による心理測定（診断）法で，曖昧で多義的な図柄を被験者に見せて，ストーリーを構成してもらって，それをコーディングし，解釈する方法のことをいいます。

は，営業や開発という業務になじむことにはなります。しかし，担当者（individual contributor）としてうまくやっていけるということは，営業所長や研究所長として，マネジメントやリーダーシップをうまくこなせるための準備にはなっていません。自分がするのではなく，他の人びとを通じてことをなしとげ（マネジメントの場合），また，大きな絵を描いてその実現のために人びとを巻き込む（リーダーシップの場合）やり方は，実際に，所長になってからの経験で学ぶことになります。個人で貢献することと，ひとを動かすことの間には，ちがう営業所に担当者のまま異動する，ほかの研究グループに移るのと異なり非連続的です。実は，マネジメントをうまくとれるサイクルを何度か回ってから，つぎにリーダーシップ（とりわけ，戦略発想をして変革を導くリーダーシップ）がとうとう期待される段階に入っていくときにも非連続的な節目に直面することになります。全般的管理能力や起業家的創造性にキャリア・アンカーのあるひとでも，営業所長や研究所長を超えて，さらに経営幹部（事業経営責任者やさらにはCEO）[23] にまでなるひとは，変革型リーダーシップをとるためには，もう一皮むけなければなりません。

マネジャーからリーダーへ　複雑性に対応してシステムとして組織を動かすというのがマネジメントの課題でその課題にかかわる役割を担うのがマネジャーです。これに対して，変革に対応するのがリーダーシップでその役割の担い手がリーダーです。単純化すると，両者はこのように対比されます。ここでは詳しく述べませんが，このような対比にかかわる議論のさきがけとなったハーバード大学のアブラハム・ゼイルズニックの所論を，表5にまとめましたので，ご覧ください。

脱線と転換への抵抗

　冒険というと勇ましいですが，今まで慣れ親しんだ世界から新たな世界に入るのには，うれしさとともに，不安や抵抗もあるものです。

ミドルの棲む世界とトップの棲む世界　京都産業大学の小高久仁子さんによるある外資系企業でのフィールド調査[24] では，ミドル・レベルの管理職への要請と経営トップへの期待や要望との間には，ギャップがあり，ミドルからトップになるのは，単なる昇進ではなく，発想や行動パターンの質的転換が必要で

---

[23]　この問題について，詳しくは金井（1998）を参照してください。
[24]　小高（2001）。

表6　脱線のダイナミクス

「強み」は「弱み」になる	ある人物を成功に導いた「強み」は，ほかの「強み」のほうがより重要になると「弱み」になることがある
見えなかった部分が問題になる	以前は問題とならなかった，あるいは，「強み」や業績に隠れていた「弱み」や欠点は，新たな状況では重要な問題となる
成功によって傲慢になる	成功によって人は天狗になり，自分は絶対であり，他の人の助けを必要としないという誤った信念が生まれる。それは，「傲慢になるなんて自分にはありえない」と思った瞬間に起こる
不運	個人の才能とは関係のない運命のために，脱線してしまうことがある。しかし，ときとして上記の脱線ダイナミクスのいずれかが重なって不運となることから，必ずしも運だけが脱線理由にはならない

出所：M. W. McCall, Jr., and M. M. Lombardo, *Off the Track: Why and How Successful Executives Get Derailed,* Technical Report 21 (Greensboro, N. C.: Center for Creative Leadership, 1983), pp. 2-3。ここでの引用はわたしたちが訳したマッコールの訳書（McCall, 1998, p. 36; 訳67頁）からです。

あることが示唆されました。両者は異なるコミュニティに属するようなところがあり，これを超えるためには一皮むけなくてはならないことがこの研究からわかります。たとえば，消費財産業でマーケティングに定評のあるこの会社では，ミドルには，分析を大事にすること，データに対して謙虚であることが要請されます。トップになるころには，直観を大切にして，（データに謙虚でありすぎるよりも）大胆なアクションが期待されていることがわかりました。つまり，それができないと，トップにはなっても，そこでは使いものにならないというわけです。

脱線の4ダイナミズム　CCLでの研究に基づいて，南カリフォルニア大学のモーガン・マッコールは，このような現象を，脱線（derailment）と名づけ，詳細な調査を重ねてきました。[25)] そこから，表6に示すように，脱線を招来する4つのダイナミズムが見出されました。

第1は，前の段階でうまくいった強みがそのまま，つぎの段階の強みとなるとは限らないということです。データ分析に慣れっこになることは，決断や行

---

25) その結果の一部は，McCall (1998) にも紹介されています。訳書がありますので，脱線の問題をキャリアと幹部育成の観点から検討したいひとは，紐解いてみてください。

動を遅らせることがあります。もっとデータがほしいと前の段階でのトレーニングから思ってしまうためです。チームプレーがミドルでは美徳で，そのおかげでトップにまで昇進したとしても，リスクを冒せない，全社的には正しいことでもだれかががっかりするような決定ができないというのでは困ります。

　第2に，前の段階では，弱みや欠点が仕事の性質上目立たず，見つからないまま隠し通されてしまう状態がありえます。前の職場（たとえば，工場）では，がまんしてくれる従順な若手が多かったので，傲慢で厳しいやり方で業績をあげられてきましたが，創造的な活動を好み，指示を好まないサイエンティストが多い研究所では脱線したというようなケースです。工場にいる間はその欠点が露呈しなかったというわけです。あるいは，100人を束ねるだけでは露呈しなかった欠点が，1000名の事業部を率いるようになったとたん一気に見えてきたということもありえます。ひとを疲弊させながら数字だけ達成している場合には，とくに成果をあげているかどうかだけで有能さを定義する組織では，そこに潜む問題点が隠されたままに放置されやすくなります。それどころか，「厳しく締め上げているからうまくいっているのだ」と賞賛するトップがいたりすると，そのひとに実際により大きな緒戦課題が与えられ，とうとう馬脚を現してしまうような将来の脱線の舞台をその時点でつくってしまっていることになります。

　第3は，これまでの成功パターンに染まり，傲慢にもなり，自分のこれまでうまくいったパターンを転換するのに抵抗が生まれるとうことです。これまで成功裡に一皮むけた経験の連鎖は，そのひとに自信を与えるうえで重要です。しかし，繰り返し述べたとおり，前の段階がつぎの段階の準備になっていないような非連続的な大きな節目では，これまでの成功に酔う慢心が，つぎの段階での脱線をもたらすことになってしまいがちです。

　第4は，不運のための脱線ですが，これには注意深い補足説明がいります。たとえば，せっかく社長になったとたん，環境の悪化で業績があがらず，社長としては脱線してしまうというケースです。しかし，きびしい環境のなかでも業績をあげている会社とそうでない会社があることからわかりますとおり，すべてを運の悪さに帰着するようでは，ここでの脱線に備えることはできません。マッコールが強調したかったのは，不運そのものではなく，不運に対してどのような行動がとれるかということです。状況が変化したときにこそ，戦略を描き直し，それの実行のために人びとを巻き込めるかどうかが，より大切です。IBMを立て直したルー・ガースナー[26]なら，不運を脱線の理由にするようなCEOは認めないでしょう。

脱線する営業所長や事業部長　　CCLの「脱線」というテーマは，守島さんの

用語を使うなら，転換がうまくいかなかったケースを扱っているといってもよいでしょう。実際に，転換には抵抗がつきまといます。ひとは，今まで慣れ親しんだやり方で，うまくやれることをやりたいという気持ちがあります。いくら昇進ではあっても，スキルの基盤の量的拡大，同じ領域内での深化ではなく，質的な転換が求められるのが，大きな負担になるからです。だから，皆さんの身のまわりでも，営業所長になるよりも，担当のままスーパー・セールスマン（ウーマン）でい続けたかったと繰り返し思い悩むひとや，事業部長になって事業経営責任をもつよりは，開発一途で行きたかったとありし日をしきりに振り返るひとがおられることでしょう。どうしても所長や事業部長になるのを断りたいと思っていたのならば，この抵抗はただ適応を阻害しているというよりも，キャリア・アンカーにかかわっています。

しかし，わたしが強調したいことは，もしアンカーが全般的管理能力にあるひとでさえ，所長から事業部長，事業部長からさらに社長になるためには，超えるべきバリアがあり，バリアがある限り転換への抵抗があり，さらに，バリアを超えたあとも，キャリア・サバイバルが問われるような修羅場がありえるということです。ただし，この修羅場こそが，経営幹部に至る学校だというわけです。

とうとう社長に至るまで脱線ポイントがある　　開発担当者としてはよかったが，プロジェクト・リーダーはだめだったら，その時点で脱線したことになります。また，プロジェクト・リーダーとしてはよかったが，研究所長としてはだめだったら，またこの段階で脱線がありえます。開発のスターとしてのキャリアを送ってきたひとを，ついに事業部長にしたら，そこで果てたということがありましたら，そこが「あがり」つまり脱線のポイントです。最後の最後は，ナンバーツーとしてはよくやってくれたが，社長の器ではなかったという声が社内外から聞こえてくるなら，それだけ高いポジションに至るまで，ずっと脱線がありえるということです。

一皮むける経験をうまくくぐれば，質的にさらにスケールが大きくなりますが，そのプロセスはしばしば試練を伴います。それに耐えられなかった（サバイバルできなかったら）脱線というわけです。一皮むける経験を促進するためには，経営幹部になるようなひとを選抜して研修した後のフォローが肝心です。CCL では，(1)研修後，どのような仕事をしてもらうか（配属），(2)だれのもとでそれをしてもらうか（メンターとの関係），(3)どの程度背伸びした（ストレ

---

26) Gesrtner (2002)。

ッチされた）負荷を与えるか（修羅場経験）が，とりわけ大切であると結論しています。[27]

　一皮むける経験を促進するということと合わせて，脱線しないように「自分を知ること（キャリア・アンカー）」と「変化する環境のなかで周りの期待や要望に答えること（キャリア・サバイバル）」の双方が大切になってきます。脱線の研究は，まだ日本では本格的になされていません。一見するとネクラの研究ですが，働く人びとが脱線に陥らないようにするためには，重要な研究課題になってくると思われます。[28]

冒険の3ステップ（博識の神話学者，ジョゼフ・キャンベル）——トランジション・サイクル・モデル♯4

　節目をくぐったあとの世界は，前の世界と非連続であるほど，未知の世界になります。レビンソンのモデルでは，生涯という長い期間において，いくつかの移行期の存在が描かれました。移行期を越えると未知の世界が待っています。ブリッジズは，転機＝移行期のなかに，さらにいくつかのステップがあり，なかでも混乱や苦悩を伴う中立ゾーンの重要性を指摘しました。冒険や旅に出る前には（「始まり」の段階の前には），慣れ親しんだ世界を去ることに折り合いをつけ（「終わり」の段階），じっくりその旅の意味合いを探り（「中立ゾーン」の段階）をくぐってくださいという主張を確認しました。ニコルソンのトランジション・サイクル・モデルは，新しい世界に入ったあとのステップもかなり詳しく描いていますので，そこに強みがあることを確認しました。また，レビンソンとブリッジズによる先のふたつのモデルと違って，ニコルソンのモデルでは，仕事の世界の記述に適していることを評価しました。でも，大きな節目となるときの経験には，ただ順応し，慣れっこになる（仕事ぶりが安定化する）というレベルを超えた厳しい試練が待ち構えていることがあります。そのために，わたしは，これまで紹介したモデルとは異質ですが，英雄がいかにして英雄になるのかを示唆するもうひとつのモデルを紹介する意義があると思っています。

映画スターウォーズにも影響を与えたキャンベル　　レビンソン，ブリッジズ，

---

[27] McCauley et al. (1998)。
[28] これまで人事関係の方々が集まる研究会で，日本企業で脱線防止のプログラムがあるというのはまだ聞いたことがありませんが，外資系，たとえば，日本イーライ・リリーなどでは，それに取り組んでいることをお教えいただたくことがあります。

ニコルソンに続く第4のトランジション・サイクル・モデルは，キャリアの研究ではめったに引用されないものです。キャリア発達やリーダーシップ開発を議論する際に，若手にも，中年にも，わたしとしてはよく紹介してきたモデルがあります。それは，博学で異色の神話学者，ジョゼフ・キャンベルの描く英雄伝説に共通する骨組みから生まれたトランジション・サイクル・モデルです。

わが国でも思わぬところで「隠れファン」がいますが，神話学者のジョゼフ・キャンベルは，『スターウォーズ』のジョージ・ルーカスにとって，ストーリーを英雄の観点から構成していくうえでの師匠でした。

英雄に共通の3ステップから生まれたトランジション・サイクル・モデル♯4

国や文化が異なれば，英雄の姿の現れ方こそ一見多様（つまり，表現型は千差万別）なのですが，根っこには共通のパターンが存在するようでした。彼が名著『千の顔をもつ英雄』[29]で描いたのは，そのようなテーマでした。もうこの書物のタイトルの意味はおわかりでしょう。素戔嗚尊（すさのおのみこと）であれ，アーサー王であれ，スターウォーズのジュダイ[30]であれ，いろんな姿で英雄は登場するがその元型は共通しています。まるでひとりの同じ英雄が顔や仮面を変えて，いろんなところに出没しているかのごとくだというわけです。

その骨子は，つぎの3ステップから成ります。[31]

英雄は，

- 旅に出て（separation），
- なにごとかを成し遂げ（fulfillment）（そのなかで，出会いと修行・試練（encounter/initiation）を経験し），
- 生還・帰還する（return），

というわけです。旅立ち，成就，帰還によって，英雄のサイクルが回るのです。

これを円環として描くと，つぎのような英雄談から見たトランジション・サイクル・モデル♯4が描けます。

---

29) Campbell (1949) が『千の顔をもつ英雄（上）（下）』という古典的労作で，人文書院から，上下二巻で訳書が1984年に出ています。少し難しいですが，示唆に富みます。テレビ向けにキャンベルがおこなった対話がそのまま本になっていて（Campbell and Moyers, 1988），こちらは聞き手のビル・モイヤーズの引き出し方がうまく，非常にわかりやすいです。はじめてキャンベルを読むひとには，こちらの方がお奨めです。また，Jaworski (1996) は，キャンベルの枠組みにふれながら，自分のリーダーシップ経験をひとつの旅として，物語っている数少ない例です。こちらは残念ながら邦訳がありません。

30) 実は，ジョージ・ルーカスが，ジョゼフ・キャンベルから学び，またキャンベルもルーカスの才能を評価していたことが知られています。Campbell and Moyers (1988) の対談（テレビでも放映されました）は，ルーカスの別荘で録画されています。

31) ここでは，ビル・モイヤーズとの対談（Campbell and Moyers, 1988）から取っています。

図7　トランジション・サイクル・モデル♯4
　　　英雄伝説から見たサイクル（J. キャンベル）

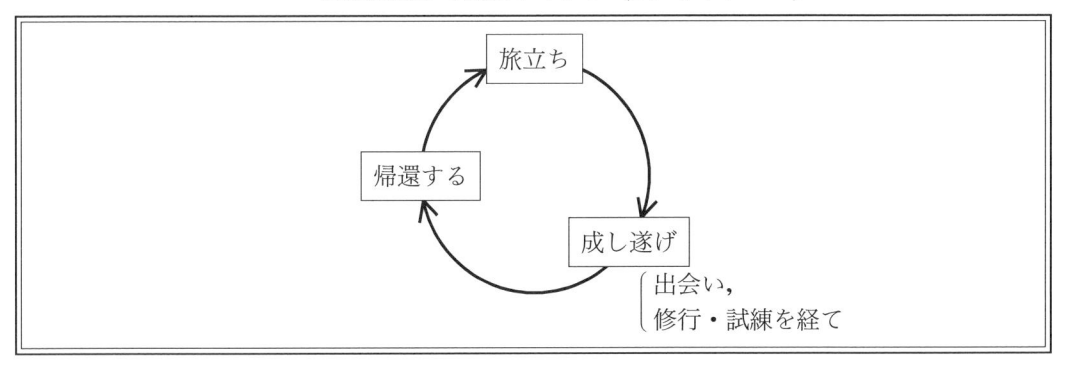

```
        旅立ち
       ↗     ↘
   帰還する    成し遂げ
       ↖     ↙
              ｛出会い，
               修行・試練を経て
```

キャンベル自身の説明にちょっと耳を傾けてみましょう。

> 「ふつう英雄の冒険は，なにかを奪われた人物，あるいは自分の社会の構成員にとって可能な，または許されている通常の体験には，なにか大事なものが欠けていると感じている人物の存在から始まります。それから，この人物は，失ったものを取り戻すため，あるいはなんらかの生命をもたらす霊薬を見つけるため，日常生活を超えた一連の冒険の旅に出かけます。たいがいそれは，どこかに行ってまた戻ってくるというサイクルを形成しています。」[32]

旅に出る　旅に出ずに英雄になるひとはいません。慣れ親しんだ場所や故郷や安定した生活をひとたび離れます。未知の世界に向かうという意味では，旅は冒険だと言い換えることもできますし，実際に，キャンベルは対談において，冒険という言葉もよく使っています。旅に出るということは，先につかってきた言葉でいえば，移行期の入り口に立つということです。ただ旅行に出て行くのとは違って，なにかを求めて旅立つのです。火を盗むことだったり，ほんとうの父親を探すためだったり，魂の平穏を見つけるためだったり，日常の世界にはないなにかを求める，見つけるために，旅に出るのです。キャンベルは，この第1段階についてつぎのように述べています。

> 神話的旅のこの第一段階……は，運命が英雄を招聘し，英雄の生きている社会の境界内から未知の領域へ，その精神の中核が重心移動を試みる段階を意味している。この秘宝と危険を二つながらに包摂する運命的な領域は，さまざまな形をとって表象される——いわく遠い国，森，地下

---

32) Campbell and Moyers (1988); 訳221頁。

の王国，波の下，さらには宙空，秘密の孤島，聳え立つ山嶺，あるいは深い夢幻状態。だがそれにはつねに想像を絶するような苦痛，超人的な行為，そして信じがたい歓喜をともなう奇妙に流動的で多形的な存在の磁場である。英雄なればこそ冒険を完遂すべく，己の意思の力に従って立ち上がれる。[33]

充足感のあることを成し遂げる　英雄の英雄たるゆえんは，旅に出てなにかを成し遂げることです。「達成」を表すachievementではなく，「充実」を示すfulfillmentという言葉が使われていることが印象的です。それは，世界が望んでいたこと，つまりそこに空白があったところを埋め合わせるということでもありますし，心理的にも，なにかそれまでは充たされなかったものをとうとう充たすということでもあります。たとえば，いつも水害で苦しんでいたときに，故郷を離れてやってきただれかが，大規模な治水に成功したとすれば，それがフルフィルメントです。洪水の猛威をやっつけたということが，話のなかでは，大蛇の退治のように語られるかもしれません。旅や冒険に出たら，出て行った先で，試練を受け，そこでなにかを成し遂げるというのが，あらゆる英雄伝に共通のストーリーの流れです。試練という言葉を使いましたが，成し遂げることは，容易にだれにでもできることではない点を見逃すわけにはいきません。自分がそれまで慣れ親しんでいた世界では意識できなかったもの，お目にかからなかったもの（たとえば，蛇）に出会います。それだから，成し遂げるプロセスを特徴づける言葉は，イニシエーションです。これは，通過儀礼とも加入儀礼とも訳されます。少年から大人になるときに，この試練を経てひとかどの人物になるというのは，昔の（あるいは，未開民族の）元服や割礼などの思春期儀礼や儀式のなかに織り込まれています（また，そのなかに冒険の構造が生きています）。成人になって以後も，そのような儀式・儀礼は伴わなくても，ほんとうに世界の空隙を埋め，本人にも充実感のある経験のことを指します。そこでの試練に耐えられるのは，そのときにメンターや神や精霊などとの出会いがあり，正しいことをやっていれば，応援もあるというのを経験できるからです。

英雄の帰還　第3のステップとして，英雄は凱旋します。成し遂げたストーリーが語り継がれるためには，英雄が生還・帰還することが不可欠です。キャンベルの書籍に桃太郎が取り上げられているわけではありませんが，日本人ならだれでも知っている桃太郎も，鬼が島に旅（冒険）に出て，鬼を退治して，

---

33) Schein/金井（2000），20-23頁。

そして，家来を携え，「日本一」という旗を手にかえってくるからです。「桃太郎さん，鬼退治するといっていたけど，どこに行っちゃったのか，出て行ったまま帰ってきませんね」というのでは，英雄は生まれません。ほんとうに鬼を退治したのかどうかもわかりません。生還・帰還することによって，このサイクルが一巡するのです。

　文字通り，凱旋将軍のように生還することもありますが，むしろたいていの場合は，戻るプロセスもまた命からがらで，凱旋というよりは元の世界への逃走に近いことも多いのです。生還した後さらに，元の世界に戻るための衝撃にも耐えて生き残るというテーマがあります（リップ・ヴァン・ウィンクルや浦島太郎のように，自分がなにをしてきたのかわからなかったり，物笑いの種になったり，冒険から戻ると突然，老いさらばえることもあります）。他方で，多くの英雄が冒険のなかで自分の命を犠牲にします。でも，捧げられた生命から新しい生命が生まれたり，この世で死んだあと復活したりして，信じる人びとの心に帰還してそこに住まうこともあります。わたしは，仕事の世界でもスピリチュアルな側面が大事だと思っていますし，最近のキャリア論における新展開のひとつにスピリチュアルな次元を探るという方向があります。そして仕事の世界でも殉職して英雄になるケースがあります。英雄の偉業にも帰還にも，肉体的・物理的なものと，心理的・精神的なものの両方があります。成し遂げることが同時にきびしいイニシエーションを意味したのと同様に，帰還時もまた生き残りを賭けた試練を課するものです。

旅を通じての自分探し　　このような話がどうして，キャリア・アンカーやキャリア・サバイバルと関係するのかと思われるでしょう。わたしは，最も深い意味では，神話のレベルでこの両者を考えてみるヒントをキャンベルは与えてくれているような気がしています。

　ひとつは自分探しのテーマが英雄の旅にはあることです。キャンベルは，周囲のひとたちの声を聞きすぎると，自分の望みや可能性を試さずに終わってしまうことに警鐘を鳴らしています。こうやれ，ああやれと周りからの要望や，周りのひとが理想と思うことに自分を無理やりに合わせて，外からの声に従って生きるだけなら，自分自身を知る機会を失ってしまいます。ドン・キホーテは，周りの声を聞かずに，騎士道を復活するために旅に出ます。その奮闘する姿はしばしば滑稽ですが，このラ・マンチャの騎士は，自分の求めるものを知っている人物です。これが，インサイド・アウトにかかわるキャリア・アンカーに連なることを感じ取ってほしいものです。仕事のなかに非日常はないと言わずに，大きく一皮むける修羅場経験の連なりのなかに，とりわけ自分が起案しておこなったことについては，自分の強み，望み，価値，可能性を感じなお

してください。それが，キャリア・アンカーがわれわれを支援するいちばん深いレベルです。自己実現とも自分らしさともかかわってきます。

旅のなかの試練　他方で，冒険の旅は試練に充ちています。新規事業を会社で起こしたひとたちに，ジョゼフ・キャンベルの英雄論のサイクル，旅立ち，成就（あるいは，イニシエーション），帰還という話をしたら，それは社内ベンチャーにもよくあてはまると盛り上がりました。でも，帰還の途に着くまでは，難関がいっぱいあります。そこでへこたれたら終わりです。だから，冒険の修羅場では，自然とサバイバルというテーマが出てきます。自分のことがわかっていて果敢に行動は取れるが深い内省がないドン・キホーテと，自分のことを深く内省するが果敢に行動をとることができず悩み続けるハムレットをわれわれは，リーダーシップを深いレベルで議論する際の題材にすることがあります[34]が，自分の運命に耐える力がハムレットにあったのかという問題提起について，キャンベルはつぎのように指摘しています。「ハムレットの問題は，彼がその力をもっていなかったことです。ハムレットに与えられた運命は彼には大きすぎて扱いかねるものだった。そのために彼は破滅してしまった」[35]と。さきほど述べましたとおり，破滅しても人びとの心のなかに生きるという英雄もいるといいましたが，仕事の世界で己を貫こうとしてその課題が強大すぎてつぶれそうになったら，躊躇せずに生き残ることを考えるべきだとわたしは思います。今まで慣れ親しんだ仕事環境とは違うところで，そこに耐えられるかといぶかしく思ったときには，キャリア・サバイバルがその状況を診断する支援ツールとなって，冒険の友として役立つことでしょう。

　さきほどから，3段階のもっとも単純なモデルで議論してきましたら，最後に，より込み入ったモデルを提示しておきましょう。ここではこれ以上は，詳しく述べませんので，興味をもたれるひとは，邦訳がありますので『千の顔をもつ英雄』を直接手にとってご覧ください。

プロジェクトXも仕事の世界での冒険――そこでの英雄　ジョゼフ・キャンベルの作品やビデオがキャリアやリーダーシップの研修の教材に使われることは少ないです（わたしも稀にしか用いません）が，組織を大きく変革したひと，新規事業を立ち上げたひと，画期的な新製品開発チームのリーダー，ルーチンを離れて職能横断的なタスクフォースでリーダーシップを発揮したひとたちは，

---

[34] コーチングについてはおびただしい文献がありますが，ひとつあげるとしましたら，自己実現やフルフィルメントという目的からのコーチングについては，榎本（1999）を参考にしてください。
[35] Campbell and Moyers (1988)。

図8 一見千差万別に見える「千の英雄」の間の共通項とバリエーション

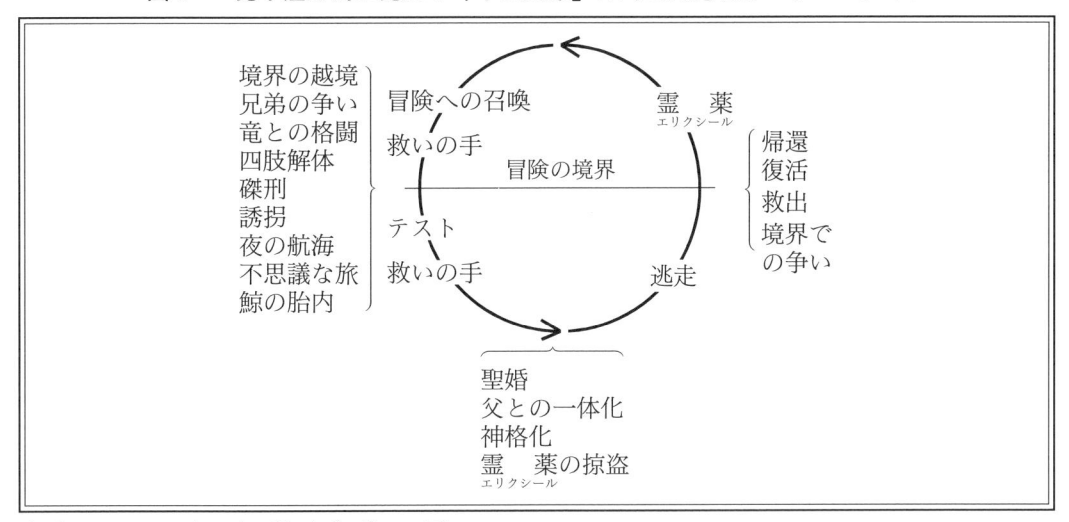

境界の越境
兄弟の争い
竜との格闘
四肢解体
磔刑
誘拐
夜の航海
不思議な旅
鯨の胎内

冒険への召喚
救いの手
冒険の境界
テスト
救いの手

霊薬（エリクシール）
帰還
復活
救出
境界での争い
逃走

聖婚
父との一体化
神格化
霊薬（エリクシール）の掠奪

出所：Campbell (1949), 訳（下）巻, 65頁。

この図を見て自分の経験との共通項にはたと気づいていきます。「日常世界の境界を超えた」，「身近なひとや見知らぬひととの争いや格闘があった」，「いろんな誘惑もあった」，「逃げたいと思った場面もあるが，救いの手もあり，顧客やトップとうまく一体化して帰還できた」，「なんとかうまく救われたしプロジェクトの目的を達成できた」，などなどと語る声をキャリアのインタビューのなかでもよく聞いてきました。「プロジェクト全体が旅のようであったし，試練（テスト）であった」とストレートに語るひともいます。この冊子でも何度かふれたNHKの『プロジェクトX』は，日常を超えた，これまでの仕事経験と非連続の旅，冒険を扱っているともいえます。現代のヒーローが映画のなかにいるとジョゼフ・キャンベルは示唆しましたが，経営学者としてわたしは，今の時代のヒーローはビジネスの世界のなかにもいっぱいいると思っています。キャリア・アンカーとキャリア・サバイバルのなかに，ひとはなんと言おうが，自分なりの英雄物語を見つけてください。自分を探し，そして生き延びる。生き残るためだけにそうするのでなく，自分のさらなる可能性を探るような一皮むけた経験のなかに，それを見つけてください。

経験はきわめて多様でも，その背後にある元型は，けっこう頑強なほどに共通している（ユング心理学をご存知の読者にはおなじみのことでしょうが）というのも興味深いので，キャンベルのサイクルをながめながらキャリアを語るのも一案かもしれません。

デザインとドリフト（節目のデザインを強調する金井）――トランジション・サイクル・モデル♯5

　さて，英雄の話というのはキャリア論としてはややぶっとびかもしれません（それでも，キャリア・アンカーとキャリア・サバイバルとを結び付けて，読者の皆さんが自分のなかの英雄性を省みる日が将来あるかもしれません）。ぶっとびの世界を離れて，あとは，もう一度，キャリア・デザインそのものに密着した話に戻しましょう。キャリア・デザイン論の観点からわたし自身が，これまで示してきたのは，図9のようなモデルで，他の書物で詳しくとりあげました。[36] ここでも簡単に紹介させてください。

　まず，第1ステップは，キャリアにおける大きな方向感覚をもつことで，時間幅としては，ふたつの意味合いがあります。一生かかってもそれに近づきたい，実現したいと思う大きな夢と，トランジションの時期をくぐるたびに，数年のスパンでぜひ実現したいと思う目標や夢です。キャリアは長期的に眺めたときの仕事生活のパターンや意味づけのことなので，前者の息の長い夢がより大切です。世の中には，若いときの夢を貫くひともいますが，大半のひとは，現実と照らし合わせて，（たとえば，中年期などには）夢にも修正が起こります。今までやってきたこと，できたこと，できなかったこと，できたことがすごくうれしかったこと，できたけれどさほど感動しなかったこと，できなかったけれど落ち込まなかったこと，できなかったことで未だに悔しくて悔しくてしかたがないことなどを振り返りながら，あらためて見えてくる方向感覚というものがあります。

　第2のステップは，実際につぎに進む道を選ぶことです。キャリアを自覚的にデザインしたという感覚をしっかり持つためには，デザインそのものは節目だけでいいのですが，そのときには，自分で道を選んだという気持ちが大事です。たくさんのアドバイスを得ようが，道そのものがメンターによって提示されたものであろうが，あるいは，最後の最後は占い師に行こうが，実際に選びとるという局面だけは，自己選択，自己決定したという構えが必要です。キャリアを自覚的に選択するということをこのステップでしてほしいものです。もしも，今の会社にい続けることになるにしても，漫然とそうするのではなく，自分の夢（第1ステップ）を照らし合わせて，この第2ステップで，居続ける

---

36) Schein (1985).

図9 トランジション・サイクル・モデル♯4
キャリア・デザイン論の立場から（金井）

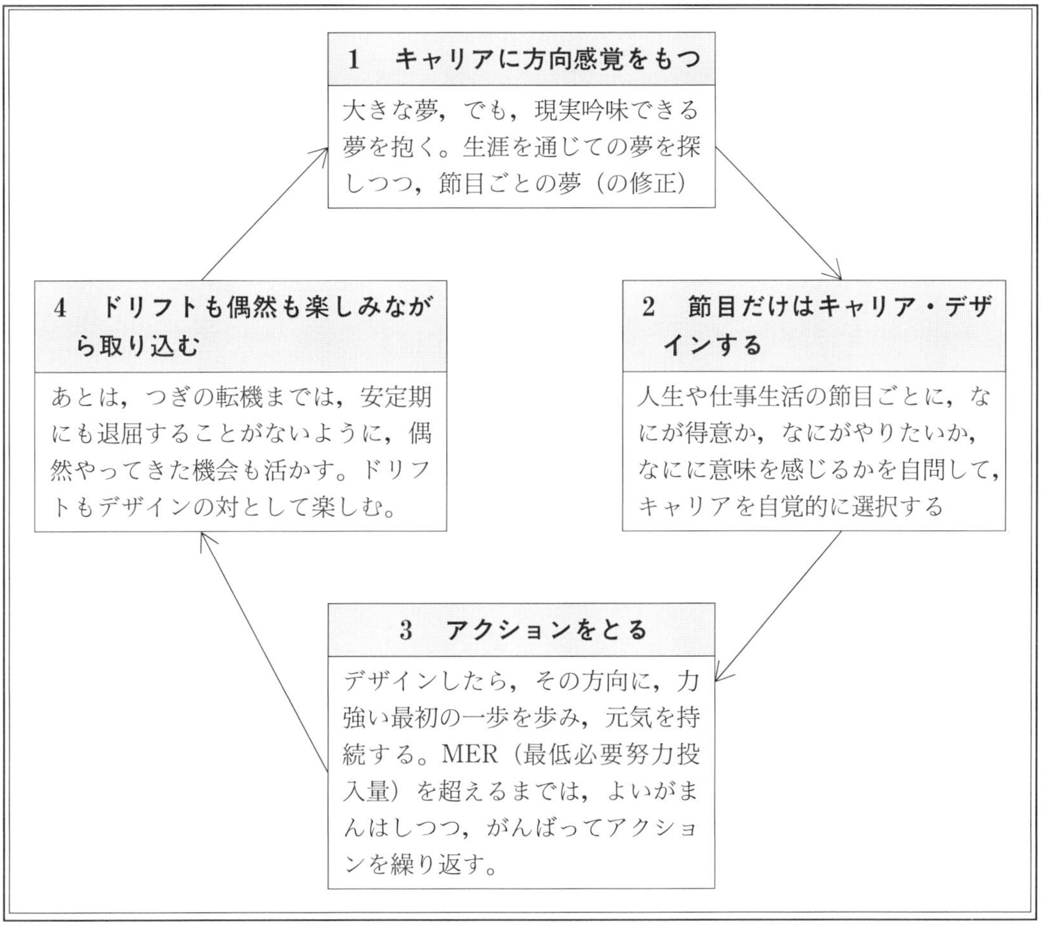

1 キャリアに方向感覚をもつ

大きな夢，でも，現実吟味できる夢を抱く。生涯を通じての夢を探しつつ，節目ごとの夢（の修正）

4 ドリフトも偶然も楽しみながら取り込む

あとは，つぎの転機までは，安定期にも退屈することがないように，偶然やってきた機会も活かす。ドリフトもデザインの対として楽しむ。

2 節目だけはキャリア・デザインする

人生や仕事生活の節目ごとに，なにが得意か，なにがやりたいか，なにに意味を感じるかを自問して，キャリアを自覚的に選択する

3 アクションをとる

デザインしたら，その方向に，力強い最初の一歩を歩み，元気を持続する。MER（最低必要努力投入量）を超えるまでは，よいがまんはしつつ，がんばってアクションを繰り返す。

出所：金井（2002a），259頁（第1版第1刷のみ，252-261頁）

という選択をしっかりとすべきです。同じ会社に居続ける場合でも，流されてそうなっているのでなく，居続ける決断を自分でくだしたという気持ちが大切なのです。

第3ステップは，選んだ道にふさわしい適切な最初の一歩をきちんと歩むこと，より大きなエネルギー，努力を投入して，（その道に大きな疑義が姿を表さない限り）元気よく力強く，その道を歩むことです。デザインする，選択するというのは，別の言い方をすれば戸惑っているということです。決めた後は，アクションが続くことが大切です。

トランジションのサイクルで，まず大きな方向，自分の夢を現実の前で再チェックし（第1ステップ），岐路で道を選び取り（第2ステップ），その道をひ

たすらに走っている限り（第3ステップ），つぎの段階としては，周りの景色，出会い，いろんな偶然（とくによい偶然，僥倖）を大事にしてほしいと思っています。それが，第4ステップにほかなりません。その理由は，なにもかもを詳細に設計しようとすると息が詰まるからです。どこにたどり着くかは，しっかり岐路で道を選び，一生懸命走っているひとでも，ほんとうのところはわかりません。それが，人生やキャリアの面白さでもあります。「どこに行きたいかわかっていなかったら，どこか別のところに行ってしまうよ」というアドバイスにも一理ありますが，「どこに向かっているのかわかりすぎていたら，そこにしか行けなくなってしまうよ」というジョークもまた無視できません。人生には，不確実なことがあり，それを前向きに捉えようというのが，キャリア選択にかかわる従来の合理的意思決定論と決別した最近のアプローチの特徴でもあります。サイクルを一周回って，また第1ステップに戻るころ，つまり，つぎの節目の時期のスタートラインでは，行動や発想のレパートリーが第4ステップで享受した偶然の多種多様な出会いゆえに，増えていることでしょう。そのような回り方ができれば，キャリアは，この4ステップをスパイラル状に回りながらより充実したものになっていくはずです。夢（第1段階），岐路の選択（第2ステップ），がんばり（第3ステップ），遊び（第4ステップ）のそれぞれの段階を自分らしく進行することができれば，キャリアの歩みを重ねるほど，キャリア・アンカーの観点からは，自分らしく生きていると言えるようになっていくことでしょう。

仕事で一皮むける経験がキャリア発達につながるための条件

節目をくぐるトランジション経験が，人間としてさらに一皮むけてビッグになるようなキャリア発達に結びつくには，とりわけつぎのふたつのことが重要です。

(1) 数年の時間幅では，1周ずつのサイクルをより深く生き抜くことです。たやすい職務，ルーチンな職務で深さを追求するのは難しいですが，少なくとも管理職に近いころからは，困難な職務，不確実な職務に挑みながら，深い経験としてサイクルを回っていくことが肝要です。自分らしさを忘れず（アンカー），しかも生き残りながら（サバイバル）。くぐっているときにはつらい，修羅場のような経験が後から，たいへんな自信に結びつくことも多々あります。しかし，その際には，サイクルの途中で投げやりにならないこと，必要な支援を求めることも大事です。ほとんどの英雄の物語でも，支えとなる出会いがあります。

(2) ミドルに達したひと，ミドルを超えたひとの場合には，20年，30年，さらには40年を超えた長期的な時間幅では，ローテーションや昇進・昇格によりこのサイクルを何周も回っているはずです。キャリア・アンカーのインタビュー項目はそれを順次探っていくようなつくりになっています。サイクルをさらに1回余分に回るたびに，いつまでたってもいくつになっても，さらに一皮むけるようにしていきたいものです。それこそ，わたしが「一皮むける経験」という言葉にこだわる理由です。同じレベルで同じようなことをしながらくるくる永劫回帰のように（メリー・ゴーラウンドのように）回遊するのでは残念です。そのようにならないためには，自分なりに(a)あるサイクルでの1周とつぎのサイクルでの1周との間のつながり，関連性（それがなくてもなんらかの流れ）を，両者が異質で非連続的に見える場合でも，見出すこと，(b)かなり類似したサイクルを何度か経験しているかのごとく感じるときには，同じレベルでぐるぐる回っているのでなく，毎回周り方が高度化する，つまりスパイラル状に経験をくぐるようにすることに，留意しなければなりません。非連続的な経験なのに共通のテーマが見られたら，それがキャリア・アンカーの認識を高めます。けっこう非連続的で，前の世界の経験がそのままでは準備になっていなかったようなサイクル，つまり冒険に近いようなサイクルでも生き延びてきた自分の足取りをたどれば，またつぎに非連続的なジャンプに遭遇するときにも，キャリア・サバイバルをうまくやっていけるでしょう。

トランジション・サイクル・モデル♯3から，一皮むける経験を特徴づける次元を探る

ナイジェル・ニコルソンは，さきに述べた4段階のトランジション・サイクルを特徴づけるいくつかの軸（次元と呼びます）を整理しています。あわせて各次元の特徴の組み合わせから，節目の類型がいかに浮かび上がってくるかを，4とおり例示しています。[37] ここでは，それを少し説明しておきましょう。

9つの次元は，表7に示すとおりです。表中の第1番目の列に各次元につけられた名称をリストし，第2番目の列に，その簡単な定義を問いの形で表示しました。第3番目の列に各次元をとらえる物差しが参考までに提示（連続的で

---

37) Schein (1984b)。

表7 トランジション・サイクルの9次元の概要

1．速度（頻度）	どの程度よく起こるか	速い vs. 遅い
2．振幅	その変化はどの程度ラディカルか	大きな振幅 vs.小さな振幅
3．つり合い	順応に要する時間と実際に仕事を成し遂げている時間とは，それぞれどの程度か	長い順応時間 vs.短い順応時間
4．継続性	トランジション間に意味深いつながりがあるか	高い継続性 vs.低い継続性
5．裁量の余地	トランジション過程をうまく操るための裁量の余地はどれくらいあるか	高い裁量 vs.低い裁量
6．複雑性	いくつもの重層的な適応や順応が要請されるか	高い複雑性 vs.低い複雑性
7．推進力	新しいサイクルを始めたのは，だれのイニシャティブによるのか。それを始めたのはなぜか	自分主導 vs.システム主導
8．促進者・促進要因	サイクルの各段階を進んでいくのを，だれが（なにが）助けてくれるか	高い促進 vs.低い促進
9．重要性	うまく順応できたかどうかで，個人や組織に大きな違い，変化が生まれるか	高い重要度 vs.低い重要度

出所：Nicholson (1990), p. 98.

定量的な尺度は構築可能だが，ここでは，定性的に両極が二値のパラメター＝取りうる状態として対比する形で提示）。

9次元の概要　第1の次元としてあげられている速度とは，トランジションのサイクルを一周するのに要する期間をさします。より頻繁に起こる場合ほど，往々にしてサイクルは速くなっていきます。たとえば，大学人の場合には，階層（とは言わないけれども）の数は，多くても，助手，講師，助教授，教授，学部長（研究科長），学長の6段ですので。この数から頻度が決まってきます。

第2の次元は，前のサイクルとつぎのサイクルがどれくらい大きくかけ離れているかを指します。その間に見られる振れの大きさにかかわっています。助教授になっても教授になっても，担当科目がふえるだけで大きな変化はありません（振幅が小さいのです）。しかし，学長になったり，民間のシンクタンクの理事長になったりすると，それが出現頻度として稀（次元1）なだけでなく，変化の幅も大きいというわけです。

第3に，節目のなかには，助走期間（4段階のモデルでは，第III段階）が非常に長くかかるものと，すぐに慣れていっきに安定して貢献できるものとが

あります。やや突拍子もない例ですが，非常に長い時間かけて「防衛」の準備をしている自衛隊に勤務するひとは，実際に防衛（や災害援助やPKO出動）の仕事をしている時間より，はるかに自衛隊という世界に馴染む時間のほうが長いわけです。大学院への進学や留学などは，長い助走期間とも言えます。大学では，経済学部の教授が医学部に異動するようなことはまずありませんが，企業で思い切った異動，抜擢があるときには，順応に少してこずることが大いにありえるでしょう。

　第4は，前のサイクルと次のサイクルがどの程度，シームレス（継ぎ目が目立たず）につながっているか，逆に両者の間に大きな断絶があるかを指します。アメリカの大学のように，研究・教育をするひとと学内行政をするひとの間に分業があるときには，あるひとが若くして学部長や学長になったとき，変化の振幅（次元2）も大きいですが，断絶性（次元4）も大きい（継続性が低い）ということになります。

　第5の次元は，適応していくときに自分なりのやり方が通せる度合い，つまり裁量の余地を示します。大学で助教授の時期を乗り切って教授になるには，たいていの大学で，研究面での業績をあげる以外にありません。わたしはテレビで活躍しよう，オレは実務界とのつながりで貢献しよう，といってもそれでそのひとのトランジション・サイクルが進むような大学はあまりありません。

　第6の次元は，複雑性の度合いにかかわっています。ニコルソンのトランジション・モデルは，準備→遭遇→順応→安定化という単純な4段階から成り立っていますが，実際にその仕事についた（遭遇した）あとの，順応や安定化の仮定が，すんなりいくほどに単純な場合もあれば，非常に込み入っていて複雑な場合もありえます。工学部の教授がベンチャー企業のトップになったとしましょう。トップとしてうまくやっていく過程は，研究だけでなく，戦略やリーダーシップ，管理，経理，法務など多面的なスキルを要する複雑な過程のはずです。同じ大学の世界のなかでも，（経験したことがないのでわかりませんが）学長に就任したあとの適応過程などは，やはり複雑性がそれなりに高いでしょう。

　第7の推進力は，非常にわかりやすい次元です。前のサイクルからつぎのサイクルへの移行は，いったいだれのイニシャティブでおこなわれたかということにかかわっています。上述の例では，助教授をもう5，6年もしたし，学位もあるし，内規の条件がそろっているから教授になるというような昇進は，いわば教授会というシステムが主導しています。本人が「おれ，助教授あきたから教授になろう」と言って自分で勝手に教授になっていくわけではありません。それに対して，ビジネス界から学界へ，学界から政治の世界への異動は，本人

表8 トランジション・サイクルの9次元とトランジションの類型

	トランジション（節目）の類型——いくつかの例示			
	ふつうの昇進	ヨコの異動	転職	退職
変化の諸側面				
脈絡の変化	なし	大きい	大きい	少し
関係の変化	少し＊1	大きい	大きい	中程度
地位の変化	中程度	少し＊3	少し	大きい
機能の変化	少し＊1	少し	大きい	大きい
トランジション・サイクルの9次元				
1．速度（頻度）	多様＊2	稀＊4	稀	稀
2．振幅	低い	低い	高い	中程度
3．つり合い	各段階が短い	遭遇段階が長い	各段階が長い	順応段階が長い
4．連続性	高い	高い＊5	低い	低い
5．裁量の余地	中程度	低い	多様	高い
6．複雑性	低い	高い	高い	低い
7．推進力	状況	状況	本人	状況＊6
9．重要性＊7	低い	中程度	高い	高い

出所：Nicholson (1990), p. 103.
引用者注：
＊1 ふつうの昇進なので，はじめてラインで部下をもつ管理職の例が含まれていないのかもしれませんが，ずっと研究一筋できたひとが，マネジャーになったときなど，関係や機能の変化も大きいはずです。この列では，「ふつうの」という意味で，同じ職能や同じ事業分野でのタテの（抜擢ではない）ふつうの出世経路が想定されているようです。
＊2 人事制度によっていろんなケースがありえます。
＊3 フォーマルな肩書きには変化がなくても，その会社でコアと思われている部門や，出世コースでは必ず入っている部署への異動は，シャイン流にいえばヨコの異動でありながらも組織の中心に一歩歩み寄っている場合もありえます。
＊4 わたしがよく接している日本の会社を念頭においても，意外と他部門への異動は少なかったりしますが，ここは，会社の人事制度によって，ばらつきがあり多様だと考えたほうがいいでしょう。（＊2と同様に）。
＊5 ふつうの異動でもヨコの場合は，連続性が低いですが，たとえば，工場の生産現場から，本社の経営企画室への異動など，日本企業でありそうなケースを考えると連続性が低い場合もあります。ニコルソンは，英国での実態を念頭に「高い」と入れているのでしょうが，いちがいには高いといえません。
＊6 早期退職や自己都合の退職もあるので，本人がイニシャティブのこともありえます。
＊7 第7と第9の間の脱落について。第8の次元，促進者・促進要因は原著にもありませんので，8．のパラメターが表では埋まっていません。

のイニシャティブによるはずです（自分主導というわけです）。

　第8の次元は，促進要因と名づけられていますが，前のサイクルからつぎのサイクルへの移行がどの程度，追い風に助けられていたか，それとも無風さらにはアゲンストの風があったのかということにかかわる次元です。大学からビジネス界や政治の世界に転進するのに，前任校の学部長，学長，監督官庁（文部科学省，人事院），行き先の企業や政界，マスコミ，それから身近な家族や友人の後押しがあったのか，それとも無視・反対に近かったのかで，新たなサイクルの歩みやすさ，歩む元気が変わってきます。キャリア・トランジションを円滑にするためのパーソナルな支援，制度的な支援がどの程度あるのかにかかわるのが，この次元です。

　第9の次元は，その一周が，そのひとの人生全体のなかで，また，所属する組織，さらには社会にとって，どのようなインパクトをもたらしたかを問う軸です。人生や社会を左右するような重要なサイクルもあれば，パーソナルにも仕事面でも大きな重要性をもたなかったトランジション・サイクルもなかにはあるはずです。

次元間の相互関連から見るパターン　　さて，これまでの説明でも示唆されたとおり，表7にリストされたすべての次元が相互の独立というよりも，お互いに関連しあっている部分が相当あるということに注目する必要があります。それには，トランジションの全体的性格（ゲシュタルト，パターン）による相関もあれば，政策的な相関もあります。

　頻度が稀なものは，たいていの場合，振幅が大きく，継続性が低い傾向があるし，キャリア発達に意識的な会社なら，複雑性の高い仕事への移行に際しては，長い順応期間が割けるようにつり合いに配慮があり，キャリア支援の促進要因にもきちんと整備されていることでしょう。前者がゲシュタルトによる相関で，後者が政策的な相関の例です。

　モデルの開発者のニコルソンも当然そのように考えて，表8に示すとおり，いくつかのモデル・ケースにみるパラメターの全般的パターン（ゲシュタルト）を示しています。転職や退職の経験は，だれにもあるとは限らないでしょうが，10年，20年以上働いているひとの場合，垂直的異動（ふつうの昇進）や水平的異動（ローテーション等によるヨコの異動）なら経験があるはずです。自分の経験に照らし合わせて，表8における最初のふたつの列を見てください。また，転職を考えているひと，退職が間近なひとや，早期退職をするべきかどうか迷っているひとは，第3，第4の列が参考になるはずです。

　ここではさきに示した次元に加えて，移行によって，仕事の場面（脈絡），ひととの関係，地位や肩書き，期待される職能や機能がどの程度変わりそうか

も，記入されています。

　昇進については，わざわざ「ふつうの」と書いてありますが，ヨコの異動や転職・退職についても，典型的なケースを念頭にパターンを描くことが目的で作表されています。それらは，現実の具体的な経験とすり合わせる比較のための範例にすぎないことに注意してください。したがって，大抜擢のような昇進や，晴天の霹靂のような思い切ったヨコの異動などでは，ここで記入されているパラメターと状況が違ってくることでしょう。また，典型的なケースを思い浮かべても，ニコルソンが研究をしている英国と日本の事情が違ったりもするので，ある程度の疑問をもちながら，参考にながめてください――けっして網羅的ではありませんが，引用者の側で気がついた点は，あらかじめ＊印で注記しています。

第5章

どの視点から見るか
―― 働く個人，人事部，社会の視点――

　経営学者としての自分の仕事を通じて，キャリアの問題にもっとも自然にふれる機会がいくつかあります。就職活動をしてキャリアの入り口に立つ学生と接するときがひとつです。ずっと興味を抱いてきたミドル・マネジャーの問題としてそれを考えるときも同じぐらい多いです。なかでも，最近は，経営幹部候補のキャリア発達とリーダーシップ開発を結びつけて研究をしているので，調査の場でも研修の場でも，候補のミドルとあわせて，人事部や経営トップの要望に耳を傾ける機会がふえました。

　しかし，わたしは，若手，ミドル，ベテランを問わず，いつも働く個人の視点からまずなんといっても，キャリアの問題を掘り起こしたいと思ってきました。今後は，それを踏まえて，働く個人に，人事部や経営トップに，さらに社会に，なにを提供できるかという，キャリア・マネジメントにかかわる組織的課題にも，目をむけていきたいと思っています。そこで，この第5章では，キャリアをそれぞれ，(1)働く個人の視点，(2)人事部の視点，(3)社会の視点からみていくことにしましょう。

働くひとりひとりの個人にとってのキャリア・デザイン

　キャリアの問題は，究極的には，働くひとりひとりの個人の問題であるということに，異論をはさむのはむつかしいです。もしも，どのようにキャリアを選ぶべきかについて，他のひとやなんらかの組織的エージェントがアドバイスを超えて指示・命令するようでしたら，自分のキャリアのつもりだったものが

自分のキャリアでなくなってしまいます。だから，キャリアは，とりわけ節目でデザインするときには，本人がしっかりと自覚的にそれをおこなうことがなによりも大事です。

違和感をシグナルに節目だと気づくこと　個人がキャリアを自覚的に自分の問題として捉えてデザインするのは，節目だけでよいというのが，わたしの考えだと繰り返し述べてきました。今が節目だとどのようにして気づくのかというと，そのひとつは，今の状況に違和感がある場合です。望んでいる異動だと思っていたのになにか空しい，自分らしく生きていない気がする，なにかを犠牲にしているという気持ちがする，周りのプレッシャーにやられているような気がする，等々。このような違和感があるときには，節目だというシグナルです（わたし自身は，これからの研究テーマのひとつとして，働くひとがどのようにして，「今がキャリアの節目だ」と気づくのかという問題に照準をあわせています）。

　自分らしい生き方は，キャリア・アンカーに関連し，周りのプレッシャーからの脱出は，キャリア・サバイバルにかかわっています。「このままではなにかを犠牲にしているような気がどうしてもする」という違和感は，長く放置しないほうがいいと考えています。どうしても犠牲にしたくないものを探求していくのは，キャリア・アンカーを探す有力な方法のひとつです。また，周りにいる大勢のひとからの要望で自分の時間やエネルギーそのものを費消してしまうために疲弊しているときには，キャリア・サバイバルの中心的エクササイズである役割ネットワークの分析をしっかりするのがいいでしょう。すべて，人事部や会社のためでなく，このわたし自身のためにそうすべきです。キャリア・アンカーもキャリア・サバイバルも仕事の世界を念頭に作成されていますが，このような節目の機会に，必ずしも仕事の世界だけにとらわれずに，まるごとの人間として自分を知りたいと思った場合には，MBTIやエニアグラムなどのパーソナリティ・テストも併用することをすすめます（ただし，ライセンスをもったひとがいないと実施できないので，自社にMBTIのライセンスをもったひとが人事部にいないときにはもっているひとに聞いてみてください）。

　若くして転職を実際に考慮しておられる場合，なんらかの事由で今の会社から出ていかざるを得ない場合，起業を考えている場合，長らくなじんだ仕事や会社を離れセカンド・キャリアを探索中の場合など，実際に節目と考えられる場面は多種多様です。注意すべきは，このような明示的な節目以外にも，節目がありうることです。たとえば，第1子の誕生，大きな病気などのプライベートライフの経験が自分を見直す機会になって，ひとを節目の自覚に導いたりし

ます。神戸大学でも社会人大学院のMBAプログラムを始めてもう14年目になりますが，社会人MBAプログラムで切磋琢磨しておられる方々と話していると，キャリアの節目だと感じて再び大学の門をたたいた方もかなりおられるようです。まだあからさまに変化が目前にせまっているのではない場合でも，心のなかでは節目のメンタリティに近い場合もあります。

今が節目だと感知させてくれるもの　違和感が節目の認識のキーワードのひとつだといいましたが，ほかにも違和感とは逆に，しっくり感覚が節目を感知させてくれることもあります。新たに始めることになった仕事が思った以上におもしろく，これまでにないほど水を得た魚のようになっている場合がそうです。海外勤務は青天の霹靂で，わざとへまをしてでも早く帰国したいと思っていたのに，現地にいくと新しい自分をみつけたとかいうような話を聞きませんか。あるいは，営業だけはぜったいごめんだといって本社スタッフ部門の勤務が長かったひとが，失策もしながら顧客との接触にこれまでにはないたいへんさ（したがって，やりがい）と喜びを感じている自分を発見した[1]というようなケースもあります。

　ほかにも，自分では節目だと思っていなかったのに，自分が大事に思っている先輩やメンター（師と仰ぐようなひと）が，「今，おまえは転機だね」とか，「これで，また一皮むけるかもな」とか言われたら，それも契機となります。

　さらに，会社によっては，一定の年齢，一定の職位のときに，キャリアの選択肢が三叉路のように分かれていて，制度的に節目をくぐる時期がくることもあります。

　節目で選んだあとは，しっかり選んだ道に挑戦することが大事です。また，違和感だらけだ!!とすぐに叫ぶようではいけません。わたしは，これまでキャリアに関するいろんな本や論文のなかで，節目のデザインということを強調してきたので，選んだあとは，力強く歩むこと，元気よく活動することの意味をここで一言強調させてください。

人事部はキャリア・デザインになにができるか

　キャリアをデザインする究極の責任は，個人の側にあります。それに対して，

---

[1] 嫌悪感も興味や喜びも，ここでは感情が現実の認識に対して目を曇らせているというよりも，感情があるおかげで節目だと気づくという側面に注目したいです。ホクシールド（Hochshild, 1983）は，感情の社会学で，これを感情のシグナル機能と呼びました。なお，経営組織における感情の問題については，金井（2000a；2002g）を参照してください。

人事部がなにか支援をするとしたら、どういう立場から、どういうことをすればいいのでしょうか。その際に、キャリア・アンカーやキャリア・サバイバルは、どのような使われ方が可能でしょうか。ついついやらなくてもいいことまで手を出すことの多い人事部ですから、キャリア・デザインのために人事部がなにかをするとしても、まずは、人事部がなんのために存在するのかという問いから始めるのがいいでしょう。

人事部の役割　　人事部のひとたちは、今あらためて自分たちの役割が問われているとわたしは思っています。人事のいくつかの機能、たとえば、給与の計算などのテクニカルな部分や、研修のかなりの部分、はては採用まで、その気になればアウトソーシング（外部委託）できる時代です。逆にいえば、人事部は、社内のひとでなければできないことで、社員に役立つことなら、自分たちでしっかり実施するか、あるいは少なくとも企画は自前でおこなう必要があります。わたしは、ミシガン大学のD．ウルリッチにならって、デリバラブル（deliverables、社内で働くひと、ひいてはお客様、お取引先、株主、地域のひとたちなどになにをもたらすか）という視点で考えたり、[2] あるいはMITなどの大学行政などのコンサルティングもやっていたR．K．グリーンリーフにならって、サーバント・リーダーシップ（尽くす相手に貢献し支援し、役に立っているので、皆が言うことを聞いてくれるような奉仕型のリーダーシップ）という観点から、[3] 人事部などの間接部門の役割を考えるのが大事だと思っています。

その気になればなにができるか、つまりドゥアブル（doables）でなく、その気になればなにをお届けできるか、つまりデリバラブルで考えるというのはどういうことでしょうか。ドゥアブルというのは、人事部がこれならやっているし、今やっていなくてもやれといえば、できることを指します。人事部のひとに、「あなた方の役割はなんですか」と聞くと、ドゥアブルで答えるひとがけっこう多いのにびっくりします。

たとえば、「採用をしています。採用後の新入社員向けの導入研修をはじめ、各種の研修をやっています。採用のピーク時など、すごく忙しく働いています。新人の配属から始まって、経営幹部に至るまでの、配属や異動をやっています。体系的にというわけではありませんが、これにもかなりの労力をかけています。

---

2) Ulrich (1997)。
3) グリーンリーフのサーバント・リーダーシップ論のより詳しい紹介は、金井（2002g）の第22章と第23章（228-249頁）と金井・守島・高橋（2002）の第2章（24-31頁）を参照してください。

組合関係も厚生労働省がらみの仕事もありますし，また，401ｋなど年金をめぐるテクニカルな問題にも従事しています。もちろん，毎月のペイロール，それから業績評価のため，管理職の考課者訓練もやっています……等々」という具合に，話は続きます。やっていること，やろうとすればできることをいっぱい語れます。

デリバラバルの観点から見た人事部の役割　こうやって人事部もいろいろやっているのはわかりました。でも，問題は，それらが，その会社で働いているひとに，いったいなにをもたらしているかということです。それをデリバラバブルというわけです。読者の皆さんは，自社の人事部が自分にいったいなにをしてくれているか，それがどう役に立っているか，考えてみてください。人事部に勤務されている方がこの冊子を読まれているのなら，人事部は，社員やお客様になにをもたらしているか議論してみてください。そこから，新しい人事部の役割が必ず浮かび上がってくるはずです。

　これに正解がひととおりあるというわけではありませんが，ミシガン大学のウルリッチは，議論のきっかけとして，つぎの4つの役割をあげています。これからの人事部には，デリバラバブルという観点から，(1)戦略のパートナー，(2)管理のエキスパート，(3)従業員のチャンピオン，(4)変革のエージェント，という役割があるというのがその意見です。[4] 人事部があるおかげで，(1)経営トップの戦略がよりうまく練られ，実施に移され，(2)リエンジニアリングのプロを呼ばなくても，管理や能率が向上し，(3)組合も従業員の声を聞いているが，それがもっとよく吸い上げられて，(4)さらに，変革への抵抗が少なくなり，環境の変化，戦略の展開にふさわしい変革が組織内に生まれやすくなっていれば，これらこそ，デリバラブルという観点から語る人事部の役割です。

　今，人事部は一方で，アウトソーシングの議論が盛んで，他方で，人事システムそのものが，競争優位性につながるように，戦略的な人材システムが求められつつあります。公募制のための人事ホームページなど，なんでもわからないことがあれば，外注すればいいというのでなく，どのようなひとが人事部に残るべきかというと，人材システムをわが社の戦略とうまく結びつけて，人事部があるおかげで，組織とそのなかの個人もより戦略的でイキイキしているという世界を描き実施できる人事スタッフです。

4）これについて，もっと詳しく知り，わが社の人事部の役割をこれらの観点から見直したいと思われる方は，Ulrich (1997), Becker, Huselid, and Ulrich (2001). Ulrich, Zenger, and Smallwood (1999), 金井・守島・髙橋（2002）をご覧ください。前2者は，邦訳があります。

デリバラブルから見て意味のあるキャリア・デザイン研修を　そのようなひとたちの判断で，キャリア・デザインは，個人マターだと思えば，同業他者がキャリア研修をやったからと言って，それに惑わされる必要はさらさらありません。繰り返し言ってきたことですが，自律型の人材をつくるために，だれかが個人になにかをしてあげるというのは，微妙なことなのです。

　それでも，人事部主導のキャリア・デザイン研修が，働く個人に，会社に，さらには（間接的ですが）顧客に対してもたらすなにかとてもよいものがあれば，その場合はその会社の事情に応じて取り組むのがいいでしょう。

　今，時代そのものが大きな曲がり角です。ちょっと聞き飽きた感じですが，よく聞くことをちょっと繰り返します。右肩上がりの時代には，戦略がなくても会社が成長し，ピラミッド型の組織で上がよりよく知っていて下に指示を出せばいい，下は上のいうことを一生懸命やっていればよい，ほんとうの意味でのリーダーシップもいらず大過なくマネジメントを果たせばいい，キャリアのことなど考えなくても一生懸命働いていれば，定年がやってきました。そういう時代が終わりつつあるのです。

　戦略がない会社はなんにでも手を出し結果かえって収益性を下げてしまいます。この変化の時代には，今や上に立つ年配の上位者ほどよりよく知っているとは限りません。若手との関係において頭ごなしの命令・指示よりもコーチングが注目されるようになりました。さらに，戦略発想のリーダーシップがトップだけでなくミドルや若手にも求められる時代です。このような状況下では，指示待ちで上のいうことだけを聞き，組織の戦略も個人の戦略にあたるキャリア・デザインも，ともに組織に依存するようではだめで，キャリア自律性が望まれるようになりました（慶應義塾大学のキャリア・リソース・ラボラトリー（CRL）では，花田光世，高橋俊介の両教授で，キャリア自律性のプログラムが開発されています）。個人が自律していることが，組織にとっても大事な時代背景があります。たとえば，高橋俊介さんが強調されていることですが，働くひとに，What 構築能力が求められるようになりました。[5]　なにをやれば，成果につながるかを意識して，それを自分の頭で考えられることができるひとになるには，ただがんばるというモティベーションの世界だけでは足りません。キャリアという視点も必要になってくるはずです。

　キャリアを自ら節目ではデザインするというぐらいの発想をもってもらったほうが，働く個人も，ひいてはこの会社も，さらには，お客様にも，いいプラ

---

5) 高橋 (2001)。

スがあるというように設計が可能なら，キャリア・デザイン研修を会社がすることも納得のいくことです。つまり，デリバラブルがはっきりするなら，そういう研修を少なくともしかるべき年齢層に試してみる価値はありそうです。ただし，くれぐれもキャリアのような大事なテーマを，「このままではだめだよ」とただ脅すように使うのだけは避けてほしいと希望します。キャリアとか，エンプロイヤビリティ（就業可能性），ポータブル・スキル（他社に通用するぐらいのスキル）など問われる時代は，せちがらいという声をよく聞きます。それは，これらの言葉自体が悪質だからではありません。脅すように心なく，これらの言葉が使われるのがよくないのです。エンプロイヤビリティを高め，普遍的に通用するスキルを育てずに，囲い込み型で人材を扱ってきた当の人事部長や人事担当の役員から，「ポータブル・スキルはあるのか」とは問われたくないはずです。

会社でのキャリア研修にツールが乏しかった　この種の考えの浅い（志も低い）メッセージを放つ研修は，個人の元気にも，組織の元気にもあまり役立たないでしょう。そういうのを超えた取り組みがいります。個人が自分の内なる声をよりしっかりと聞き，あわせて，仕事上の諸関係のネットワークから入ってくる外なる声も聞き分けることができれば，個人も組織も充実すると，またより深いレベルを問う研修になると真剣に思われるなら，人事部主導の会合で，キャリア・アンカーやキャリア・サバイバルをツールに内省，議論してもらうのは，おおいに有意義だとわたしは思っています。思えば，会社がキャリア・デザイン研修をしようとしても，普通に利用できるツールがこれまで乏しかったといわざるをえません。

研修におけるキャリア・アンカーとキャリア・サバイバル　現在従事している仕事に密着しているので，キャリア・サバイバルの方が，一見すると会社主導の場で用いられるべきだと思われる人事スタッフが多いかもしれません。キャリア・アンカーを初めて受けてみて，同種のものをこれまで受けたことがあるというひとはあまりいませんが，キャリア・サバイバルを初めて試してみて，「これと似たようなものを，○○の会合で（あるいは，社内の業務上の会議で）試したことがある」という方は，わりと多くおられます。つまり，仕事をしている当人と，その周りのひとたちとの関係は，ワークフローを分析するときなどに経験済みだというわけです。問題は，それを働く個人の側のキャリアの節目で，おこなっているわけでありませんので，業務を改善するという発想に終始して，働く個人にキャリア自律性を高めてもらうという発想が生まれなかったことです。

　その意味では，わたしは，人事部が会社としておこなう会合でも，やはりキ

ャリア・アンカーは大切な使命を帯びることがよくあると思っています。成果主義をこわいと思うひとにつける薬のひとつは，案外キャリアの自覚かもしれません。人事部がデリバラバブルで考えてくれるのなら，今度は，個人も，自分のやっている仕事が会社の他部門に，顧客に，ひいては社会になにをもたらしているかを意識する度合いを高める必要があります。それが，キャリア・サバイバルの問題で，ふつうの業務改善のためのワークフロー分析とは主眼となる目的が違います。

これ以上立ち入って説明をしますと，人事部以外のひとには退屈になりますので，ここでは詳論を避けますが，経営戦略論におけるコア・コンピタンスの議論，戦略とつながった人材システム（SHRM，戦略的人材システム），バランス・スコアカード（なかでも，HRスコアカード，人材の発達を測るために，スコアカード＝得点表には，どのような分野のどのような得点を記入するかを定める手法），コンピテンシー・マネジメントなどの大きな動き[6]と，キャリア自律性の動きとは，連動していることを見逃さないでください。[7] すべて，なにをおこなえば成果，価値あるものをもたらすことになるのか，という考えがベースになった動きです。

社会にとって，働くひとのキャリア・デザインはどのような意味をもつか

第3に，より大きな視点になりますが，社会にとって，働くひとのキャリアにデザイン意識が生まれることはどのような意味をもつか，を少し考えておきましょう。働く個人にとって，つぎに，人事部にとって，ここでは，社会にとってという視点でキャリアの問題を捉えたいと思います。

個人のキャリアと社会　このわたし個人，このわたしが働く会社やそこの人事部に比べると，社会というのは，実在感を感じにくいです。しかし，キャリアという，経営学の組織論のなかでは超ミクロの領域での変化を見ていると，

---

6) 金井・高橋（2003）。
7) 本文でも先にふれましたキャリア自律性（career self-reliance, CSR）のプログラムは，シリコン・バレーのNPOキャリア・アクション・センターと，それを元にしてヒューレット・パッカードで作成されたプログラムが知られていますが，わが国では，慶應義塾大学の花田光世先生たちのキャリア・リソース・ラボラトリーによって，CSRのプログラムが開発され実施されています。また，同種の（もちろん同じではないが）関連するアイデアとして，キャリア弾力性（career resilience）（Waterman et al., 1994）や，キャリア適応力（career adaptability）（Hall, 2002）などの概念が提唱されています。

日本の産業社会全体の変化が見えてくるというのも，事実です。個人と組織のかかわり合い方が変ったら，そのことはマクロ社会のありようにも影響を与えます。もしも，社会レベルから，個人のキャリア・デザインを支援する主体があるとしたら，それを「産業社会」というだけでは実体がありませんので，たとえば，つぎのような当事者が，少なくとも理想としては，社会にとって，キャリア・デザインがどのような意味をもつか，しっかり調査し，考え，支援すべき組織的母体です。労働や雇用の問題を考える必要のある経済団体（主として，経営者の団体），徐々に役割が減少しつつありますが個別の会社を超えて雇用のあり方に発言や支援が可能な労働組合の上位団体，この国で教育を受け働いていく人びとの発達や雇用にかかわる省庁（たとえば，文部科学省や，その内実はよくわからないままですが「5万人のキャリア・コンサルタントの創出」と叫ぶ厚生労働省），地域の発展や雇用の創出にかかわる地方自治体，さらに，キャリア発達を多種多様な形で直接・間接に支援している民間団体，だけど，しばしば官庁・自治体以上に社会レベルの関心の高いアウトプレースメントのコンサルティング会社，民間調査機関やNPOなどがそれにあたります――「理想としては」と記しましたとおり，現実にうまくその任にあたれているとは限りません。

よく耳にする話のおさらい　　最近，この国でよく聞かれる雇用やキャリアをめぐる議論の背後には，かなり強烈に市場主義が見え隠れします。第2章で議論したことのおさらいにもなりますが，それに賛成のひとも，反対のひとも，つぎのようなことをよく耳にしませんか。

(1) 会社はもはや，雇用を（終身と言わないまでも）長期にわたって保障しなくなりつつあります。雇用とは，職務保障を意味するのではなくなってきました。「職務保障の唯一の方法は，事業の成功だ」というGE元会長のジャック・ウェルチ会長の言葉がよく引用されます（そのウェルチは，10万人以上のリストラをおこないました）が，わが国の経営者からも，「雇用の保障はもはやない」という言葉を耳にするようになりました。

(2) 囲い込み型の経営から，オープンな経営，持たざる経営が強調されだしました。どの事業分野，どの製品分野にも出て行って，すべて自社でおこなうよりも，いちばん強みのある分野に選択と集中をするのが望ましいという主張です。職能別にも，開発，製造，販売をすべて背負い込む必要はありません。コア・コンピタンスさえしっかりしていれば，他の分野は，他社とネットワーク状で，提携等でつながればよいのです。戦略としてそれが志向されるだけでなく，人材にかかわる分野でも，流動

性という言葉がよく聞かれるようになりました。つまり，キャリアが必ずしも，一個の会社で閉じることがなくなり，「バウンダリーレス・キャリア」（会社や事業分野，職能の壁（境界），会社と家庭の間の壁（境界）が薄くなった状態のキャリア）という言葉が，米国（とくに，シリコン・バレーや映画などクリエーティブな産業）から聞かれるようになりました。わが国でも，特定の会社に縛られない生き方を志向するひとが出てきました。

(3) このような状態になりつつある社会を生き抜くひとに要求される条件として，エンプロイヤビリティ（就業可能性——このひとならぜひ雇用したいと思ってもらえる状態に自分を磨いているかどうかの程度）やポータブル・スキル（特定の会社だけでなく，他の会社に移っても普遍的に通用するスキル）という言葉が強調されるようになりました。これらの言葉に加えて，はては「このわたしの市場価値（マーケット・バリュー）」もキーワードになった。市場主義に直結したキーワードがここにあります。

(4) これらの動きと符合して，株主価値重視の経営が方向性として提示され，それに乗っかる会社が目立ってきました。EVAを導入したり，それを経営幹部や管理職以上の評価と結びつけていったりする会社がそれにあたります。会社の経営や管理のあり方が，株主の価値を高める方向になされるように，評価指標において，株主と経営者・管理者との間のベクトル揃えがめざされているような動きを耳にします。

(1)の雇用保障はしないという動き，(2)の流動性を高める持たざる経営，(3)エンプロイヤビリティを市場価値とつなげるような人事は，多かれ少なかれ，株主価値の方向を向いています。少なくとも，従業員や地域の人びとの価値を必ずしも高める動きではないのは明らかです。

社会もつまるところひとりひとりの個人とそのつながりから成り立っていますので，個人のキャリアのあり方は，その社会の居心地，社会の活力・元気にまでつながっていきます。そこを考えると，日本の産業社会で働く個人が歩むキャリアのあり方について，もっとしっかりとした議論，調査・研究，ビジョン，政策的提言がほしいです。社会レベルでキャリアの問題を考えるという姿勢を，政府も経済団体も忘れてはいけません。

社会レベルでは，議論やそのための場が重要　　また，働くひとの声を反映して社会レベルの構想を練るためには，キャリアのあり方について，産官学がまじりあって議論すべき場，フォーラムが必要でしょう。上述の4点は，そのような公開の場で，政策を探る前に議論しておきたいことの例示にすぎません。

どのような声，意見が聞かれるかのまとめは，難しいです。まとめるつもりのひとの聞き方・読み方が選択的で（聞きたいもの，読みたいものに目がいく），しかも中立的に書こうにも，なんらかのバイアスなしに，それをおこなうのはとても難しいことです。その意味で，例示にすぎないと言っているのです。[8] 多かれ少なかれ，これらの主張は，90年代以降の米国の動きの影響を受けていますので，背後には，人材マネジメントをめぐる社会レベルでの議論，つまり，雇用・人事でもグローバル・スタンダード（少なくとも，標準かどうかはともかくとして，うまく作用した仕組みとして，アメリカン・モデル，もっと狭くいうと，シリコン・バレー・モデル）があってそれが普遍的に通用する時代がグローバルに訪れるのか，それとも働き方にそんな標準などなく，アメリカ・モデルだけが普遍的であったりはしないのではないだろうか，という議論があります。技術なら，グローバル・スタンダードがあるかもしれないし，あってもいいかもしれませんが，経営や人事の世界にグローバル・スタンダードなどというものはないのではないかという意見[9] と，やはりありそうだという意見があります。読者の皆さんは，自分なりに，また，仲間や友人と議論してみてください。[10]

市場主義やグローバル・スタンダードに振り回されない　　たとえば，A．ケネディーは，雇用の保障がなくなり，働く個人も忠誠心を失い，短期の在籍がふえてくるようになれば，企業の従業員研修への意欲は低下するし，また，長期雇用や研修も会社がやめれば，キャリアにかかわるリスクがほとんどすべて働く個人に押しつられるようになっていくことを危惧しています。[11] もちろん反対意見もあるでしょう。わたしが少し関与させていただいている関西でのサイバー上の経営塾でも，将来を嘱望された若手の方が，つぎのように述べておられたのを印象深く覚えています。

　　　　ご批判を承知で敢えて問題提起するなら「企業は人を育てることがミッ

8）ここでいうバウンダリーレス・キャリアをめぐるより詳細な議論については，この冊子の第2章とあわせてつぎを参照してください。金井（2002a）52-72頁。英語が苦でないひとは，Arthur（1994）にも挑戦してください。
9）グレン・フクシマ氏は，わたしとの対談のときに，技術（たとえば，通信を可能にするプロトコルやインターフェース）には，グローバル・スタンダードというのがありえるが，経営や組織や人事やキャリアにそれがあるとは思われないと示唆されました（金井，2002e）。
10）議論の材料としては，Cappelli（1999）が内容的にも有益ですし，訳書も非常にていねいに読みやすく訳されています。小さな冊子ですので，英文のつぎもお奨めです。Capelli et al.（1997）。わが国でも雇用のあり方をめぐってさまざまな文献がありますが，たとえば，小池（1994）など定評のある研究を議論の材料にしてください。
11）Kennedy（2000）。

ションかどうか？」について若干の疑問を持ちながら仕事をしています。企業の究極のミッションは，利益を上げることであり，その他の目的はすべて副次的なものと考えます。また企業は，社員のものでも，社長のものでもなく，株主のものであるという見地に立って論議するならば，企業内社員教育機関が会社の利益や株価にどのようにリンケージしているのかを説明する必要があります。[12]

このような意見がはっきり出されて議論されることが，まず個人にとっても，会社の人事部レベルでも，またこの塾のように複数の会社にまたがる場でも，重要です。社会レベルで，キャリア・デザインについて，考察するひとつの道は，(1)どこまで個人にまかせ，(2)どこまで会社や社会にまかせるかを，はっきりさせることです。繰り返し書きましたが，わたしは，キャリア・デザインの究極の当事者は，個人に決まっていると思っています。しかし，同時に，会社ができることで，ただできるだけでなくデリバラバブル（その個人だけでなく，会社の成果につながるもの）のあることが，キャリアの領域でもあると思っています。しかし，時代の流れは，一見すると(2)のウェイトが減り，(1)のウェイトが高まっていることです。しかし，注意深く見ると，正解を与える研修のウェイトは減っても，経営幹部に至るひとに，正解のない世界でもうまく対応できるようにキャリア自律性をもたせるための研修のウェイトは高まっているともいえます。でも，個別の企業の対応だけではすまない問題もあります。

自己責任という言葉を都合よく使わない　「自己責任」というのも市場主義を考えるキーワードのひとつですが，金融変動商品（たとえば，株式）の売買において，損があっても取引をする個人の自己責任だというのとまったく同じのりで，他社に通用するスキルもないようにしか，自分を育てられなかったのは，「あなたの自己責任だ」と，会社の人事部も社会も，そのように個人を糾弾するのが正しいことのようには，思えません。市場主義と並んで，「小さな政府」も時代の流れで，キャリアについて，たとえば，厚生労働省ができることはもう少ないのかもしれません。しかし，同省がキャリア・コンサルタントを養成するというなら，その使命をしっかり明示して，どのようなことができるひとを，どのように養成し，そうすることのデリバラブルはなにかまで，骨太のシナリオを示してほしいものです。また，心理的な支援だけでなく，どこでどのような人材が必要になっているかについて，情報面の支援がもっと社会レベルで構築できないものでしょうか。大企業の四十代，五十代のミドルが，公開前

---

12) サイバー適塾の ML でのやりとりから引用。

の中小・中堅企業の人材としてチャンスがあるなら，心理的な励まし以上に，実際にどのようなタイプの仕事ができるひとがどこで求められているかについての情報インフラが大事です。社内での公募制度やジョブ・ポスティングは，第2の会社レベル，特定の会社の人事部レベルで対応ができますが，社会全体としての流動性を考えると，まだまだインフラ整備がいるはずです。

　官庁や自治体に限らず，わたしは，少なくともつぎのふたつの領域で，経済団体（主として，経営者の団体），労働組合，社会レベルの活動をしている民間団体，民間企業，民間調査機関やNPO経済団体に，大切な役割があると思っています。

マッチング（情報インフラ），ツール開発支援，研究支援　　ひとつは，個別企業では調整できない，より広い分野でのマッチングです。情報インフラもそのために必要なのです。キャリア・カウンセラーが一般のカウンセラーと違って，仕事の世界についても詳しいひとであることが必要だと思われます。そこで，通常のカウンセリング・スキル以外に，雇用，労働法，人事管理，組織心理学などの知識を深めることが期待されています。でも，これらの知識を深めても，マッチングを情報面で支えるインフラがなければ，キャリアに戸惑うひとのほんとうに力になることは難しいです。また，米国のDISCOVERYや英国のPROSPECTのように，コンピュータ・ベースのキャリア・デザイン支援システム[13]が，この国においても社会レベルで試されてしかるべきではないでしょうか。

　もうひとつは，個別の会社で開発するよりも，社会の財産としてもつべきキャリア支援ツールの開発やその開発の補助です。特定の業者が囲い込んでしまって一般のひとには使用できないようなツールや，あるいは使用するには高価すぎるツールしかなければ困ります。パブリック・ドメインに，ふつうに入手可能なキャリア発達を支援するツールが，各種団体を通じて，もっと生まれてくることを希望したいです。キャリア・アンカーやキャリア・サバイバルのような信頼できるツールが多種多様に開発されていないと，キャリア・カウンセラーの道具箱は豊かにはなりません。また，このふたつのツールがそうであるように，専門のキャリア・カウンセラーのお世話にならなくても，働く個人が気楽に（でも，信頼して）使えるツールがもっと開発されてしかるべきです。

---

13) 宮城（2002），164-176頁。キャリア・マネジメントのコンピュータ・パッケージについては，Arnold (1997), 119-121，とりわけp.119の表を参照してください。この分野の支援ツールも，日本は立ち遅れている気がしているのは，わたしだけではないでしょう。

第3は，大学などの研究機関がからんでくるのですが，キャリアに関する学際的な研究調査プロジェクトが，経済団体等を母体に，もっとなされるべきでしょう。キャリアの問題は，個人の問題であるようで，実は社会の活力にもかかわるということを，随所で述べてきましたが，実際にキャリアにかかわる調査や提言[14]はまだまだ稀です。

　以上，キャリアをデザインする意味あい，それを支援することの意味あいを，個人にとって，会社人事部にとって，社会にとって，の3面から議論してきました。最後に，当然のことながら，これらの3つの視点は，やはり三つ巴で相互に関連させて議論すべきだと付言させてください。
　この冊子を手にしているひとが，ご自分のキャリア・デザインのために持っている場合にも，人事部にどのようなサービスがあるのか，官庁や自治体，NPOからどのようなサポートがあるのか調べるべきです。また，会社の人事部のひとが，社員のためのキャリア・デザイン研修を構築するためにこの冊子を読んでいる場合も，それは本来，働くひとりひとりの個人の問題であるという機微を知り，同時に，一社を超えて，業界団体や経営者団体や官庁に発言，要望すべき点が出てくるたびに，それらの社会レベルの機関に働きかけたり，そこから使える機能があったら，それを社内の個人につなげる役割さえ果たしたりすればいいという側面もあります。社会は入れ子状になっていますが，キャリアの問題に社会レベルで関与している当事者は，当然，個別の組織レベルの課題，大勢の個人が共通にかかえている問題を注視する必要があります。
　キャリアという個人レベルで大切な領域が，実は今，元気のないこの国の元気づけのトリガーのひとつとして認識されていくうえで，キャリア・アンカーとキャリア・サバイバルに，いい居場所が見つかることを祈っています。働く個人の机の上，キャリア・カウンセラーの道具箱のなかに，キャリア・デザイン研修を考える人事部のライブラリーに，また，各種団体の心あるリーダーたちの会合の場に，居場所が見つかることを。キャリアについて考えるツールがあることが，キャリア発達を通じて，個人，会社，社会を元気づけようとする人びとの間での，内省，議論，計画に役立つことを祈って，3部作になった最後の冊子を送り出します。

---

[14] 関西経済連合会（2001）などが稀な例だといえます。提言があっても，それがしっかりした調査に基づいているかどうかも，問題にすべきです。

付録1

シャイン教授のキャリアと研究業績を考えるために※
――組織心理学のなかでのキャリア研究の位置づけをシャインのキャリアのなかに探る――

　キャリア・アンカーとキャリア・サバイバルが日本語版でも2冊とも出揃い，そのガイドブックを記すに際して，付録として，このふたつのツールの開発者であるシャイン教授自身のキャリアにまつわる記述を試みることにしました。

　経営学におけるキャリア研究でよく知られるひとがどのようなキャリアを歩んできたのか知るのは，興味あることです。また，キャリア・アンカーの概念がどのように生まれてきたのかは，彼の研究史と密着しています。それを知ることによって，キャリア・アンカーやキャリア・サバイバルの理解を深めることができます。シャインのこれまでの足取りを研究業績に注目しながらひとつのキャリア発達の軌跡として探ることは，組織心理学という学問分野の発達の歴史を探ることになります。ですから，ここでの付録は，組織心理学のなかでのキャリア研究の位置づけをシャイン自身のキャリアのなかに探る試みでもあります。また，この付録は，エド・シャイン経営学の手引きにもなるでしょうし，組織心理学へのシャインのキャリアを通じた入門的手引きに

※2000年に来日した際に事前に本人からお送りいただいた資料（なかでも，Schein, 1993），併せて1999年のケープコッドのセミナーでの発表内容と，そのときに金井がおこなったインタビューの結果（Schein/金井，2000）に基づいて補足しながら，2000年5月24日の産業・組織心理学会（JAIOP）と経営行動科学学会（JAAS）共催の講演のために作成した文書に大幅に手を加えたのがこの付録です。一般にも入手できる文献としては，Schein（1993）が本人の手になる定評ある自叙伝です。この付録での記述は，流れ，見出し，基本的事実の確認については，Schein（1993）に大きく依拠しつつ，上述のセミナーやインタビュー，それ以外にもMIT在学中からわたしがさまざまな機会に直接に聞いたり，観察してきたりしたエピソードも散りばめながら，構成していきました。

なっています。

シャインの家族背景

シャインの父親は，後にチェコスロバキアに併合されることになるスロバキアに住んでいたユダヤ系ハンガリー人でチェコ市民でした。家系は元々ドイツでしたが，何世代も前にその地に移り住んでいたそうです。シャインの祖父は，銀行家でした。しかし，父親の関心は科学にあったので，ハイデルベルグ大学で教育を受けた後，実験物理学を究め，チューリッヒ大学で博士号を取得しました。

シャインの母親は，ザクセン（ドイツ北西部で，古くは公国）の土木技師の一人娘でした。彼女もまた物理学に関心をもっていました。そのため，スイスのチューリッヒ大学でシャインの父親と出会い，ふたりは1927年に結婚しました。その翌年の1928年にエドガー・H．シャイン教授（キャリア・アンカーとキャリア・サバイバルの作成者）が誕生しました。父親が，学位をもらったチューリッヒ大学に勤務していた関係もあり，生後6年間はそこで過ごしたそうです。

当時スイスは，外国人が永住して仕事を続けることを認めていませんでしたので，ずっとチューリッヒ大学にいることはできませんでした。そこで，1933年に，国家の科学の基礎を固めるために，科学の分野ですぐれた若い学者にいい職を与えていたソ連に移住しました。しかし，スターリンの時代に入り，1936年にチェコに逃れました。そのころ，エドガー・シャイン教授は，ちょうど学校に行き出す年頃でした。生まれから，シャインはドイツ語が母国語で，それ以前の幼い日の遊び場ではロシア語を学び，一時はチェコ語もかなりできたそうです。

ヒトラーの台頭とともに，1938年にシャインの一家は，ヨーロッパから米国に移ることになりました。父親はシカゴ大学でフェローシップ（大学にゆかりの有給の研究者としての立場）を得ました。10年後には，同大学の正教授となりました。「アメリカでは，だれもスタート時こそ下っ端から始めないといけないが，才能があれば，はしごを上っていくのに，なんの制約もない」ところにアメリカの本質があると父親は語っていたそうです。

学部学生のころ——シカゴ大学

シカゴに移ってからは，それまでシャインは英語を知らなかったので，一学期だけ2年下の学年に入ることになったそうです。それから一気に語学が向上して元の学年に復帰しました。米国の文化への社会化は，運動とくに野球がうまかったので，順調だったそうです。それでも，後で述べますように，ある種の亡命者的メンタリティ，つまり，幼い時から，そして両親の代から，ある文化より別の文化へと逃げるように移ってきたこと，でも，新しい文化に自分らしさを失うことなく，自分の持味で適応できたというメンタリティがシャインの心の中にはずっと残っていったようです。シャインはハイド・パーク高校に進学し，父親の勤務するシカゴ大学に入学しました。父

親にならって，物理学に手をそめますが，高名なエンリコ・フェルミの授業で落第しそうになって，物理学から，静かにしかしはっきりと決別する決心をしました。父が教授をしている物理学でＦ（不可）の成績をとるわけにはいかないという事情もあったみたいです。

そのころ，カール・ロジャーズが教えていた心理学の授業をとっています。ロジャーズ派の普及に一生懸命だったころです。おうむがえしによる非指示的アプローチにシャイン自身はそれほど深い興味をもちませんでした。でも，心理学は興味深く思えました。後年，臨床的な立場を重視することからロジャーズを聞いたことは記録に値することでしょう。これも，後述しますとおり，若かったのでロジャーズのアプローチを軽く扱ったものの，後年プロセス・コンサルテーションという独自の組織開発の方法を生み出すときに，来談者（クライアント）中心の非指示的なインタビュー法はシャインに大きな影響を底流では与えていたようです。

最初は，心理学を専攻すると，父親の職業と袂を分かつことになると思っていましたが，実際には，心理学で教授になったとき，別々の道を行くというよりも，キャリアとしては学者という同じ道を歩んでいる気持ちをもてたようです。分野はちがっても，職業は同じだからでした。両者とも学問の世界に興奮していた点では同じでした。父親のほうは，後に原子核分裂を研究することになる一団とともに物理学に勤しんでいました。この集団は，気がつくと，そっくり一団そのままでロス・アラモスに連れていかれましたが，シャインの父親は原爆に反対でその開発プロジェクトには参加しませんでした。

大学院のころ──スタンフォード大学とハーバード大学

社会心理学がまさに自分の求めているものだとわかりかけましたが，シカゴ大学の心理学は深さがあまりないと感じられたので，大学院ではスタンフォード大学に移りました。そこで，心理学のいろんな科目をとることになります。もっとも影響を与えたのは，アーネスト・ヒルガードと，ポール・ファーンズワーズでした。シャインの心理学の知識において核となる基礎は，このとき履修した学習理論のコースであったと述べています。組織文化に関する最近の研究も，このときに学んだ学習理論にいまでも大きく影響されていると回想しています。若いときにふれた学問上のテーマとの接触は，長らく影響しています。

個人は周りの影響を受けるというテーマ
それ以外に影響を受けたのは，客員でスタンフォードに来ていたハリー・ヘルソンからでした。彼は，適応水準の理論を仕上げたばかりで，ムザファー・シェリフによる社会的影響力を重量の判断においてそれを証明したいと考えていました。

シャインのスタンフォードでの修士論文は，閉じた箱のなかのものを持ち上げて，その重さを推測させる実験で，それは，サクラが「アンカー（係留点となる重さ）」を提供し，その影響を見るという意味で，「社会的領域」にある実験でした。集団圧

力や社会的影響力というテーマの中での実験だったと言えます。個人が集団や社会を創るのですが，個人は自分を超える集団や社会から影響を受けます。重さや長さの知覚という単純な課題に対するひとの判断が周りにいる他の人びとの影響を大きく受けるということは，組織論を学ぶひとの基本の基本となる命題です。そして，このテーマ，個人の態度や行動が，個人を超えるより大きな存在物（集団，組織，社会）からどのような影響を受けるかという研究課題は何十年もの間，シャインの研究の生涯にわたるライト・モチーフとなりました。つまり，ひとは周りの影響を受けるし，そのことに対処できないと，うまくサバイバルできないという面では，今回の3冊の冊子のうちのキャリア・サバイバルも，この遠い延長上にあるといえなくもありません。

さて，その後ですが，シャインの言葉では，「スタンフォードでもその大学にある資源を使い果たした（先生や科目からは吸収できるものは全部吸収してしまった）」と感じられたそうで，博士号の研究の場は，他の大学にしようと思い始めていました。学部，修士，博士が同じ大学というのもひとつの生き方ですが，シャインは，シカゴ，スタンフォード，ハーバードと場所を順に替えていきました。それを称してまるでグランドスラムだといったひともいます。

ハーバード大学の社会関係学部へ　1949年の時点でベストの選択と思えたのは，当時のシャイン自身の判断では，ミシガン大学とハーバード大学であったそうです。シャインは両方に合格し，後者の社会関係学部（department of social relations）を選びました。学際的で革新的な新しい試みとして名高い博士課程でしたので，広範な分野の教授陣にふれることができました。わたしたちにも，そのときの経験が後々まで，組織文化の研究に至るまで有益であったことをよく語っていました。ハリー・マレー，ゴードン・オルポート，サム・ストーファー，クライド・クラックホーン，フローレンス・クラックホーン，ディック・ソロモン，ピティリム・ソローキン，フリード・ベイルズ，タルコット・パーソンズなどの講義をとれたのだから，今，考えてみてもうらやましい限りです。心理学だけでなく，社会学や人類学の巨匠が当時のハーバードの社会関係学部にそろっていたのです。スタンフォードではすべてを吸収しきったつもりのシャインにとって，この学際的なプログラムは見逃すわけにはいかないものだったようです。「組織心理学」の領域につながるものの見方は最も初期のキャリア機会としては，この時期に形成されていったともいえます。たとえば，シャインの組織文化の研究における文化そのものの定義については，後でもふれますが，文化人類学者，C．クラックホーンの影響が濃厚なのは，周知のとおりです。

このようにして，社会心理学にどっぷり浸かりながらも，同時に大学院生の仲間や教官を通じて，臨床心理学，社会学，人類学への造詣も深めていくことになりました。

1950年代の初期には，まだ米国でも徴兵される可能性があったために，研究に専念するなかで大学院の2年目には，陸軍臨床心理学課程もとったそうです。そのおかげで，博士号をとるまで，実際に軍務につく

ことはなく，士官の資格と給与をもらえたので，これは一種の奨学金です。陸軍への御礼奉公がありましたが，その3年の期間は，軍務そのものというよりも，シャインの専門と関係のある研究での貢献が期待されることをやらせてもらえるという保証があったそうです。シャインは，ハーバードと陸軍のプログラムの両方から，1年間の臨床インターンシップを必須として課せられました。そこでこの履修要件を充たすため，ウォルター・リード陸軍研究所にインターンとして過ごしたことは，よく知られています。博士論文のデータは，そこで集められました。定期的な検査のなかに，シャインの実験を潜ませてもらうこともできたし，また，時間どおりに来てくれる適度にナイーブな被験者がそこにはいっぱいいて，彼らに協力してもらえることが保証されていました。

博士論文と MIT との最初の接触

1952年にはウォルター・リード陸軍研究所からハーバード大学に戻って博士論文の執筆をしていた期間に，MIT の演習（セミナー）もいくつか履修しました（ハーバード大学と MIT は，それぐらいにご近所なのです）。そのなかに，日本でも名前がよく知られているアレクシス・ベイブラス教授の演習があって，その場で，コミュニケーション・ネットワークに関するハロルド・レービットの研究や，ベイブラス自身の一方通行，双方通行それぞれのコミュニケーションの研究にふれました。シャインは，これらの実験をとても創造的だと思い，その世界に惹かれました。ベイブラスは，彼がそれまでに会ったなかで，最も知的刺激にあふれた学者のひとりだったそうです。キャリアの大半をその後，MIT で過ごすことになることを鑑みると，まだ大学院のときにこのような縁で，気持ちが MIT に向いたことは重要かもしれないとも，シャインは回想しています。

成人の模倣行動に対して報酬が与える影響について探求した博士論文[1]を仕上げるなかで，ふたりの指導教官から教訓をえました。パーソナリティの研究で有名なゴードン・オルポート教授からは，テーマにかかわることを歴史的な文脈の中にいれて考えることと，考えたことをきちんと書くことがいかに大事か教わったそうです。彼の口癖は，「書くことができなければ，わかっとらんということだ」という言葉でした。オルポートは，後に MIT のダグラス・マクレガーの友人であったことから，シャインが MIT の教官になるキャリア機会をもたらすことになります。

もうひとりの指導教官であったリチャード・ソロモン教授は，よい実験をすることに敬意を払うこと，それから，理論と実践の両方に影響を与えるような興味深い問題を探り当てる欲求をもつことを，教わったそうです。そのソロモンは，果たしてイヌには，恥の兆候しかないのか，それとも罪

---

[1] 博士論文の成果は，後に Schein（1954）に公刊されています。

の兆候もありえるのか，という問題に取り組んでいた!!? そうです。いくらがんばって見つけようとしても，イヌにフロイトの良心を植えつけることはできず，罪を感じている兆しも見られなかったとシャイン自身は思い出して語っていますが。厳密には実験の世界から亡命して，臨床的な手法を大事にするようになるシャインですが，博士論文では，メインストリームの実験社会心理学という世界の住人でした。

ウォルター・リードにいた時代——機会主義的創造性と洗脳の研究

シャインの人生の出来事として大きなことは，この後，（かつてインターンとして過ごした）古巣のウォルター・リード研究所に戻り，そこで神経精神医学部門に配属されたことでした。デイビッド・リオックが部長をしていましたが，彼は，ハリー・スタック・サリバンの影響を強く受けていて，対人関係理論の精神医学を積極的に提唱していました。この時代に，シャインは，キャリア論的には偶然を通じてですが，洗脳の研究をすることになっていきます。運よく機会に恵まれたともいえますが，それを創造的に活用したというのが本人の解釈です。それを活用できないひとに偶然は微笑まないし，どうせ活用するなら，創造的にそれをおこなったほうがいいというわけです。

偶然のチャンスを創造的に生かす　シャインのいう機会主義的創造性については，つぎの言葉が示唆的です。「わたしのキャリアを振り返ったときに，ふたつのことを思います。一方では，いいときにいい場所にいたという意味で，びっくりするほど運がよかったように思えます。他方で，機会を創造的な成果に結晶させるために，その瞬間をつかみとるすべをすでに学習していたのではないかとも思います。」2)　与えられた機会を生かしつつ，自分のやりたいことを知ろうと創造的に挑戦する知的機会主義，創造的機会主義という基本的姿勢については，この付録1の最後のところでまたとりあげます。

1953年のころといえば，シャインは，ベイブラスとリービットによって開拓されたモデルに基づくリーダーシップの実験プログラムを練り上げている最中でした。そんなときに，軍から電報が来て，手にとれば「海外派遣のため，48時間以内にトラビス空軍基地に急行されたし。派遣目的は，目的地に向かう途上で説明の予定」という文面でした。まるで映画を見ているみたいな状態に自分がいるみたいだったとシャインは回想しています。

洗脳（強制的説得）というテーマとの出会い
これが研究者としてのシャインのキャリア発達に大きな影響を与える新たな思いがけない研究に結びつくのですが，その背景事情は，つぎのようでした。この電報に先立って，米国と北朝鮮・中国の間で停戦協定が結ばれました。また，捕虜の交換がおこ

---

2) Schein (1993), p. 39。

なわれることになっていました。本格的な捕虜交換の実施に先立って，疾病・傷痍捕虜に限って9カ月前に予備的な捕虜交換がおこなわれていました。軍事当局は，多数の兵が，捕虜として収容されている間に細菌戦争などありもしない偽りの証言を相手当局に促されるままおこなっており，どうも今でいう「洗脳」が実施されているらしいという状況でした（そのころに，シャインなどがその研究をするまでは，まだその言葉はよく知られていなかったのですが）。その社会の構成員もアメリカから来た捕虜も，ブルジョア階級の考えを「心から洗い流して（cleanse their minds）」，共産主義の考え方を身につけないといけないという中国共産党の考えにならって，その方策が探求され，試されていたのでした。中国共産党は，長征の間に，教化，誘導的告白，思想改造などのイデオロギー注入方法を高度に発展させて，それらの方法を捕虜に対しても適用していたという証拠がたくさんあがってきました。このような状態に対して，「洗脳（brainwashing）」という言葉が，最初にジャーナリストのエドワード・ハンターによって創られました。ロバート・リフトンは，これを思想改造（thought reform）と呼んで研究しました。シャイン自身は，これを「強制的説得（coercive persuasion）」と名づけて，後に同名の書籍3)を出版しました。

　洗脳された（かもしれない）3000名もの捕虜を米国本国に送還する際に，彼らがどのような情緒的・心的状態に陥っているのかが軍当局にはしっかりと把握できていませんでした。不明なことが多かったので，これらの人びとを空輸でいっきに送還することは避けることになりました。16日もかけて，船で航海して帰還させれば，その途上で，心理学者，精神科医，ソーシャル・ワーカーのチームで，彼らを診断し治療する間ができるという考えからの判断でした。

　「ミッションは，追って沙汰する」という映画の中のような衝撃的な電報を受け取ったシャインたちは，その後，東京まで直行便で飛び，それから韓国に飛びました。さらにそこから船で再度帰国の途につくことになっていましたが，シャインの船は3週間遅れ，時間を持て余しました。これは，考えてみると幸運にもたっぷり調査のための時間ができたわけで，待っている一見むだになりそうな時間は，研究機会となりました。捕虜だったひとたちもほかにやることはないので手持ちぶさたでした。そこで，シャインは，捕虜としての彼らの現地での経験に耳を傾けることにしました。振り返ってみると，強制的説得の実態がどのようであったかの解明は，それまでの模倣や社会的影響力に関するシャインの関心と完璧にマッチしていました。研究の方法のうえでは，それ以前の実験心理学的な方法から，それ以後のシャインの諸研究を特徴づける臨床的な方法に移行していく転機でもあり

---

3) 初版は1961年です。わたしも，Schein (1971) のペーパーバック版をずっとアマゾン・ドット・コムの中古で探していますがまだ入手しておらず，書籍になっているシャインの作品のなかでこれはまだ読んだことがありません。

ました。

洗脳の研究と洗脳のメカニズム

このインタビュー調査においては、社会的にまた情緒的に微妙な問題についての情報をむりして傷ついている相手から聞き出そうとは絶対にしないようにと、上司で精神科医のリオックから言われていました。そこで、いったいなにがあったのか、生じた順に、本人がむりなく語れる範囲で、出来事を淡々と自然な流れのままに語ってもらうことにしました（後にキャリアのインタビューでもそのように相手が自然に語るままの物語を聞く方法が取られるようになりました）。洗脳にまつわる心理的メカニズムにかかわる微妙な問題をむりして聞き出そうとはしなくても、自然の語りのなかからそれにかかわる深い話が出てくるものでした。シャイン自身の回想によれば、「わたしは、彼らに彼ら自身のやり方で、物語を語ってもらうように促して、だれにも脅威を与えることなく、膨大な量の非常に個人的な情報を、気がつけば引き出すことができていた…彼らは、実際になにが起こったのかをだれかに話すことができたので、どちらかというと、ほっとしているようだという印象をもった」4）そうです。

その後の数年は、このときのデータを分析し尽くし、論文にまとめることに費やされることになりました。戦時に北朝鮮・中国の側の捕虜だったひとたちの語る物語を、社会心理学における既存の特定のパラダイムだけで説明するのは困難でした。収容所に入れて、コミュニケーションを制限したり、対人関係を操作したり、リーダーを隔離したりすると、肉体的な拷問や薬物や催眠などに頼らなくても、人びとは、判断力を失い始めます。やがて、告白をし、さらには仲間について告げ口し、隊列を組んで行進までするようになります。社会や組織の個人に対する影響力はそれほどに強大になりえるのです。シャインの理解によれば、洗脳が強力な力を発揮するのは、物理的（肉体的な）強制と洗練された対人関係の説得技法の両方を結合して使用されていたためです。これが中国での強制的説得についての重要な研究として、論文の形でも書籍の形でも世に残ることになりました（シャインの娘のひとりが、中国社会の研究者で著書まであり、親子とも研究者の世代間の連鎖という点では興味深いです）。

初期の論文2点

1954年には、強制的説得に関する生の面接データ（自然な語り）は、かなりよく分析された物語に蒸溜され、50ページの論文に書き上げられました。しかし、20名との集中的な面接と数百人との短い面接によるこの論文は、通常の実験社会心理学系の雑誌には掲載してもらいようがありませんでした。パラダイム——なにがいい研究で、どのようなテーマやどのような方法が適切

---

4) Schein (1993), p. 39。

で，どのように結果を報告すべきかの手本や見本，さらに規範なのかかが，科学者集団の間で共有されたときにそれをパラダイムといいます——が強固な分野ほど，短い論文が好まれ，論文のフォーマットも固定的に定まっています。実験社会心理学は，既存のパラダイムが強固な分野ですので，臨床的な語りをデータにした論文は，長さと形式の両面から，この分野の有力誌には受け入れてもらえませんでした。

そこで，リオックのすすめにより，ときどき長い論文を載せることがあると教えてもらった *Psychiatry* 誌に投稿先を変えました。結果は掲載可能という返事で，強制的説得（洗脳）に関する研究成果は，1956年に同誌に刊行されました。[5] 学者としてのキャリアの初期には，レフリー（査読）付の専門雑誌に何点論文があり，それぞれの雑誌にどれほどの名誉があるのかというのが新任の教官を評価する重要なポイントになります。シャインの場合，この長い論文に先だって，博士の学位取得のために行った実験結果を短くまとめた論文が，首尾よく *Journal of Abnormal and Social Psychology* (*JASP*) 誌に掲載されていました[6]し，これは，快挙でした。というのは，この分野でもっとも権威あるレフリー付ジャーナルだったからです。

社会心理学者としてキャリアをスタートしたシャインにとって，通常の考えでは後者の方がより名誉ある雑誌であったわけです。でも，現実へのインパクトの大きさは，必ずしも雑誌のランキングと比例しません。このことから，またひとつ若いシャインが学んだことがあります。それは，現実の重要な問題をわかりやすく解き明かすことの意義です。キャリアのつぎの節目で，後述しますように，彼が（日本流にいうと）文学部の心理学の教授にならず，現実と密着した経営学という応用領域における組織心理学の教授になる道を選んだことともかかわってきます。

論文が社会に与えるインパクトの大きさは，読者の多さ，つまり論文抜刷の請求部数でわかります。一流の雑誌には載ったものの，厳密な実験結果を扱った *JASP* 誌の短い論文には，抜刷の請求が少ししかありませんでした。それに対して，臨床的データを扱った *Psychiatry* 誌の長い論文は，反響が大きく，抜刷の請求部数もはるかに多かったそうです。また，強制的説得の論文は，後に社会心理学の有名なリーディング集にも転載されることになりました。戦時捕虜についての講演依頼や，研修の講師依頼もいっぱい舞い込んだそうです。『ブリタニカ百科事典』で「洗脳」の項目を執筆しています。[7] 捕虜に対する強制的説得は，実践的にもたくさんの注目を受けただけでなく，学問的にも，グループ・ダイナミクスや対人関係のダイナミクスに対して洞察と教訓をもたらしました（そのため，日本語に訳されているカルト系の文献など

5）Schein (1955) がそれにあたります。
6）上の注にもあげました Schein (1955) が *JASP* 誌に掲載された論文です。
7）Schein (1959)。

を読んでいますと，シャインのこの時代の文献が，数少ない信頼できる本格的研究として引用されていることが目につきます）。現実の重要な問題を取り上げるのが大事だとキャリアの早い時期に気づきつつ，にもかかわらず時流に乗るというよりは，長期にわたって深みのある研究を続けてきたところに，シャインのその後の研究者としてのキャリアの特徴があるように思われます。また，一見すると多様なテーマのルーツがこの時期にあることもわかります。

結婚とMITへの就職

　1956年までウォルター・リード研究所神経精神医学部門に勤務していましたが，最後の2年間には，いろんなプロジェクトに携わりました。睡眠剝奪実験までしていたそうです。[8] 1957年には，本国に送還された捕虜の再入国時適応（repatriation）の研究をどのように続けるか考えていました。ウォルター・リードで，妻となるメアリーに出会い，1956年の7月に結婚しています。その時点で，研究所勤務の形での（兵役の代わりとなる）御用奉公の勤務があけました。同年7月に，つぎの勤務先でそれ以後ずっと長きにわたって研究生活をそこで過ごすことになるマサチューセッツ州ケンブリッジ市のMIT（マサチューセッツ工科大学）に向かいました。

　実は，内定先はふたつありました。コーネル大学の社会心理学のポストと，MITにおけるできたての経営大学院でのポストでした。コーネルの採用通知を断れば，社会心理学の本流から自分を切り離すことになるようにも感じたそうです。しかし，MITを選べば，応用の分野で創造性を磨く機会，新たな部局をつくる手伝いができるという草創期の興奮，現実と密着した経営学，そして（ハーバードにいるときから）お気に入りのケンブリッジという学究の街がありました。

　MITからの採用通知の手紙は，（後にシャインにとって重要なメンターとなりますが，当時はまだ）面識のないダグラス・マクレガーからでした。面識はなくても，シャインは企業のなかの人間にまつわる問題についてマクレガーの書いてきたものは読んでいました。かつてMITでは，コミュニケーション・ネットワークの研究で有名なベイブラスのすばらしい演習に参加したことがありました（既述のとおり，その種のネットワーク実験を自分でも企画しようとしていたぐらい影響を受けていました）。このように，コーネルとどちらがよいかと迷いながらも，MITにより大きく惹かれる研究関心上の理由がMITの側にありました。

　ところで，どのようにしてマクレガーがシャインのことを知ったのかは，興味あるところですが，それは，ハーバードのゴードン・オルポートとMITのマクレガーが仲のよい友達どうしだったからです。オルポートによると，MITは，新しいビジネ

8）たとえば，Schein (1957) にこの領域での成果がみられます。

ス・スクールで基礎学問分野に基盤をおくマネジメントの課程を樹立したいと思っており，社会心理学は，その核となる基礎学問分野のひとつだったわけです（日本とは違って，米国のビジネス・スクールの先生たちは，最初から経営学をやっているひとよりも，経済学，心理学，社会学，数学などの基礎学問分野でトレーニングを受けたうえで，それを経営という現象に応用したいという一級のひとたちを，積極的に採用しています）。自叙伝的論文のなかでも，シャインは，「おそらく，わたしは，『応用の』あるいは『臨床的な』仕事のほうがうまいようだ」，「MIT を選んで，そのことを後悔したことは一度もない」と語っています。9)

MIT 就職後の教育事始──自分で考えるんだ（You've got to figure it out）10)

MIT に着任したときにはもうベイブラスは残念ながら MIT を去っていたので，ごく自然にマクレガーがメンターとなり，シャインは，教育面，研究面で彼に指導や助言を求めるようになりました。シャインの担当科目は，マネジメントの学生に社会心理学を教える基礎科目でした。新任なので，ほかの先生たちのシラバス（授業計画書）なども参考のために集めようとしていました。だけど，マクレガーは，シャインに，教育面でもオリジナリティを求め，「他のまねはするな」というメッセージを繰り返しました。

自律的にオリジナルな教育を　マクレガーは，「MIT の経営大学院に必要なのは，おまえのアプローチだ」ともち上げて，シャインに，「おまえは，社会心理学の博士だろ。自分で考えるんだ（You've got to figure it out）」と励ましたそうです。この言葉は，キャリアの研究でも，DEC 社の組織文化の研究でも，プロセス・コンサルテーションにおけるクライアントとの関係においても，何度もプレイバックされる言葉です。キャリアを自分でどのように歩むべきか節目では考えないといけないし，DEC では「どうしたらいいの」と上司に聞けば「自分で考えるんだ」という気風があり，プロセス・コンサルテーションでは，クライアントにコンサルタントが答えを教えるのではなく，クライアントが自分で考えるのを助けるのをめざします。これらについては，後でまたふれます。

マクレガーは，新しいアプローチである限り，また，上流のスクール（チャールズ川上流で MIT からは対岸にあるボストンのハーバード経営大学院のこと）とちがうことをやっている限り，なにを教えているのかという内容は，シャインに任せました。自律的に取り組むことを奨励しました（シャイン自身のキャリア・アンカーは，ちな

---

9) Schein (1993), p. 41。
10) この「自分で考えるんだ」という表現が，かなり鍵となる言葉だと思ったのは，わたしの解釈（金井，2000b）で，ほかにもキーワードがありえますし，この付録の終わりでは，シャインは自分自身のキーワードを3つあげています。そのうちの「依存と自律の間の緊張」がこの言葉とかかわっています。

みに自律・独立です）。マクレガーは，シャインの自律性をそこなうことなく，これからすぐに書き記しますように，NTL，スローン・フェローズ，コンサルティングの世界にシャインを導きました。

NTLとスローン・フェローズ　MITでの教官としての１年目に，シャインは，自分らしい講義の企画に備えて社会心理学を学習しなおしました。社会心理学の中心トピックの中でなにが，シャインのセンスで経営管理とかかわりがあるのかについて考えを練りました。自分で考えるのはいいのですが，練りに練ってしまうと，準備のしすぎで，講義はつい過剰設計になり，１回の講義に詰めこみすぎがちだったそうです。経営学そのものには素人ですので，心配もありつい肩に力が入ったのでしょうか。慣れ親しんだ社会心理学の学部とは異なる専門スクール（ビジネス・スクール）で，「自分で考えて，シャインらしくやれ」と言われても，きちんとそこでやっていけるかどうか，不安と向き合って格闘していたそうです。ここにも，シャインが自分のキャリアを統括して述べる亡命者的なメンタリティが姿をのぞかせています。われわれが学んだ言葉では，自律がアンカーでそれにふさわしい仕事環境にいても，その世界に適応できなかったら困るというサバイバルの問題に直面していたわけです。

シャインは，不安に対処するために，ますます心理学の基礎に寄り掛かりました。せっかく現実の問題への応用をめざすためにMITに来たのに，ついついアプローチもきわめてアカデミックになりがちでした。それをほぐそうとして，マクレガーは，メイン州のベセルでNTL（National Training Laboratory）の人間関係ワークショップに出ることを勧めました。NTLでのグループ経験や，スローン・フェローズと呼ばれる企業派遣の中堅クラスのMBA院生（つまり，成熟した大人たち）からのフィードバックが役立って，ようやく現実の問題との接合が教育・研究面でもできかけるようになっていきました。でも，このふたつの機会に恵まれるまでは，かたくなにアカデミックな姿勢をゆるめようとはしなかったそうです。心理学から経営学への亡命者は，ここでも苦労しつつ，結局メンターのマクレガーの導きもあって自分の自律心で適応していきました。自分らしさを犠牲にせずに。節目をくぐるというのは，だれにだってたいへんですが，後に偉大な学者になるひとの場合でも，そこは変りません。

このふたつの機会は，ともにマクレガーのすすめで実現したことです。シャインは，1957年に，ベセルでT‑グループを経験し，集団行動の臨床的な現実の姿に目覚めるようになりました。感受性訓練，エンカウンター・グループなど同種の運動が当時いくつかありましたが，NTLは，そのメッカのひとつです。見知らぬひとたちの集まりが，グループらしくなるプロセスで，自己開示，感情の表出，リーダーシップ，コンフリクトなど，いろんなことが生じます。そのプロセスから対人関係への洞察を経験ベースで深めてもらうための場として設計されたのがT‑グループです。

マクレガーはまた，スローン・フェローズ（MIT経営大学院のエグゼクティブ・

コースのひとつ）の科目を，共同で教えようとシャインを誘いました（わたしがスローン・フェローズ向けのシャインの科目の助手をしていたときには，ちょうど，実務家ともっと接したほうがよいといって，今度はシャインがメンター役になって，同じくMITのジョン・バン・マーネンに，そのコースを共同で教えることにしていろいろ教授法を伝授していました）。この科目の院生は，経営幹部候補の中間管理職なので，教わる内容にも，こちらの教え方にも教官に対して文句を遠慮なしに言いました。上述のフィードバックとはそういう意味で役立つがきびしい周りからの声だったのです（キャリア・サバイバルのことを，そのエクササイズを済ませた読者は想いおこしてください）。このきびしい要望に答えるプロセスで，シャインは，教材の選び方を学び，教材のパッケージをつくりなおし，もっと挑発的で現実の経営の問題に即した応用を心がけ，院生ともっとオープンに相互接触するようになりました。T-グループでの経験のおかげで，自分の価値観や感情もフェローズのMBA院生たちと共有し，それまでのかたくななアカデミックな姿勢から脱皮しました。ティーチングの面では，これが一皮むける経験のひとつだったといえるかもしれません。組織文化の著作にみるとおり，シャインは非常にアカデミックですが，このころから実務家にきちんとわかる言葉で語るように脱皮したのでした。アカデミックな標準は，けっして下げることなどなく。

一方でコンサルティング，他方で幅広い学習

このころにまた，マクレガーは，コンサルティングの世界にシャインを誘い，現実のビジネスの世界をもっと経験させるようにし始めました。実際の問題について管理者に話したり，組織に介入しゆさぶり（専門の言葉で，インターベンションと呼びます——その役割を果たすひとをインターベンショニストといいます）をかけたときの結果を感知したりできるようになりました。これは，フィールド（実際の会社）のなかでのさまざまな組織現象に臨床的にふれる機会を提供しました。このことを通じて，組織の中でほんとうに重要な現象が，従来の一見すると厳密な実験室実験での研究プロジェクトのなかでは，うまく取り上げられていないことも痛感しました。つまり，厳密にモデルを検証するといいながら，そもそも変数の選択に，現実の姿がうまく反映されていないことに深いレベルで気づき，それ以後，後述するプロセス・コンサルタントという臨床的なアプローチに傾斜していく契機になりました。

研究を基礎学問分野でおこなっている場合には，だれでも多かれ少なかれ，自分の領域のタコツボに入りがちです。心理学者ならもっぱら心理学のみに依拠したり，実験が唯一の方法だと思い込んだりしがちです。シャインは，幸い博士課程をすごしたハーバードのプログラムが学際的なこともあり，このころ経験しつつあった現実の説明には，心理学の実験だけでは足りないことにも気づきました。社会学者の研究，とりわけシカゴ学派のフィールド・リサーチがおおいに役立つことがわかり，組織心理学を社会学や人類学の視点からも補完する必要性にもはっきり目覚めました。ジョー

ジ・ホーマンズ，アービング・ゴフマン，ウィリアム・F．ホワイト，ドナルド・ロイなどを熱心に読んだそうです。経営学の本で唯一そのような現実を見ていたのは，メルビル・ドルトンだけでした。でもその希少な研究は，当時，組織の研究をする大学院生の読むべき文献のリストからは脱落していることが多かったのです（わたしが留学したときには，ドルトンは必読文献なみの扱いになっていましたが）。

マクレガーのX理論，Y理論　ついに1960年になると，ダグラス・マクレガーの記念碑的著作，『企業の人間的側面』が出版され，働くひとの自律的な成熟した行動に期待するY理論が提唱されました。表面的な理解では，ひとはもともと働くのが嫌いなので，アメやムチで統制しないと動かないものだというX理論の人間観よりも，Y理論の積極的な人間観がよりすばらしいと新たにマクレガーが提唱しているように思われました。しかし，シャインがより重視するのは，X理論もY理論も，ひとにまつわる諸仮定だという点でした。10年以上働いて管理職になるころには，「ひとはなぜ働くか」について，自分なりの持論をもっているものだというのが，マクレガーの最も言いたかったことだとしたら，X理論がダメで，Y理論がいいとマクレガーが主張したかのように強調する教科書的な記述はややまちがっているということになります。管理者は，部下と接するときに，部下がなぜ働くのかについて自分なりの考え，持論，仮定（ときには思い込みや偏見）をもっているという点を解明した点こそ，マクレガーの最大の貢献なのです。

シャインの理解によれば，マクレガーがX理論とY理論の対比によってほんとうに主張したかったことは，人間の本性に関して自分がどのような仮定をもつのかということが，部下集団にいったいどのような結果を生み出すのかということを管理者，経営者に知ってもらいたかったという点にあります。Y理論がいいもの（新しいもの），X理論がわるもの（古いもの）と言いたげな通説に対して，「もちろん，マクレガーは，Y理論を抱けば，参加がいつもうまくいくなどとはけっして言っていないし，Y理論を抱く管理者でも，必要なら，専制主義的にふるまうことができるし，そうするだろうということを実例で示した最初のひとである」[11]という点に，シャインは注目しています。自分たちがどのような持論を組織のなかの人間行動についてもち，その持論がどのような仮定から成り立っているか解読して，それらの仮定が組織にいったいどのような諸結果をもらすかを探ることこそ経営学や経営の実践の進歩に不可欠だという主張がマクレガーのメッセージでした。その真意が理解されていることは，残念ながら稀です。この点に関しては，後に組織文化の研究で確認しますように，シャインは，マクレガーのスピリットをよく継承し発展させているといえます。

---

11) Schein (1993), p. 43。

MIT 就職後の研究事始――組織が個人にどのように影響を与えるか

　大学での仕事は，おおまかには教育と研究です。だから，新任教官には，この両方で適応課題があります。教育の方では，若きシャインにも NTL やフェローズの経験から徐々に自信が出てきました。残りの半分の研究面はどうだったのでしょうか。つまり，強制的説得（洗脳）の研究以後のテーマの発掘しそれに着手するという適応問題です。

研究面でのテーマ探し　MIT は，リサーチ・ベースの（研究に重点をおく）大学ですので，研究面で貢献できなかったら，その世界に適応して生き残っていくことはできませんし，終身雇用権（テニュア）を得ることもできません。シャインは，MIT のスローン経営大学院に勤務し始めてから，いったいどのような研究をすればいいのか，気にかけつつ探索していました。これへの答も，どのようになにを教えればいいのかという問いかけに対してマクレガーが教えた助言どおりに，シャインは，アプローチすることになります。つまり，どんな研究をするかは，「自分で考えるんだ」というわけです。"You've got to figure it out" がここでもキーワードです。

　さて，2年間かかった洗脳についての研究成果は，1956年に論文として刊行された[12] 後，さらに大きく手を加えて，1961年には『強制的説得』[13] という著書にまとめられました。同時併行作業で，ネットワーク・タイプの対等な相互関係の場になじむリーダーシップの研究をしていました。しかし，後者は，それほど興味が持続しませんでした（ベイブラスもいなくなっていました）し，また，公刊できるような論文にもつながらないことがわかり，こちらのテーマは切りました。

　つぎに，シャインが「自分で考える」必要があったのは，これまでの自分の知識を経営の根幹にかかわるどのような現実の状況に適用が可能か探ることでした。実は，ちょうどそのころ1950年代を通じて，米国企業が，新任の管理職を教化して（その会社の価値観やイデオロギーを注入して），創造性にマイナスの影響を与えているのではないかと非難する書物がたくさん出ていました（W. H. ホワイトが1956年に出した『組織の中の人間』がその範疇に入る代表的著作です）。

研修も一種の洗脳か　サンズ・ポイントにある IBM の研修所は，強力な技法で IBM 社員を訓練して IBM の理念を内面化した人びとに生まれ変わらそうとしていましたし，今はクロートンビルにある GE の研修所（現ジャック・ウェルチ研修所）は，ある時期まで臆面もなく「ゼネラル・エレクトリック教化（インドクトリネーション）センター」という看板をあげていた

---

12) Schein (1955)。
13) さきにあげた Schein (1971) は，ペーパーバック版です。

そうです。GEはGEで入ってきた新人をGEにふさわしいひとになるように，創業以来のGEの価値観を彼らに注入したいと思って，そのような看板をかかげていました。IBMでの研修におけるケース討議は，IMBの内部講師によって，受講者がどの程度IBMらしい解決を図っているかという観点から得点がつけられていました。つまり，いかにもIBMの社員らしいというひとになってもらうことが研修の目的だったわけです。事情は，GEでも同じでしょう。シャインは，自分が担当しているスローン・フェローズという課程に派遣されているIBMのひとたちから，この会社における2週間の営業訓練は，海軍や海兵隊のきびしい新兵訓練所に似ていたことを知っていました。よく知られていますように，IBMには社歌もあります。

　会社が管理職のひとたちをこのように教育しているのなら，そこに研究テーマがありそうでした。そこで，研究テーマの変遷という点では，シャインは，模倣，強制的説得（洗脳）に続いて，企業における管理職育成における教化（インドクトリネーション）の研究に打ち込む決心をしました。教化は，それまでのシャインの研究とかかわりをもちつつ，それをさらに経営学のなかで発展させられるテーマだと思われたのです。研究の場を実験の場，捕虜収容所の場から，さらに一般のひとにもなじみの会社の世界に移して，ひとはどのようにして周りのひとや組織から影響をうけるのかを調べ上げることがつぎの研究課題となりました。強制的説得のために使われていたのと類似のどのような技法が会社のなかでの教化に使われているのでしょうか。

　この辺の事情について，シャインは，わたしとのインタビューでつぎのように語っていました。

　　研究者として最初の仕事は，実は，戦争捕虜復員者の洗脳と教化だった。MIT経営大学院に来てみると，多くの会社が管理者育成（management development）という名のもとに，従業員を教化していることがわかった。ゼネラル・エレクトリックには，現実に「ゼネラル・エレクトリック教化センター」なるところもあった。……その当時，私にとっての課題は，社会心理学のスキルを経営分野で活用できるかどうかでね。従業員が会社の価値にどのように教化されていくのかを研究しようと思った。

　　そこで，組織に入ってきた新入社員に，会社の価値観がどのような影響を与えるのかを研究する，複数年にわたるプロジェクトを立案した。（この研究の失敗がキャリアの研究につながるのだが。引用者注）当初の動機はキャリアとは無関係なんだ。社会化（socialization）過程（成員が社会や組織の価値観や考え方になじんでいく過程。引用者注）と教化にかかわるものだった。君も初期の論文のいくつかが社会化過程についてだと知っていると思うがね。「管理者育成そのものが社会化に影響を与える過程だ（Management development is a process of influence）」というような論文[14]を書いたこともあるよ。……当時は，組織文化とは呼

んでいなかった。従業員の態度が会社の価値観のほうにどう歩み寄っていくかを知るために，上司や同僚に対する態度調査によって，会社の価値観を研究していた。[15]

教育の二面性　さて，教育には，もともとひとを鋳型にはめる側面と，そのひとのもっているものを引き出すという両面があります。前者は，企業内教育に限らず，あらゆる教育のなかに存在します。また，組織の側に創業以来大切にしてきた理念や基本価値があるのなら，また，それがその組織の成功の鍵であり，その理念や価値に誇りを持っているならば，当然，それらを新人や管理職になるひとに植えつけていきたいと思うはずです。そのこと自体は，ホワイトが描いたほど，ひどいことではありません——自信や誇りのある組織なら，成員にしっかりと教えておきたいことがあるはずです。教化はその意味では，ひとが意味のある形で集まっている限り，そこにしかと存在するはずです。歴史を通じて，また多様な組織において，教化にはさまざまな方法が使われてきたはずです。この研究テーマとの関連で，クラスでの教育面では，シャインは，戦時の捕虜，修道僧，宗教裁判などの教材を使って，説得と態度変化のコースを開発したそうです——理念を浸透させたいと思っている経営者でも，この教材選択のユニークさには驚かれるのではないでしょうか。

偶然ですが，GE 教化センターから２，３マイルのところに刑務所と宣教師の学校がありました。この３つの組織で教化がどのようにおこなわれているかについて，比較研究をしようと同僚にもちかけていたこともあるそうです。これも実現していたらユニークな調査だったことでしょう。この突拍子もない比較研究は日の目を見ませんでしたが，かつてのシャインの弟子で，今ではキャリア論の大御所のダグラス・ホールは，後年，同僚のベンジャミン・シュナイダーとともに，修道院の組織論的研究[16]を実現しました。

組織の価値観が個人の態度に与える影響のパネル調査　シャイン自身が着手した真剣な調査の作業は，とても地道なものです。つまり，MIT スローン経営大学院の卒業生がいろんな会社に就職が決まり，入社後その会社が大切にしている価値観にどのように教化されていくかについて，パネル・データを集め始めたのです。パネル・データとは，同じ一団の人びと（それをパネルと呼びます）から，異なる時点で収集されるデータのことをいいます。

1961年から63年にかけて，第１回目のパネル調査をおこないました。MIT の MBA の大学院にいた院生を調査対象に，２年目

---

14) Schein (1961)。
15) Schein/金井（2000），2 - 5 頁より，一部語句を訂正。
16) わたし自身は，未入手ですが，文献は，Hall and Schneider (1973) です。カトリックの神父のキャリアに関する調査をホールがおこなっているのを，わたしも，Hall (2002, pp. 52-53) で見るまで知りませんでした。

の最後の学期に（つまり，MBA修了後の就職先へのエントリー前に）調査が実施されました。まず各人を徹底的にインタビューして心理検査の質問票も実施しました。第2回目と3回目は，卒業してから半年後と1年後に，就職した先の職場でのフィールド・インタビューとして実施されました。入社後のインタビューでは，パネル調査協力者本人だけでなく，同輩と上司にも態度調査をおこないました。教化の調査ではありましたが，自然と，大学院から会社への移行期（節目）のキャリア課題が浮かび上がってきました。第4回目は，卒業後5年目の時点で，協力者全員に質問調査票に回答してもらいました。第5回目は，10年以上経った1973年により徹底的に実施されました。この時点で調査協力者の全員（44名）にMITに来てもらって，彼らにインタビューと心理テストの両方をおこないました。彼らには会社に入ってからの足取りを，物語ってもらいました。このときの質問のやり方が，キャリア・アンカーを探る相互インタビューのフォーマットの母体となりました。[17]このようにして，キャリア上の出来事や社会化過程について知るために，同じひとたちに継時的に，フォローアップの調査を繰り返したわけです。

失敗からジャンプ――いよいよキャリアの研究へ

シャインにとって，この一連の調査は，組織の個人に対する教化の研究としては，十分に満足のいくものではありませんでした。人びとの態度の変化に首尾一貫したパターンが見られなかったからです。会社に染まるひともいるし，そうでないひともいました。また，10年の間に会社を移るひともいました。同じ会社にいても，仕事や職場が異動していきました。個人は，会社の価値観の教化されるだけでなく，仕事が変っても，会社が変っても，貫いているものがありそうだということがわかりました。ある意味では，組織の側に大事にしているものがあれば，組織は入ってくる個人にそれを教化したいと思っても，そこで働く個人は，個人の側で，そのひととなりに貫くものがあるというわけです。

失敗から，新たなテーマとしてキャリア論を見つける　ですから，このパネル調査は，教化や社会化の研究としては，はっきりとした結論の出ない，その意味での失敗研究に終わりました。とはいえ，成果がなかったわけではありません。

ひとつは，会社に入った直後の社会化について多くを学んだし，応用を旨とした実務界の読者向けに，組織社会化の論文を2点著したことです（そのうちひとつが，先のインタビューからの引用であげられている有名な論文です[18]）。

もうひとつは，より重要な間接的成果ですが，会社というものを，組織の価値という視点からではなく，働くひとのキャリアという視点から見るという新たな研究の方

---

17) Schein (1978) の第10章ならびに，今回訳の出た Schein (1978) のなかの説明にも書かれています。
18) もうひとつの論文は，Schein (1963) だと思われます。学術論文では，社会学系の雑誌に（Schein, 1962）を掲載することになりました。

向性が定まったことです。会社での教化は，実験室や収容所のなかでの他者からの影響力や強制的説得のようには，一筋縄にはいかないから，確定的な結論がでなかったわけです。でも，この研究の失敗はむしろグッド・ニュースではないでしょうか。強い理念をもった会社でも，個人がやられっぱなしというわけではなく，個人の側にも簡単に譲ることができない芯のようなものがあるということが示唆されたわけですから。だから，シャインは，芳しくない結果に終わった調査からも，一方で，当初からの教化・社会化のテーマで論文を仕上げ，他方で，キャリアという新しいテーマと，個人から組織を見るという逆方向の視点の大切さを発見したことになります。そのおかげで，われわれもまた，キャリア・アンカーという概念や診断ツールを今，もつことができているのです。失敗からでも一皮むけるチャンスがあるというのは，まさにこのことです。ここであきらめるか，確固たる結論が出ないなら違う視点でも新たに研究してみようとするのかで，大きな違いが出てきます。

組織が個人に影響し，個人が自分を貫く
実は，入社してから5年後の調査でも，互いに矛盾する多様な結果をえたので，この調査は，教化をテーマとする調査としてはいったん休眠状態になりました。1973年までパネル調査が中断されていたのは，そのためです。その間に，シャインは，NTLでのグループの経験，DECでのプロセス・コンサルテーションの研究を通じて，グループやグループの力や組織文化のもつ影響力とあわせて組織のなかの個人がもつ自律的な力についても多くを学びました。グループでは，グループが個人に影響を与えるだけでなく，個人がグループに働きかけてもいきます。影響力は双方向です。また，DECのように，強い組織文化の会社でも，個人は組織に染まるだけでなく，個人がいい意味で自分の「我を通す」ことがあります。組織のために犠牲にしたくはないなにか大事なものを個人はもっていることがわかってきました。DECでは，いつも「自分で考えるのだ」とスローガンのように自律性が強調されています。家族主義と個人主義の両方がそこにあることに気づいていきます（DEC社とは深い長いつきあいで，そこでのコンサルティング経験は，後にシャインの組織文化の研究にも開花していきました[19]し，また，シャインが執筆中のいちばん新しい本も，DECについてです）。組織の価値観が個人の態度に影響を与えますが，個人は個人で自分を貫くものがあります。ここでも関係は一方通行ではなく双方向でした。

組織の目ではなく，働く個人の目から世界を見始めた　そこで，これまで，組織が個人を教化するという方向だけで現象をながめていたのを方向転換して，正面切って，働く個人のキャリアに焦点を合わせることにしたのでした。これは，社会的影響力，模倣，洗脳の研究をずっとおこなってきた

---

19) Schein (1985a; 1992; 1999)。

ひとにとっては，テーマの上でのコペルニクス的転回です。この転回を経つつあったので，1973年にパネル調査の協力者全員にもう一度，母校のMITを訪れてもらったときには，詳しくひとりひとりのキャリアの個人史を語ってもらうことにしました。このとき，焦点は，組織の力から個人のキャリアへと移ったのです。キャリアの足跡のなかで，大きな変化，非連続的な面があったところではその理由を説明してもらうようにしました。仕事環境の要請（外からの声）だけでなく，自分の内なる声も自然に，インタビューのなかで聞かれるようになりました。物語として話を聞く臨床的方法は，お手のものでした。

これらのインタビューを通じて，もう読者の皆さんにはおなじみのキャリア・アンカーという新たな概念が誕生したのです。それは，シャインの当初の関心であった教化（つまり，組織の価値観に個人が染まっていく過程）とは逆に，個人は自分らしさを貫いている，探しているという面を照射していました。シャインは，インタビューで，これを契機に，「会社の目から見るのはやめて，働く個人の目から世界を見はじめた（And I began to see the world through the eyes of career occupant rather than through the eyes of the company）」[20]と語っています。研究テーマだけでなく，組織のなかの個人という現象に対するアプローチの基本姿勢においても，このときが転機だったことがこの発言からわかります。

自己イメージとしてのキャリア・アンカー

キャリア・アンカーは，能力（有能性），動機，価値観をめぐって形成される自己イメージであって，順にいろんな仕事を経験しながら学習されていきます。アンカーは，キャリア上の選択のときにクローズアップされキャリアでめざすべきものを導きもすれば，制約を加えたりもします。どのようにしてキャリアが進化していくか，個人の欲求と組織の要望を適合させるのがいかに難しいかについて，分析を重ねた研究の全貌は，1978年の『キャリア・ダイナミクス』[21]に結実しました。

ふたつのツールができるまで　　かなり年数が経ってから，キャリア・アンカーに焦点を合わせた診断ツール『キャリア・アンカー——あなたの真価を知る——』は，1985年に刊行されました。キャリア・アンカーという自己イメージは，強力ではあるが暗黙のものです。また，キャリア・アンカーは，選抜よりもそのひとの発達に用いられるべきだというのがシャインの考えです。その観点から，作成されたツールが，『キャリア・アンカー』です。キャリアを歩む個人に視点を移行させた研究，実践的ツールがこのときに誕生したといってよいでしょう。元々は，組織の個人への影響を見ようとした研究ですので，個人が周りからの役割期待にどのように適応していくかとい

---

20) Schein/金井 (2000), 4 - 5 頁。
21) Schein (1978)。MIT にゆかりのキャリア調査としては，キャリア中期にあるエンジニアや科学者の直面する課題を扱った，MIT 卒業生調査として，Bailyn (1982)があります。

う問題は，研究の初期に気づいています。とりわけ，キャリアに就いたばかりでは，適応・サバイバルが問題になります。その問題は，『キャリア・ダイナミクス』の第16章で体系的に扱われていました。この部分から，『キャリア・サバイバル──職務と役割の戦略的プラニング──』が前のツールから10年経った1995年に刊行されました。

組織社会化や教化というより初期の研究と，そこから思わず（これもまた，機会主義的創造性もしくは創造的機会主義のなせるわざだろうか）派生したキャリアに関する後の研究とは，くるまの両輪のようです。前者では，組織が個人の態度や行動に影響を与える面に焦点が合わされ，後者では，個人がいかに自分の自己イメージを（組織の影響力にもかかわらず）キャリアを通じて（たとえ，仕事や会社を変えてでも）形成していくのかという側面がクローズアップされました。先に使った言葉でいうと，個人と組織の間には，一方向ではなく双方向の影響力関係があるのです。本来は双方向なのに，経営学も社会心理学も，これまで組織や集団から個人の働きかけばかり中心に研究してきたともいえます。

キャリア・アンカーの調査のフォロー　パネルの全員ではないですが，シャインは，当初の調査協力者がキャリアに入ってから20年から25年経った時点でも，15人のフォローアップ調査をおこないました。そこでの研究課題は，「キャリア・アンカーは安定しているのか，それともそれはキャリアを歩むにつれて，進化し変化していくのか」という問いに答えることでした。キャリア・アンカーは，かなりの程度安定しているというのがデータの語るところでした。この結論は，自己イメージ一般の性質を考えるともっともではあります。もし，キャリア・アンカーのカテゴリーが変ったときには，経験を通じて，よりほんとうの自分がみつかりかけたためともいえます。アンカーはひとつなのでしょうかという問いに対し，シャインは，その問いにつぎのように回答しました。

　私が質問さえうまくできれば，答える方はたいていアンカーはひとつしかないことがわかった。でも，それまで自分でアンカーを選択したことがないために，それに気がついていないだけだと思う。

　少なくとも，30歳か40歳代のひとたちにとっては，アンカーはひとつだけしかないと思う。だけど，今やっている職務がそのアンカーにぴったりしているとはかぎらない。キャリア・アンカーと一致していない職場で仕事している人たちが，たくさんいるからね。[22]

組織心理学とプロセス・コンサルテーションの薄い本──自分で考えるんだ

少し，話が前後しますが，メイン州のベセルでのNTLの経験，リチャード・ベッ

---

22) Schein/金井（2000），12-13頁。

カード，リー・ブラッドフォードなどとのNTL運動を通じて芽生えた交流によって，シャインにとっての1960年代は，組織にまつわる諸現象への関心を高めた時期です。

当時，シャインの研究上の関心は，教化と社会化に焦点が定まっていましたが，コンサルティングや臨床の経験を通じて，それ以外のさまざまな組織の諸現象にかかわる関心も高揚していきました。

組織心理学という新領域を命名　組織にまつわる多種多様な諸現象については，ぱっと考えてもさまざまな問いがあります。そのころのシャインは，どのような問いをもっていたのでしょうか。[23] 組織とはなにか。心理学はその理解にどのように貢献できるのか。採用・選抜・訓練・配属はどのようになされるべきか。組織のなかの人間にとって，ひとにまつわる仮定，権限，心理的契約はどのような役割を果たしているのか。集団のなかでの関係，集団間の関係がどのように形成され，どのような問題をもっているのか。複雑なシステムとしての組織を環境のなかで捉えるにはどのような視点が有益か。組織がうまくいっているというのは，どういうことか（組織の有効性，組織全体の適応をどのように把握すればいいのか）。シャインは，たくさんの問いの存在に気づいていました。個人のキャリアや組織からの教化の研究をしている間に，組織について心理学的に体系的に考える気になれば，それをすべきだし，そのことができそうな時期に達していました。

ちょうどそんなときに，1964年のことですが，ニュージャージ州にあるプレンティス・ホールという出版社の編集担当のロジャー・ハロウェーがシャインのところにある出版企画をもってやってきました。心理学の分野で同社が新しく始めたペーパーバックの叢書の1冊として，「組織心理学」についての教科書を書かないかという提案を受けました。組織心理学という言葉がまだなかったときのことです。

上述のようにいくつかのトピックが思い浮かぶとはいえ，組織論全般をカバーする教科書を書く気にはなれなかったので，シャインはそのような本を執筆するのには大きな抵抗がありました。教科書というと大部の退屈な書籍を思い浮かべるからです。ところが，ハロウェーは，シャインが重要だと思うことだけ，ほんの100ページほど書けば特徴のある本になると言って執筆を迫りました。それを引き受けたおかげで，シャインは，組織心理学という分野の生みの親と言われるようになりました。*Annual Review of Psychology* に書いたハロルド・リービットの論文，同名の書名をもつバーナード・バスの本とともに，シャインも1965年に『組織心理学』という本を上梓しました。この本は，その後，第2版，第3版と増補改訂を重ねましたが，組織心理学という分野がどんどん拡大を続けるので，第4版は宙に浮いたままです。わたしとの

---

23) その当時のシャインの関心を探るには，『組織心理学』の初版（Schein, 1965）が適切ですが，入手できていないために，第2版（Schein, 1972b）の目次からこれらの問いを構成しています。Edgar H. Schein, *Organizational Psychology,* 2nd ed., Englewood Cliffs, NJ: Prentice-Hall.

インタビューのときにシャインは，これ以上，分厚くして，新しい研究をどんどん紹介していくと，ふつうのテキストのようになってしまうのを避けたいと気持ちをもらしていました。組織心理学の本も，この後で紹介するプロセス・コンサルテーションの本も，薄いときほどシャインらしい特徴がいっぱい出ていたという読者，研究者は多いのです。『組織心理学』はもうこれ以降の改訂版は出ないでしょう。

組織開発叢書にも一冊　アディソン-ウェズリー社からの組織開発（OD）叢書がもうひとつの重要なプロジェクトになっていきます。ウォレン・ベニスやディック・ベッカードとの親しい関係を通じて，コンサルティングについても，自分たちで発見してきたことがいっぱいあり，シャインは他の仲間たちと協力してなにかを書き残すべきだと考え始めていました。ベニスは，今ではリーダーシップ論の大御所ですが，シャインとともにNTLでの活動に関与していました。ベッカードは，元は劇場のマネジャーだったのですが，OD，とりわけ組織の節目での変革時のコンサルティングを実施できる天才でした。

　ODについて，なんでも書いてある分厚い本が一冊あれば便利だという考えもありますが，トピックごとに一冊の薄いペーパーバック版が多種多様に存在し，そこでひとりひとりの著者のユニークな視点がわんさ出てくるけれども，束ねて読めば，ODの全貌が見えてくるような叢書を，この3人は，アディソン・ウェズリー社の編集担当とともに企画しました（今日に至るまで，この分野で最も信頼されている叢書です）。

　この叢書のなかで，シャイン自身が書いた書物は，1969年の『プロセス・コンサルテーション』[24]でした。シャインの恩師のマクレガーは寡作でした。コンサルタントとして抱腹絶倒のすごい経験や彼なりの哲学や技法をたくさん，マクレガーは，シャインたちに物語り，コンサルティングの世界に彼らを引き入れましたが，本人はそれについてなにも書き記しませんでした。シャインは，組織への介入（インターベンション）経験から学んだことを薄い書物に記そうと決心しました。その後，コンサルタント向けの教訓と管理職向けの教訓を分けて，2冊の本にしました。さらに，初版から30年経った1999年には，クライアントにほんとうに役立つ，相手に意味のある援助ができる関係の樹立ということに焦点を合わせつつ，それまで40年以上のコンサルティング経験を総括して，『プロセス・コンサルテーション再訪』[25]を著しました。

プロセス・コンサルテーションの世界

　プロセス・コンサルテーションとは，クライアントに「自分で考えるんだ」という姿勢に挑んでもらうのを支援するタイプの

---

24) Schein (1969)。
25) Schein (1999b) には，訳書があります。

介入（インターベンション）のことをいいます。「こうしなさい」と内容面で一発限りの答えをいっきに教えられてしまうよりも，「どうすればいいのか」を自分なりに探求するプロセス（過程）面で意味のあるサポートを受けたほうが，とまどっている本人にとっては，実はありがたいものです。

内容の専門家とプロセス促進者　援助を求めるひとにとって，後者のやり方の方がよりうまく，しかも納得のいく形で，解決に近づけるという哲学が，プロセス・コンサルテーションの基盤にあります。その意味では，慣例によって，インターベンションを「介入」と訳してはいますが，プロセスへの「ゆさぶり」くらいの意味合いで，この言葉を受け止めてもらうのがいいでしょう。内容に直接介入するコンサルタントを，内容の専門家（content expert），プロセスにゆさぶりをかけるコンサルタントを，プロセス促進者（process facilitator）と呼び，両者を区別しています。教育に鋳型をはめるという面と，引き出すという面があると指摘したことを再び想起してもらえば，教師のあり方として，内容の専門家は前者に，プロセス・コンサルタントは後者に近い立場です。

プロセス・コンサルテーションという考え方の元にあるもの　プロセス・コンサルテーションは，単なる技法というよりも，その基盤にどのような生き方・働き方がいいのかという哲学，どのようなデータがもっともクリーンなのかという研究観があります。

ひとつには，シャインのキャリアを読み解くと何度か出会う「それは自分で考えるんだ」という哲学（シャイン自身がマクレガーからの助言やDECでのコンサルティングで耳にした言葉でもあります）があります。そこに，シャインがこの立場を貫くことになったきっかけがあると思われます。

また，もうひとつのきっかけは，キャリアのもっと早い時期に遡ります。全面的に賛同したわけではないけれども，シカゴ大学の学生のときに，シャインが早くも，カール・ロジャーズの講義を受けており，来談者（クライアント）中心のカウンセリングにふれていたことです。[26]　自叙伝には，プロセス・コンサルテーションという方法を開発するうえで，他の人びとの影響が書かれていませんが，ハーバードの社会関係学部にいたときに，人間関係論のホーソン実験で編み出されたフリッツ・J．レスリスバーガーの非指示的面接技法からも影響を受けていたかもしれません。

三つ目の契機として，戦時捕虜復員者の調査（そのときなにが起こったのかを，物語として相手が語るままに自然に聞くという方法）とMIT同窓生のキャリア調査（パネル調査のなかでは，とりわけ1973年に実施されたインタビュー方式）における研究調査方法がプロセス・コンサルテーションに影響を与えています。

さらに，シャイン自身は，NTLのT-グループのトレーニング観の影響を自ら指

---

26) Schein (1993), p. 35, p. 47。

摘しています。T-グループのトレーナーは，通常，組織のなかで管理職がおこなうような指示・命令や一方的な解釈の押しつけよりも，グループでのやりとりを促進するような発言（facilitative remarks）がより深い気づきをもたらすというトレーニング観（「引き出す」教育観）をもっています。

このようなプロセス・コンサルテーションの哲学について，シャインは，「(1)穏やかな探求の問いで，クライアントが自分の問題を解決するのを援助するというのが自分らしいやり方だと思い始めていた哲学と，(2)カール・ロジャーズの諸概念をきっかけに心理学の世界にはじめてふれたこととの間のつながりに，（プロセス・コンサルテーションの薄い本を執筆するまで）当時は明確に気がついていませんでした。しかし，実際には，両者の間には強力なつながりがありますし，そのつながりの強さは，NTLで学習したトレーニング哲学によってさらに強化されました」[27]と回想しています。

内容のコンサルティングと異なる点　シャインは，内容のコンサルティングがだめだと言っているわけではありません。そうではなくて，内容の専門家であるためには，ほんとうにその領域のことを，相手以上にはるかによく完璧に近く知っていなければならないと考えていたのです。それほどのレベルの専門知識を絶えずアップ・ツー・デートして保持することは，非常に難しく，

また，相手がほんとうはなにを望んでいるのかを知らずに，内容面の指示を出しても，ほんとうの助けにはならないことが多いのです。高圧的であるより，謙虚な姿勢の方がよいのです。

また，内容面で外部者が外部者の解釈で指示・命令・勧告をおこなっていると，クライアント自身の自律，「自分で考えるんだ」という姿勢が軟化します。さらに，コンサルティングがうまくいかなかったときには，「正しい内容のアドバイスをしたのに，クライアントがそのとおりしなかった，実施がまずかった」という逃げ場を生み出してしまいます。

プロセスの促進者になったほうがいい場面でも，内容の専門家として振る舞い続けるのがいちばんの問題だというわけです（逆に，プロセス面での介入のみに立場を限定しているつもりでも，クライアントから自分が内容面で非常に詳しい分野にコメントや助言を求められることがありますが，そのときに，プロセス・コンサルタントは一時的に内容の専門家として振る舞っていることを自覚しないといけません）。

経営戦略がうまく構築されていない会社に，内容面で介入するコンサルタントが入れば，「こういう戦略でいきなさい」という答えを与えてしまうが，シャインのプロセス・コンサルテーションは，ある会社ですぐれた戦略を生み出すベストの当事者は，内部者であるに決まっているのに，内部者だけで（たとえば，常務会レベルで）議論

---

27) Schein (1993), p. 47.

しているときに，正しい戦略を探し出し練り上げるプロセスに支障があるとみなすわけです。DEC 社におけるシャインの役割がまさに，このプロセスに注目したものでした。DEC 社は，1957年に MIT のコンピュータ・プロジェクトからスピンアウトしたケン・オルセンがボストン郊外のメイナードに設立した会社です（コンパックに買収され，さらに HP とコンパックが今では合併していますが）。創業後わずか 2 年後より，シャインは，オルセンに招かれました。時代・世代が違いますが，もし戦略論の内容の専門家，たとえばマイケル・ポーターが当時の DEC に招かれていたら，DEC のとるべき戦略の内容について，その道の権威としてアドバイスをしたことでしょう。シャインは，組織心理学の専門家ではあっても，経営戦略の大家ではありませんので，DEC の内部者たちが適切な戦略，適切な組織機構を見つけ出す道筋に働きかけるプロセス促進者として，1980年代まで密にこの会社の人びとと接してきました。

　プロセス・コンサルテーションは，このように企業のトップ・マターに対しても適用が可能ですが，その適用範囲ははるかに広く，ビジネス・コンサルタントだけでなく，キャリアに興味をもつひとや，会社でも管理職として部下たちをうまく活かしたいと思っているひとにも，有効です。

　さらに，広く捉えますと，管理職と部下だけの関係でなく，管理職とその上司・同輩・社外の関係者・部下たちとの関係，生活面に目をむけると，恋人や配偶者同士の関係，友人同士の関係，親と子どもたち（また，その親の親たち）との関係，学校や大学における教師と学生たちとの関係にも，適用が可能です。

コンサルタントだけでなく管理職にもプロセス促進者の役割　まず，管理職について考えてみましょう。経営幹部をめざすひと，すでにゼネラル・マネジャーになっているひともプロセス・コンサルテーションが役立つとシャインに気づかせたのは，スローン・フェローズの MBA コースの実務家たちでした。キャリア・アンカーがそのコースのなかで定番であったのと同様に，プロセス・コンサルテーションもずっと定番のひとつで，必ずスローン・フェローズ・プログラムの講義の一こまを飾っていました。当初は，管理職以上のひとなら，コンサルタントと付き合うこともあろうからというので，そのセッションをコースのなかに組み入れました。しかし，そもそも他の人びととの関係を扱うこと自体が，マネジメントやリーダーシップの仕事なので，プロセス・コンサルテーションという考え方，哲学，手法は，自分たちがコンサルタントを雇うときだけでなく，通常，部下を含め周りの人びとと接する方法を内省し改善するのにも役立つと考えたのは，スローン・フェローズ（部長クラス）の受講生たちでした。このことが契機となって，書くべき素材も増えていたので，すごく薄い本 1 冊

---

28) Schein (1987; 1988).

だった『プロセス・コンサルテーション』を改訂するつもりの作業が，1987年と1988年には，より厚い，しかも2冊の続編となる新著の発刊[28]につながりました。1冊には，『組織開発におけるプロセス・コンサルテーションの役割』，もう1冊には，『管理者とコンサルタントにとってのプロセス・コンサルテーションからの教訓』というサブタイトルが付けられています。この改訂では，プロセス・コンサルテーションが，コンサルタントだけでなく，管理者たちにとって，組織開発にどのように生かせるのかの教訓を探りました。ある会社で部長をして部下を40人もつということは，自分が部下よりなんでもよく知っているからそうなっているわけではありません。彼らのほうがよりよく知っていること，アイデアが豊富なことがよくあります。部下だけでなく，上司・同輩も含め，みんなが共同していい相互作用をして，課題を解決していくプロセスを促進するスキルは，ゼネラル・マネジャーになるころには，だれにも必要となってきます。

日常生活のなかのあらゆる援助行動のなかに
大切に思う他のひとの助けになりたいという場面を経験するあらゆるひとへの教訓を念頭に，さらに集大成されたのが，1999年の『プロセス・コンサルテーション再訪──援助関係を築くこと』（邦訳は，『プロセス・コンサルテーション』白桃書房，2002）です。援助関係を築くことは，日常生活でもいっぱいあります。シャインのあげるとても身近な例を紹介しましょう。[29] (1)子どもが算数の宿題で助けを求めてきたとき，(2)学生が経営学にかかわる質問をしてきたとき，(3)見知らぬひとに道を尋ねられたとき，(4)友だちに何の映画がお勧めかと聞かれたとき，(5)妻にパーティになにを着ていったらいいか聞かれたとき。

ついだれも，相手がなにを求めているかを聞かないまま（つまり，プロセスを相手にとって意味ある形で促進するということをしないまま），内容面で回答をあたえてしまいがちではないでしょうか。(1)子どもには，「こう解くんだよ」，(2)学生には，「あの本とこの論文を読めばばっちりだよ」，(3)道を尋ねたひとには，「まっすぐ行って，右ですよ」，(4)友だちには，「ハリー・ポッターに決まっているじゃないか」，(5)妻には，「あのブルーのワンピースがいいよ」と即座に答えてしまう。もちろんそれで済む場合もありますが，ほんとうは，ほかに求めていることがあるかもしれません。(1)子どもにとっては，宿題は口実でわたしといっしょにひとときをすごしたいのかもしれないし，(2)学生は，本を紹介してもらうだけでなく，講義で聞いたことについてもっと深い疑問をもっているのに，その質問をわたしにぶつけるのを恐れているのかもしれません。(3)見知らぬひとは，行き先をまちがえたまま，そのことに気づかずわたしに質問しているのかもしれないし，(4)友だちは，わたしがいっしょに映画にいってくれるかどうかを聞きたいのかもしれ

---

[29] Schein (1999) p. 10); 訳14頁。

ません。そして，(5)妻は，手持ちの衣装に不満があって新しいのを買ってほしいと思っているのかもしれないし，あるいは，わたしたちが行こうとしているパーティにほんとうは行きたくないとほのめかしたかったのかもしれません。

　助けになりたいと思っている相手（コンサルタントの場合ならクライアント）が解決したいと思っている問題が自明であるかのように，わたしたちは，助言します。つまり，わたしたちは，問われている分野の内容の専門家などというおおげさな言葉などあてはまらなくても，相手の真意を問わないまま，あたかも権威であるかのように自分が知っていることをさらっと誇らしく答えてしまいます。つまり，コンピュータのソフトに既定値（ディフォールト値）があるように，わたしたちがひとと接するときにもそれがあるとしたら，内容かプロセスかというボタンの既定値は，「内容」のほうになっているのです。シャインは，「他の人があなたに助言を求めてくるとき，その人があなたに授ける権力を受け入れたいとする誘惑は，抵抗しがたいほどである」30) と述べています。

学生・院生と接する指導教官　博士課程の院生と研究室で面談するときのシャインは，いつもプロセス重視に徹しつつ，必要が生じたところで，自覚的に内容の専門家として助言し，その後はまた既定値としては，プロセスの促進モードに戻っていました。研究室に入室したときには，たいていニコニコして，まず "What can I do for you?" という問いが開口一番の言葉でした。わたしが日本でもそれを真似ようとしたらうまくいかなかったとインタビューで正直に言いましたら，シャインは，つぎのように答えました。

　　かりに君が学生に，「いったいどうしてほしいんだ？（"What can I do for you?"）」と聞くと，相手はそれでは力になってもらえないと思い込んでしまい，ただ，当惑してしまうことだろう。

　　決めなければならないのは，なにが学生に役立つかであって，「どうしてほしいんだい」という質問をするよりも，指示的に振る舞ったほうが役立ちそうなら，はじめから学生の役に立つようにそうしたらいいと思う。それが直面する現実の姿なんだからね。

　　しかし，最初は指示的にはじまった会話のなかで，学生のほうから「でも，金井先生ね？」と切り出してくるかもしれない。君はこの「でも」という言葉を聞いたとたん，自分がやろうと考えていた以外に，学生たちにはなにか他に知りたいことがあるのに気づく。

　　この時点では，相手のいうことをよく聞く心構えが必要で，「いいよ，どういう意味なんだい？もう少し話してくれよ」と言うべきなんだね。

　　こうして遅かれ早かれ，学生や大学院生は，ニーズの中味を君に伝えるき

---

30) Schein (1999) p. 17; 訳23頁。

っかけをくれる。「でも」という言葉がそれだ。31)

ここでは紹介するスペースはありませんが、そういうちぐはぐに陥らないために、プロセス・コンサルテーションの10の原則が、この新著では開陳されていますが。基盤には、ここまで述べたような深い哲学的基盤、自律的な教育観がありますが、手法としてのヒントも豊富で、プロセス・コンサルタントをめざすひとだけでなく、キャリア発達への関心という点からは、コーチやキャリア・カウンセラー、若手のよきメンター役をめざすひとにも、役立つ会話例が豊富です。

組織文化の研究──自分で考えるんだ

シャインの研究業績としてキャリアの研究とならび輝いているもうひとつの領域は組織文化です。これまでの説明でおわかりのように、組織文化というテーマへの関心は、最も古くは、1950年代、60年代の強制的説得（洗脳）と教化（組織社会化）の研究にまで遡ります。キャリアの初期から、社会がもつイデオロギーや組織のもつ価値観が個人の態度、認知、行動に与える影響をみていたわけですので、当時、組織文化という言葉は使ってはいませんが、このテーマはシャインの生涯を貫くライト・モチーフです。

組織文化に関心をもつようになった契機

淵源はもっとも古くはそこまで遡るのですが、文化に対する関心が高まったより直接的な契機としては、(1)米国以外での教育やコンサルティングの経験、(2)日本的経営の文献、(3)DEC社とチバガイギー社（当時）の双方でのプロセス・コンサルテーションの対比、があげられます。

自叙伝のなかでは、(1)については、さらに4つの具体的な海外経験があげられています。フランスのフォンテンブローにあるINSEAD（欧州経営大学院）での教育、スイスの会社（チバガイギーと思われます）での講義とコンサルティング、ハワイ、オーストラリア、シンガポール、ヨーロッパで講義やワークショップをしながらの世界一周旅行、スイスのジュネーブの経営研究所（当時CEIと呼ばれていた）でのサバティカル滞在（2学期制のMITにおけるひとつの学期、つまり約5ヵ月の間、MITでの講義を休ませてもらって他の機関で過ごすこと）、がそれらにあたります。口頭での対話では、よくメキシコとの文化の違いも話題にとりあげていました。

(2)については、日本でもよく読まれたウィリアム・オーウチの『セオリーZ』にふれたこと32)があげられます。また、それをきっかけに、「組織文化に対する新しい認識の仕方」33)という有名な論文をMITの『スローン・マネジメント・レビュー』に執筆しました。

国ごとに広い文化が違うという問題を超

---

31) Schein/金井（2000），20-23頁。
32) Schein (1981)。
33) Schein (1984)。

えて，組織ごとに文化があることに深く知的興味がそそられるようになったのは，(3)のDECとチバガイギーの間の対照的な姿にふれたことです。たとえば，つぎのような対比です。DECのオフィスにはドアがないが，逆にチバガイギーでは経営幹部がみんなドアの内側の個室にこもりがちでした。DECでは，そこかしこで大声を出してみんなで議論しているが，チバガイギーは静かでした。DECでは，シャインの発言がMITの教授の発言だからといって特別扱いされることなど全然ないのに，チバガイギーでは，彼がなにか話すとそのまま権威ある発言として社内便で流布していました。もちろん，米国とヨーロッパ（スイス）の間の文化の違いもあるでしょうが，プロセス・コンサルタントとして両社をかなりの深さまで知り尽くしたシャインは，組織レベルでも文化があると判断し，その研究に打ち込むことになります。

組織文化解読の3つのレベル　その成果は，1985年に『組織文化とリーダーシップ』34)という，この分野での金字塔となった著作にまとめられました。そこで，よく知られている組織文化解読のための3つのレベル，(1)文物，(2)価値観，(3)仮定というアイデアが示されました。経営学を学んだひとならば，一度は聞いたことがあるのではないでしょうか。

第1の文物は，ドアがあるとかないとか，目に見えるレベルです。第2のレベルは，ドアがないことによってめざしていること，つまり文物の元にある価値観です。オープンに自由にとことん議論することを大事にするという価値観です。ボストン郊外のメイナードに立地する元は紡績の工場だった本社ビルの各部屋から，創業者のケン・オルセンがドアを取り去っていったエピソードは社内でよく知られています。第3のレベルは，DECに10年も20年も勤めていたら，もはや当然と思って，疑うことがなくなってしまっている発想法，前提，仮定などのかたまり（a set of taken-for-granted assumptions shared by members）です。たとえば，DECの場合なら，アイデアの源泉は個人にある，しかし，個人だけではそのアイデアがいいアイデアかどうかわからないので，とことん議論する，きびしい議論をしてもお互いが相手を尊重する家族のような雰囲気を大切にする，といったような仮定を共有しています。何度も紹介しました「自分で考えるんだ（You've got to figure it out.)」という言葉は，DECの気風をよく示しています。35)

文化は，共有された暗黙の仮定だというアイデアの背後には，ハーバード時代の先生だった人類学者のクライド・クラックホーンによる文化の捉え方や，MITでの恩師にあたるダグラス・マクレガーのX理論とY理論の影響が見られます。クラックホ

---

34) Schein (1985)。
35) Schein (1985)の記述では，アクション社と偽名になっていますが，これは概ねDEC社での観察から生まれた記述になっています。また，マルチ社という偽名になっている会社は，チバガイギー社だと言われています。偽名にするほどネガティブなことが書かれているわけではありませんが，実名にすると

ーンによれば，文化は，(1)自然と人間との関係，(2)現実や真実の性質，(3)人間性の性質，(4)人間の活動の性質，(5)人間と人間の関係の性質にまつわる仮定です。マクレガーにとって，X理論とY理論は，ひとはどのようにすれば動いてくれるのかについて，管理職が長い間の仕事経験を通じて抱くようになる二群の対照的な仮定です。

組織文化との関連におけるリーダーシップ

　組織のメンバーが仮定を共有していることは，その仮定が環境の条件と適合しているときには，プラスです。しかし，仮定が環境とあわなくなったときには，普段は暗黙のままの仮定を解読し，それを変えていくのはリーダーシップの役割です。組織文化を創り出し，維持し，必要なら変えていくというところに，シャインは，これまで注目されていなかった新しいリーダーシップ像を提示しました。

　DECとチバガイギーだと今は存在しない外国の会社ですので，日本の会社をイメージしてください。ソニーに入って10年もたつとソニーらしく振る舞うようになり，松下に入って同じく10年もたつと松下らしい発想をするようになるというのは，暗黙の諸仮定が（本人も気づかず，いちいち言語化もされず，疑うこともなくなるほど）内面化され，共有されていくからです。採用活動がうまくいっている度合いに応じて，元々ソニーにはソニーに合ったひと，松下には松下にあったひとが入社しているでしょうが，10年，20年するといっそうソニーマン（ウーマン），松下マン（ウーマン）らしくなっていくのは，組織文化に染まるためです。シャインの考えによれば，みんなが染まっている発想法，前提，仮定のセットが環境にあわなくなってきたら，組織変革のために根っこから（仮定から）疑ってそれを変えていくのは，ソニーの出井会長や松下の中村社長のリーダーシップだということになります。

組織にも，個人にも，それぞれに自らを貫き通すものがある　シャインのキャリアのなかで，この研究は，いったんあきらめかけたテーマにゲットバックして，大きく集大成したという意味合いがあります。かつて，組織の価値観が個人の態度に与える影響にMIT就任直後に興味をもったシャインにとって，そのテーマはキャリアの研究にシフトしていきましたが，その関心は深いレベルで持続し，組織文化の研究に開花したわけです。

　キャリアを歩む個人に，キャリア・アンカーという簡単には譲れないもの，自分としてどうしても貫きたい，大切にし続けたいものがあるとしたら，組織にもその会社が誇り高い組織文化をもっているほど，簡単にはあきらめたくない発想法があるわけです。組織文化に染まるといいましたが，それが教化や教育の「鋳型にはめる」という面で，自分らしさや個性を伸ばすというのが「引き出す」という面です。両面があ

　たとえば，創業者の言葉として記述している部分に，すべてケン・オルセンとDEC社広報部等のチェックが入りますので，偽名にしたそうです。でも，シャインに親しいひとは皆，アクション社はDECで，マルチ社はチバガイギーだと知っています。

るわけです。個人にも貫くものがあるなら，組織にも貫くものがあります。それが組織にもあるなら，カルチャーに誇りのある会社なら，新人や管理職にそれを浸透させたいと思うのは当然で自然なことでしょう（洗脳という言葉は会社には強烈すぎてどきっとしますが，逆に新人に教化するメッセージがまったくないという会社もふがいないものです）。

キャリアを歩む個人が一方で自分らしさを貫きながら（アンカーの側面），そのときの仕事環境になじむ（サバイバル）という両面があることをこの冊子でも強調しましたが，組織文化は，個人がその組織にある程度長く過ごしていくつもりならば，適応すべきサバイバルの舞台を提供しています。シャイン自身も，文化は，個人にとってのキャリアのコンテクストだと指摘しています。[36]

組織のなかの下位文化，国の文化，M&A

もちろん組織文化といっても，ひとつの組織のなかに一枚岩のように存在するとは限りません。松下には松下全体のカルチャーがあるでしょうが，他方で，事業分野ごと，職能分野ごと，組織階層ごとにちがった下位文化が生まれているはずです。エアコン事業部とAV関係の事業部では，研究所と工場では，また，中堅とトップでは，下位文化に違いがあるはずです。その点を改訂して，1992年には『組織文化とリーダーシップ』の第2版[37]が出版されました。ミドルとトップの下位文化の違い，また，IT部門（情報システム部門）とそのユーザー部門の下位文化の違いについての記述が豊かになりました。

また，なぜか日本ではあまり知られていない変り種の著作ですが，シンガポールのEDB（Economic Development Board）という組織——経済発展の企画を練る組織）のフィールド・リサーチをおこない，EDBの組織文化を記述し，また，大きくはシンガポールという国が経済発展に適した文化をどのように創りだしていったかを，まとめた本が1997年に出ています。[38] 天下国家レベルの経済発展という大きな話に，EDBの調査に際して（シンガポールという国の文化と）EDBに固有の組織文化という観点からアプローチしたわけですが，なかなかマクロの経済に元気が戻らないわが国でも，この種の調査が必要なのかもしれません。

さらに，1999年には，新たな組織文化の本（『企業文化——サバイバル・ガイド——』[39]）を世に問い，そのなかで，組織の発展段階ごとにどのような組織文化にまつわる問題が変遷していくか，またM&Aのときに，どのような組織文化上の軋轢が生じるか，という新たなテーマを取り上げました。

このように改訂版を含めると，4冊も，

---

36) Schein (1984b)。
37) Schein (1992)。
38) Schein (1997)。
39) Schein (1999a)。この邦訳も白桃書房から刊行。

組織文化の著作を上梓していますが，なかでも，1冊目の85年の著作は，シャインにとって，実務の世界のひとに役立つものでありながら，アカデミックにもよく完成した本になりました。80年代には組織文化論のブームがありましたが，そのなかで，時流には流されず基礎学問に依拠しながら，現実に重要な問題を統合的に論じたわけです。その姿勢は，MITの心理学者だったK．レビンの「よい理論ほど実践的なものはない（Nothing is so practical as a good theory）」という教えに忠実で，また，「科学と工学，その現実への応用」というMITの建学以来の理念にもあっています。アンカーが自律・独立にあるシャイン自身も，プラスの意味で，長くいたMITの組織文化に染まっているところがあるかもしれません。

創造的機会主義

この付録1全体が，シャインの自叙伝（1993年）とわたしがシャインにおこなったインタビュー（1999年）のふたつに大きく依拠し，研究内容の紹介には，多少ともわたしなりの解釈が入っているかと思われます。

自叙伝の記述における白眉は，シャイン自身が自分のキャリアを振り返り統合的に述べている最後の節です。その節のタイトルは，「（人生やキャリア全体の）テーマと課題――やってきたことすべてがどのようにかみ合っているのか」です。

シャインは，これまで全キャリアを振り返って，3つの大きなテーマがあったと回想しています。

第1は，亡命者的なものの見方（refugee mentality）で，第2は，知的な機会主義者（intellectual opportunist）もしくは創造的な機会主義者（creative opportunist）で，第3は，自律性と依存性の間（autonomy vs. dependence）の葛藤です。

亡命者的なものの見方　シャインは，波乱の時代における政治的な亡命者でもなければ，なにかわけがあって活躍の場を変えていかざるをえない逃亡者でもありません。しかし，メンタリティとしては，亡命者みたいなところがあると述べています。最初から米国に生まれ育ったわけではありませんので，シカゴに着いた少年時に，英語ができず，1年遅れのクラスでスタートしました。でも，遅れは挽回し，スポーツができたので，すぐ新世界に溶け込みました。学部と修士と博士のトレーニングは，将来長くいることになるMITではなく，それぞれシカゴ大学，スタンフォード大学，ハーバード大学でした。MITに入る前にインターンと御用奉公をしたウォルター・リード陸軍研究所も，研究所とはいえ，大学とは別世界だったはずです。その都度，どこかを去っていったという意味では，たえず去りつつある身でした。新しい世界に入っていく度に，最初はよそ者だったという気持ちと，でも，いつもうまく適応してこられたという自負とを両方をもっていました。明瞭さを求めるパッションをもつ（その裏腹で，曖昧さには耐えられない）ことも，この亡命者メンタリティにかかわっていると自己分析しています。シャインは，いつも自分の本が読者に「わかりやすい」

と言われることをいちばん好んでいましたし，書いたものについて実際に首尾一貫して読者からもらってきた褒め言葉は，明瞭さでした。英語が堪能な方は，原著を読まれれば，彼の言葉の使い方も，いかにクリアかわかるでしょう。研究者として自分が情熱を燃やしたのは，一見すると非常に複雑な組織現象を理解し明確にすること，その現象を意味ある形で理論的に単純化すること，それを読者や学生にわかりやすく提示することにありました。最近では，研究者というアイデンティティ以上に，わかりやすい本の著者（オーサー）というアイデンティティの重みが増してきたと，来日時に語っていました。明瞭さへの情熱は，慣れた世界を去り，新しい世界に入る亡命者のメンタリティとつながっているというのが，シャインが自分のキャリアを総括する第一のキーワードです。

知的な機会主義もしくは創造的な機会主義

キャリアの節目ではよく考えて，行き先を選んできたともいえます。しかし，同時にさまざまな偶然を非常にうまく活かしてきました。強制的説得（洗脳）の研究も，ある意味では，偶然の所産ですし，キャリアの研究も教化の研究の失敗から偶然見つかっていきました。節目を選んだ後は，このようなすべての偶然を思い切り生かしてきたといえそうです。ユニークなキャリア論を展開するスタンフォード大学のジョン・クランボルツならば，「計画された偶然性（planned happen-stance）」[40]呼ぶであろうものを，シャインは，知的な機会主義，もしくは創造的な機会主義（creative opportunism）と名づけています。シャインのキャリアの全体像を解きほぐす第2にキーワードとして，本人があげたのがこれです。どこにいっても，そこにある機会を生かしてきました。戦時捕虜復員者との出会い，NTLやコンサルティングの世界との出会い，DEC社やチバガイギー社でのプロセス・コンサルテーションの始まり，それらの機会を創ってくれたマクレガーとの出会い，シンガポールのEDBからの誘いなど，どの例をあげても，自分に訪れた機会をうまく知的かつ創造的に活かしてきました。新しい世界に入る度に訪れるせっかくの機会や挑戦から逃げることなく，明瞭さへのパッションにものをいわせて，未知の現象を解明し，それを作品（著作や論文）の創造につなげてきました（研究者は，芸術家のようでもあるとも，シャインは，自叙伝のむすびで強調しています）。

その作品を彩っている共通のテーマは，自律と依存の間にある根深い葛藤です。これが，第3のキーワードです。亡命者なら，新しい世界に入るためになにかに頼りたくなって当然です。MITに着任した当初，自分のシラバス（授業計画書）を作成するために，他の教官のシラバスを集めようとしましたし，マクレガーに助言も求めました。他方で，亡命者がどのような新しい世界に入っていってもそこでやっていけるのは，自律・独立を大事にしているからです

---

40) Mitchell, Levin and Krumboltz (1999).

（すでにふれてきましたように，シャインのアンカーもそこにあります）。シラバス作成のために助言を求めたマクレガーは，先にもふれましたとおり，シャインにおおむねつぎのように発言しました。「MITの経営大学院に必要なのは，おまえのアプローチだ。おまえは，ハーバード大学の社会心理学の博士だろ。ひとのシラバスなど集めずに，自分で考えるんだ（You've got to figure it out）。新しいアプローチである限り，また，ハーバードとちがうことをやっている限り，おまえが好きなようにやればいいのだ」と言われました。「自分で考えるのだ」という言葉は，スピリットとして，これもこれまで述べてきましたとおり，NTLのT-グループのトレーナー，DECの経営幹部たち，プロセス・コンサルテーションの哲学などを貫いていました。

自律性と依存性の間の葛藤 依存と自律の間の葛藤や対立という問題は，組織心理学のなかでは，組織が個人の態度や行動に影響を与える側面，組織の中でも個人が自分らしさを貫く側面にかかわっています。

シャイン自身は回想のなかで，「依存と自律の間の緊張とは，つまり，組織が個人に対して組織の考え方を押しつけるパワーと個人が自分の自由を守ろうとするパワーの間の緊張で，それを扱ったわたしのすべての作品に，この問題へのはっきりとした関心が読み取れるはずです」[41]と述べています。ムザファー・シェリフやソロモン・アッシュの集団圧力の実験（サクラが揃って間違った判断をすれば，そこからくる集団圧力に被験者が同調してしまうことを実証した実験）に啓発されて，若いころのシャインは，博士論文のテーマに，集団が個人の認知に与える影響について研究しました。社会的影響力や模倣がそのテーマです。これは，そのまま洗脳や組織文化の研究につながっていきます。

シャインは，長い研究生活を通じて，集団や組織が個人にいかに大きなパワーをもつかを解きほぐそうとしてきました。他方で，このことによって，個人の自律が損なわれることがないようにするためにはどうすればよいかという問題にも大きな関心を抱いてきました。キャリア・アンカーやプロセス・コンサルテーションは，自分で自分の問題を選び取り，解決するための実践的なツールで，彼の臨床的なインタビュー経験から生まれました。とりわけ，キャリア・アンカーの概念によって，ひとは，どのような仕事，どのような組織のなかにいても，けっして犠牲にはしたくない，守り抜きたい自分らしさがあるという面を，力強く理論的かつ実践的に探求してきました。

亡命者として，どのような新しい文化にもうまく適応できたという自負をシャインがもっていると先に述べましたが，そのためには，そのときどきで自分を環境にあわせる必要もあります（これが，組織文化の解読やキャリア・サバイバルのエクササイズを通じての役割ネットワークの解読にかかわっています）。でも，周りの状況に自

---

41) Schein (1993), p. 49。

分を合わせることだけが適応だったら，適応は自己実現とは両立しません（自己実現の提唱者であるマズローは，その意味で，適応ということにネガティブでした）。しかし，自分らしく創造的に適応していく道がありえるとシャインは考えています。キャリアの分析に，アンカーという視点と，サバイバルという視点の両方がいるのはそのためです。この点について，シャインは，自叙伝でつぎのようにも述べています。

> ……わたしは，自分が入っていくことになった新しい文化の適応において，基本的には成功してきたと感じています。だから，わたしは，個人が自由であり続けるだけでなく，適応においても創造的であることも可能だと気づいていたのです。自分の適応力と，他の移民が適応に苦労する程度が対照的なものですから，自分の適応にかかわるスキルには自信をもつようになっていました。わたしはいつも，状況がどのようであれ，それをなにか役に立つものに変えていくことができました。そこから，創造的な機会主義者という自己イメージを発展させていきました。[42]

つぎつぎと新しい文化にふれてきたことが，プロセス・コンサルテーションやキャリアの研究に必要な，傾聴力や観察眼を磨いてきたと自己分析しています。コンサルタントとして，クライアント組織に入ったときに，自分が飲み込まれてしまいそうな状況でも，自律性を維持しながら，その組織でなにが起こっているのか，また現地の（当該組織での）言語を学んでいきました。強大な組織文化からの社会化の圧力のなかでさえ，個人には，キャリア・アンカーというセルフ・イメージを維持する能力があることを，初期のキャリアの研究では，彼らの語る物語から注意深く聞き出すことができました。教育に，引き出すという面と，鋳型にはめるという面があるとうことも，自律と依存の間のジレンマにかかわっていますし，今から振り返ると，教化の研究の失敗が，キャリアという研究テーマの発掘につながったということ自体，依存と自律の間に緊張が存在することを強く示唆しています。しかも，失敗からも新しい大切なテーマを発掘するということ自体が，知的・創造的機会主義の実例にもなっています。

最近，これからのシャイン　最近のシャインは，MITでの教育活動は減らしつつあるそうで，その意味では大学での生活は引退の時期を迎えつつありますが，執筆活動はさらに活発で，インタビュー時に，自分のなかで「著者」「モノ書き」というアイデンティティのウェイトが高まり，複雑な現象をわかりやすく解明する書籍を引き続き書きたいと語っていました。そのときに予告していました『組織のセラピー(Organizational Therapy)（仮題）』という本は，まだできあがったという声を聞きませんが，長い付き合いがあったDEC社

---

42) Schein (1993), p. 49。

（コンパック社に買収され姿を消した名門企業）についての書籍を執筆中で，2003年の7月には出版の予定です。[43]

キャリア・アンカーとキャリア・サバイバルというささやかな，でも皆さんに大いに役立ててほしいツールは，開発者であるエドガー・H．シャイン教授の生き方，働き方，研究スタイルを含む，彼自身のキャリア発達の個人史からの所産です。

---

43) タイトルは，*DEC Is Dead, Long Live DEC: The Lasting Legacy of Digital Equipment Corporation* の予定です。シャインの同僚のジョン・バン・マーネンからの電子メイルとアマゾン・ドット・コムからの情報（Schein et al., 2003）に基づいています。

付録 2

シャイン教授の来日講演「組織心理学の発達とわたしの研究キャリア」[44]

　産業・組織（I/O）心理学の発展に大きな寄与をしてきたマサチューセッツ工科大学（MIT）エドガー・シャイン（Edgar H. Schein）名誉教授が，2000年に来日しました。5月24日には慶應義塾大学三田キャンパス北新館大講堂において産業・組織心理学会と経営行動科学学会とが共催した会合で，「組織心理学の発達とわたしの研究キャリア」（Creation and Development of Organizational Psychology: Viewed From My Own Career as an Organizational Psychologist）という題目で開催されました。

　自分のキャリア発達とI/O心理学の発展を結びつけて論じるというのは難しいと前置きされたうえで，この分野の勃興期から50年以上のあいだに，ご自分に学んだこ とについて，5つのポイントを指摘されました。それらについて，当日の講義のビデオと講義ノートをもとに再構成して，当日来られなかったひとにも，論点がわかるように，また当日参加された方もお聞きになったことを振り返るために，ここに要点のみ要約させていただきます。その5点は，ノートによれば，つぎのとおりです。

(1) 組織過程を理解する鍵は，心理学のなかにあるのと同様に，社会学，人類学，政治学のなかにも存在する（The key to understanding organizational processes lies much in social, anthropological and political sciences as it does in psychology）。

(2) 課題への関心に対して，人びとへの

---

[44] この付録2の短縮版は，金井（2002f）として公刊されています。ここでは，そのときに紙数の関係で削減した部分を復元して，より長いバージョンになっています。

関心が高まることが，繰り返されてきた（Concern for people vs. concern for task is a cyclical phenomenon）。
(3) 個人と組織の関係には，自然，人間の性質，人間関係の性質，時間と空間についての基本的仮定によって文化的に決まってくる面がある（Individual-organization relationships are culturally determined by basic assumptions about nature, human nature, and the nature of relationships, and time and space）。
(4) 組織仮定を理解するためには，組織にゆさぶりをかけて（介入して），入り込み，相手に役立つ（援助する）ようにめざすことが必要だ（To understand organizational processes, you have to intervene, get involved, try to be helpful）。
(5) 激動の時代には，文化は，強みであるとともに，潜在的な弱みの元でもある（Culture is both a strength and potential source of weakness in turbulent times）。

講演のなかでは，これらの点が敷衍されてシャイン教授自身の研究（歴）を重ね合わせて説明されていきました。それを当日の講演のなかでの言葉で，以下抄録します（当日は，(4)の点は，(1)のなかでふれられましたが，ここでは，講義ノートの順に再構成しました）。

*　　　*　　　*

第1に，心理学を超えて社会学，人類学とつながらないとわからないことが多い。わたしが，教育を受けたハーバードの社会関係学部は学際的でよかった。心理学をやっていると社会学などを学習しなくなるのは問題だ。MITの経営学修士の教育では，戦略的視点，政治的視点，文化的視点という，少なくとも3つの視点を大事にしてもらっています。3つの過程すべてをみていないと，組織をみたことにはならない。

第2のポイントとして，人間関係についての関心は，動く振り子が戻るように繰り返し重視されてきた。やはり人間が大事だと。1950年代に人間関係論があった。60年代にマクレガーのY理論，リッカートのシステム4という参加的マネジメントの時代があった。そのあと，リエンジニアリング，コスト削減，ダウンサイジングの時代をへて，今度はまた，エンパワーメントという名のもとに，また人間の問題が重視されつつあります。ひとの問題に戻ってきます。テクニカルな面と，人間にかかわる面を統合するのは難しい。タビストック研究所の社会技術システム論は，そのような試みだったが，産業組織心理学の中心にはならなかった。ブレークとムートンのマネジリアル・グリッドの9・9型というのは，タスクと人間の両面ですぐれていることだが，振り子の両端の両立は難しい。

第3に，アメリカの外でも仕事するようになって，わたしたちが学んできたこと，アメリカ生まれの管理システム，経営管理の理論は，どの程度，文化から自由か，ど

の程度，文化に彩られているか，という問いの重要さに気づくようになってきました。デミングとジュランが，日本のQCサークルがいかにうまくいっているか語っても，アメリカではそれはうまくいかなかった。品質が大事なのはわかっても，サークル，つまりいっしょに輪になって座ることが大事だというのが，アメリカの管理者にはわからなかった。個人別のフィードバックに慣れていたから，アメリカの土壌では受け入れられなかった。

文化的視点でみると，アメリカに来たばかりのときには，チームで入植してきたというひともいるでしょう。しかし，深いレベルでは，アメリカでは，チームが重視されたときでさえそれはプラグマティズムの文化の帰結です。チームでやったほうがうまくいくのなら，アメリカ人もチームプレーヤになります。それはチームが内発的に価値をもつのではなく，実践的な手段として役立つのなら，そうするということです。

データがあなたに語ることを信じるという原則を大事にするなら，チバガイギーでの経験では，NASAエクササイズを提案したときの話をしましょう。アメリカの土壌では，グループが個人より，それももっとも賢い個人よりもうまく決定できることを示すのに，このエクササイズに意味があります。しかし，チバガイギーでは，スイスでは集団が個人よりいいことができるとみんなが知っているので，どうしてNASAエクササイズをやる必要があるのかと言われました。アメリカ人としてわたしが当たり前と思っていること，つまり個人が大事だとわたしも思っていることに，このときに気がつきました。

マネジメント，リーダーシップ，指揮，上司と部下の関係は，文化に彩られている。これが正しい管理の仕方だと言われても，世界中で文化が違っても通用する，マネジメント理論，リーダーシップ理論があるとは思えない。

アメリカの会社で，世界中のどこでも使うつもりで，ある研修プログラムをつくりました。それを使った研修がハワイでありました。そのプログラムは，否定的なことでも，直接的にフィードバックする業績評価の方法でした。わたしは，その日の夕食時に，その会社で働いているひとで日本から来ているひととしゃべりました。このフィードバックをしますか，と。日本人は，そういうフィードバックはしませんと。やるとしても，わたしたちの国にあったやり方でします，と言った。文化が違えば，適用のされ方は異なってきます。

文化という考え方をさらに進めると，自分が理解できる唯一の文化は自分の文化だという教訓にまでたどり着きます。わたしの娘は，人類学者で中国の研究をしている。10年以上も，中国語を学び，フィールドワークをしてきた。中国で，わたしもMITのビジネス・スクールのための教育活動をしてきた。でも，中国は非常に違うので，手がかりも少なく，理解は難しいと娘はほほえみながら言います。

提案ですが，自我，仕事と家族の関係，キャリア，他の文化からきた抽象度の高い一般化を信じるより，自分のデータを大事に信じるようにしましょう。

第4に，相手の役に立とうとすることの

重要性があります（金井注。これは，当日は，第1の論点のなかで埋もれてふれられていたが，5つのポイントがはっきりするように，講義ノートの順のとおり，これにかかわる当日のシャイン教授の発言を4番目に別個の論点として分離した）。わたしは，臨床的アプローチを提唱してきましたし，それにかかわる本も書いています。組織の研究者が，よい観察者であること，組織でうまくふるまい，組織の病理に気づくことが大事です。仮説検証型だと，観察すべき変数を抽象的に定義するため，組織のなかで，なにを観察すればいいかわからないままになります。臨床的アプローチと関係のあることですが，正式の統計的方法でなくてもわかることがあります。わたし自身は，実験社会心理学者として育ちました。正しい答えを出すひとの影響をひとはどのように受けていくかというのが博士論文の研究でした。その後，陸軍の病院で朝鮮戦争のときの戦争捕虜の研究をしたとき，インタビューに従事しました。捕虜になった大勢のひとたちが，洗脳されて米国への愛国心を失っていたのです。

つぎに学んだことは，微妙な領域でデータをえるときには，聞き方に気をつける必要があるということです。陸軍のウォルター・リード研究所のデイビッド・リオックは，彼らが自分の物語を話すままに任せるのがいいと助言してくれました。微妙な領域で直接的な質問をしなくても，話は聞けるものだ。いったい，どういうことがあったのか聞くだけがいい。戦争捕虜の語る物語は，非常に類似していました。看守がどのようにして，捕虜を洗脳して，アメリカの愛国心に反するようにさせていったのかがわかってきました。洗脳について50頁の論文を書き，社会心理学の雑誌に投稿しましたが長すぎて載らなかった。リオックが『サイカイアトリー』という雑誌の編集委員だったので，そこに投稿して掲載してもらった。実験心理学の博士論文を掲載された雑誌には，2つの抜き刷り請求しかなかったのに，21人のインタビューにもとづく『サイカイアトリー』の論文は，何百もの抜き刷り請求がありました。

世界がほんとうに興味をもっているものを，研究することが大事だと気づきました。重要な原則は，いったんある研究方法になじんでも，仮説検証型で，捕虜の研究はできない。また，興味をもつひとは，厳密で論理的に議論されていなくても，データの語ることを読んでくれる。研究仲間だけが興味をもつようなテーマを厳密にやるだけでなく，世界が興味をもっていることに，荒削りでも挑戦することが大事だ。

臨床的な方法でえた洞察が，妥当だとどのように言えるのかという議論はあります。別の観察者が同じようなインタビューをして，同じような観察をしたら，同じような結論をえるかどうか。洗脳の研究では，物語が非常に鮮烈で明瞭だったので，実験という，現実がはっきりみえない方法に頼らなくても，臨床的に現実がよくわかってきたわけです。

臨床的方法について，最後にひとこと。メイン州ベセルで，Tグループを観察してきました。どのグループをみても同じようなプロセスが繰り返し観察されました。まず，だれがパワーや権威をもつべきか。パ

ワーの問題が解決して，だれがリーダーなのかが見てくると，メンバーがお互いにどの程度親密になるべきかがつぎに問題になってきます。それから，問題解決にむかう。どのようにこの過程がわかったのかと聞かれます。でも，注意深くグループをいくつも見ていると同じプロセスをたどっていくことがわかります。

研究者としてわたしが学んだ教訓は，データそのものがなにを語っているかを大事にしたいということです。

わたしがキャリア・アンカーの研究をはじめたときには，会社は新入を社会化するものだという観点から調査を開始しました。5年後，会社の望む方法に，個人の態度が変わってきているかを見ようとしていました。

調査データを，1年後，5年後まで見ていくと，データは，社会化という点では意味をなしませんでした。会社を替わったひともいました。そこで，元の理論のように，会社が個人を変えるという点でなく，個人が仕事や会社を変わっても貫くものを調査することになりました。元は，そうではありませんでした。

すべての調査協力者に10年後にMITまできてもらって，またふたたび，ひとりひとりの物語を聞き，一個一個の出来事ごとに，どうしてそうなったのか，2，3時間ずつ45人のパネルに聞いていきました。そこで，各個人ごとに同じ理由が繰り返し出てくることに気がつきました。彼らの話を聞いていて，仕事の選択について，彼らが使っている一連の理由が明らかになってきました。そこから，キャリア・アンカーの考えが生まれたのです。個人ごとに異なった理由のパターンから，自分のキャリアからなにを望んでいるのかというテーマがあって，その種の個人の望みは，会社がそのひとに望むことの影響，社会化の力よりも，強かったのです。

わたしがこれらのパターンをキャリア・アンカーと呼ぶようになったのは，彼らがそこに係留している（アンカード）というような表現をしたからです。錨というのは，発展という響きのない否定的な言葉だと言った研究仲間もいましたが，わたしは，理論が語ることよりも，データが語るままに名づけたという点が重要なのです。

もうひとつの中心的な点，これが第4のポイントなのですが，参加者としてTグループに入ったり，コンサルタントとして多様な組織に入ってきたりしてわかったことです。クルト・レビンは，組織やひとを理解するには，その組織やひとになにかをしようとするのがいちばんだ，と主張しましたが，その原則をわたしも大事にしています。ゆさぶりをかけた（介入した）ときに，どういう反応がでるかをみることが，ただ受動的にながめるよりよい。

いい研究者になるには，いいコンサルタントになるのがいいというと逆説的でしょうか。どうすれば組織に対して役に立てるか，とりわけひとにかかわる問題について，役立つ人間になるには，彼らに助言を与えるよりも，彼らが自ら問題に立ち向かえるようにすることです。

大学院生に対する，わたしたちの訓練の仕方は，その逆です。まず，ある方法を教えて，それから入ってもらう。ほんとうは，

組織に入って，役に立とうとするなかから，いい研究のスキルが身に付くのに，そのようにはしていません。インターンとして組織のなかに入ってもらって，組織のなかの人びとうまくやっていけるということが大事です。気の利いた空想のなかの研究者になってはいけません。

組織文化の研究で，役に立つ（援助的になる）という視点の大切さがわかってもらえるでしょう。究極的な組織文化とは，無意識的な仮定なので，質問票はおろか，正式なインタビューでも，それを把捉するのは難しい。一団の人々をグループで招いて，文化について，また，文化の3つのレベルについて，説明して，そのグループに組織文化の3つのレベル（文物，価値観，および仮定の3つ）にそって，徐々に語ってもらいながら，暗黙の仮定にまでたどりつくようにするのがいいのです。

最後に第5のポイントとして組織の文化は，強みである同時に，潜在的な弱みの源泉でもあるという点が上げられます。グループの学習の蓄積結果が文化です。でも，環境が変わるので，グループを成功させてきたものがそのまま通用しなくなると，危険になります。文化のどの部分が今後の成功に重要で，どの部分は，適応に不適かというきめの細かい議論をしなくなってしまうわけです。

要約しますと，心理学，社会学，人類学は，広範な調査方法が必要です。観察から，注意深いインタビュー。どの方法が正しいかは，目的によります。この分野には，あらゆる方法がいるのに，社会学，人類学，臨床的方法に対して理解が少ないです。統計がないとよい研究がないという誤解があります。正確な測定，正式な仮説検証。まだ，ダーウィン以前の段階で，いい分類が出てくるだけで意味があるのです。

臨床家になるのもいいことです。この方法も大事にしてください。

参考文献

青井和夫編著（1988）『高学歴女性のライフコース』勁草書房。

Arnold, John (1997). *Managing Careers Into the 21st Century*. London, UK: Paul Chapman Publishing.

Argyris, Chris and Donald A. Schön (1974). *Theory in Practice: Increasing Professional Effectiveness*. San Francisco, CA: Jossey-Bass.

Adrian F. Furnham (1988). *Lay Theories: Everyday Understanding of Problems in the Social Sciences*. Pergamon Press, UK.（細江達郎監訳　田名場　忍・田名場美雪訳『しろうと理論――日常性の社会心理学――』北大路書房，1992年）。

Arthur, Michale B. (1994). "The boundaryless career: New perspective for organizational inquiry." *Journal of Organizational Behavior,* Vol. 15, pp. 295-306.

Arthur, Michale B., Douglas T. Hall, and Barbara S. Lawrence eds. (1989). *Handbook of Career Theory*. Cambridge University Press.

Arthur, Micale B. and Denise M. Rousseau (Eds.) (1996). *The Boundaryless Career*. New York, NY: Oxford University Press.

Arthur, Michael. B. and Denise M. Rousseau (1996). "The Boudaryless career as a new employment principle." In M. B. Arthur and D. M. Rousseau (Eds.) (1996). *The Boundaryless Career*. pp. 3-20. New York: NY: Oxford Univerisyt Press.

東　洋・柏木恵子・高橋恵子編集・監訳（1993）『生涯発達の心理学（全3巻）』新曜社（第1巻　認知・知能・知恵，第2巻　気質・自己・パーソナリティ，第3巻　家族・社会）。

Bailyn, Lotte (1982). *Living with Technology: Issues at Mid-career*. Cambridge, MA: MIT Press.

Becker, Brian E., Mark A. Huselid, and Dave Ulrich (2001). *The HR Scorecard: Linking People, Strategy, and Performance*. Boston, MA: Harvard Business School Press.（菊田良治訳『HRスコアカード』日経BP社，2002年）。

Beckhard, Richard and Reuben T. Harris (1987). *Organizational Transition: Managing Complex Change.* 2nd ed. Reading, MA: Addison-Wesley.

Brammer, Lawrence M. (1991). *How to Cope With Life Transitoins.* Hemisphere. (楡木満生・森田明子訳『人生のターニング・ポイント――転機をいかに乗りこえるか――』ブレーン社，1994年)。

Bridges, William (1980). *Transitions: Making Sense of Life's Changes.* Reading, MA: Addison-Wesley. (倉光 修・小林哲郎訳『トランジション――人生の転機――』創元社，1994年)。

Bridges, William (1994). *Job Shift: How to Prosper in a Workplace Without Jobs.* Reading, MA: Addison-Wesley. (岡本 豊訳『ジョブ・シフト――正社員はもういらない――』徳間書店，1995年)。

Campbell, Joseph (1949). *The Hero with a Thousand Faces.* Princeton University Press. (平田武靖・浅輪幸夫監訳『千の顔をもつ英雄（上）（下）』人文書院，1984年)。

Campbell, Joseph and Bill Moyers (1988). *The Power of Myth.* New York: NY, Doubleday. (飛田茂雄訳『神話の力』早川書店，1992年)。

Cappelli, Peter and Cascio, W. F. (1991). "Why Some Jobs Command Wage Premiums: A Test of Career Tournament and Internal Labor Market Hypotheses." *Academy of Management Journal,* Vol. 34, No. 4, pp. 848-868.

Capelli, Peter, Harry Katz, David Knoke, Paul Osterman, and Michael Useem (1997). *Change at Work: Trends That Are Transforming the Business of Business--How American Industry and Workers Are Coping With Corporate Restructuring and What Workers Must Do to Take Charge of Their Own Careers.* Washinton, D. C. The National Policy Association, NPA Report # 283.

Cappelli, Peter (1999). *The New Deal at Work: Managing the Market-Driven Workforce.* Boston, MA: Harvard Business School Press. (若山由美訳『雇用の未来』日本経済新聞社，2001年)。

Ciulla, Joanne B. (2000). *The Working Life: The Promise and Betrayal of Modern Work.* New York, NY: Crown Business

Clausen, J. A. (1986). *The Life Course: A Sociological Perspective.* Englewood, Cliffs, NJ: Prentice-Hall. (佐藤慶幸・小島 茂訳『ライフコースの社会学』早稲田大学出版部，1987年，2000年)。

Conger, Jay A. and Beth Benjamin (1999). *Building Leaders: How Successful Companies Develop the Next Generation.* San Francisco, CA: Jossey-Bass.

Conger, Jay A. (1992). *Learning to Lead: The Art of Transforming Managers into Leaders*. San Francisco, CA: Jossey-Bass.

Csikszentmihalyi, Mihaly (1975). *Beyond Boredome and Anxiety*. San Francisco, CA: Jossey-Bass.（今村浩明訳『楽しむということ』思索社，1996年）。

Csikszentmihalyi, Mihaly (1990). *Flow: The Psychology of Optimal Experience*. New York, NY: Harper Perrenial.（今村浩明訳『フロー体験――喜びの現象学――』世界思想社，1996年）。

Csikszentmihalyi, Mihaly (1993). *The Evolving Self: A Psychology of the Third Millenium*. New York, NY: HarperPerrenial. ; Csikszentmihalyi, Mihaly (1996). *Creativity: Flow and Psychology of Discovery and Invention*. New York, NY: HarperCollins.

Csikszentmihalyi, Mihaly and Isabella Selegan Csikszentmihalyi (Eds.) (1996). *Optimal Experience: Psychological Studies of Flow in Consciousness*. New York, NY: Cambridge University Press.

Deci, Edward (1975). *Intrinsic Motivation*. New York, NY: Plenum.（安藤延男・石田梅男訳『内発的動機づけ――実感社会心理学的アプローチ――』誠信書房，1980年）。

Deci, Edward (1980). *The Psychology of Sef-determination*. D. C. Heath.（石田梅男訳『自己決定の心理学』誠信書房，1985年）。

Drucker, Peter F. (1993). *Post-capitalist Society*. New York, NY: Harper Business.（上田惇生・佐々木実智男・田代正美訳『ポスト資本主義社会――21世紀の組織と人間はどう変わるか――』ダイヤモンド社，1993年）。

Elder, Jr., Glen H. (1974). *Children of the Great Depression: Social Change in Life Experience*. The University of Chicago Press.（本田時雄・川端康至・伊藤裕子・池田政子・田代俊子訳『新版　大恐慌の子どもたち――社会変動と人間発達――』明石書店，1986年）。

榎本英剛（1999）『部下を伸ばすコーチング――「命令型マネジメント」から「質問型マネジメント」へ――』PHP研究所。

Erikson, Erik H. (1959). *Identity and the Life Cycle*. New York, NY: International University Press.（小此木圭吾訳編『自我同一性――アイデンティティとライフ・サイクル――』誠信書房，1973年）。

Erikson, Erik H. (1982). *The Life Cycle Completed: A Review*. NY: Norton.（村瀬孝雄・近藤邦夫訳『ライフサイクル，その完結』みすず書房，1989年）。

Erikson, E. H. and Erikson, J. M. (1997). *The Life Cycle Completed: A Review: Expanded Edition*. New York; NY: W. W. Norton & Company.（村瀬孝雄・

近藤邦夫訳『ライフサイクル，その完結』みすず書房，2001年，原著1982年の拡張改訂版）。

Erikson, Erik H., Joan M. Erikson, and Helen Kivinick (1986). *Vital Involvement in Old Age*. New York: Norton & Company (Norton Books). (朝長生徳・朝長梨枝子訳『老年期——生き生きしたかかわりあい——』みすず書房，1990年)。

Feldman, Daniel C. (1988). *Managing Careers in Organizations*. Glenview, IL: Scott, Foresman and Company.

Fox, Matthew (1994). *The Reinvention of Work: A New Vision of Livelihood for Our Time*. San Francisco, CA: Harper.

藤井 博・金井壽宏・開本浩矢（1996）「ミドル・マネジャーにとってのメンタリング——メンタリングが心的活力とリーダーシップ行動に及ぼす効果——」『ビジネス　レビュー』（一橋大学産業経営研究所）第44巻第2号，50-78頁。

藤本哲史（2002）「企業の家族政策——女性就労支援制度の導入に関する組織的要因——」石原邦雄編『家族と職業』ミネルヴァ書房，246-266頁。

藤本隆宏・武石 彰・青島矢一編（2001）『ビジネス・アーキテクチャー——製品・組織・プロセスの戦略的設計——』有斐閣。

Gellatt, H. B. (1991). *Creative Decision Making: Using Positive Uncertainty*. Revised ed., Menlo Park, CA: Crisp Publications.

Gerstner, Louis V. (2002). *Who Says Elephants Can't Dance? Inside IBM's Historic Turnaround*. New York, NY: HarperCollins. (山崎洋一・高橋裕子訳『巨象も踊る』日本経済新聞社，2002年)。

Hackman, J. Richard and J. L. Suttle, J. L. (1977). *Improving Life at Work*. Santa Monica, CA: Goodyear.

Hansen, L. Sunny (1997). *Integrative Life Planning: Critical Tasks for Career Development and Changing Life Patterns*. San Francisco, CA: Jossey-Bass.

Hall, Douglas T. (1976). *Careers in Organizations*. Glenview, IL: Scott, Foresman and Company (Pacific Palisades, CA: Goodyear Publishing).

Hall, Douglas. T. (2002). *Careers In and Out of Organizations*. Thousand Oaks, CA: Sage.

Hall, Douglas. T. and Associates (1991). *Career Development in Organizations*. San Francisco, CA: Jossey-Bass.

Hall, Douglas T. and Associates (1996). *The Career is Dead-Long Live the Career: A Relational Approach to Careers*. San Francisco, CA: Jossey-Bass.

Hall, Douglas T. and Moss, J. E. (1998). "The New Protean Career Contract:

Helping Organizations and Employees Adapt." *Organizational Dynamics,* Vol. 26, Winter, pp. 22-37.

Hall, Douglas T., and B. Schneider (1973). *Organizational Climate and Cereers: The Work Lives of Priests.* New York, NY: Academic Press.

Higgins, Monica. C. (2001). "Changing careers: The effect of social context." *Journal of Organizational Behavior;* Vol. 22, No. 6, pp. 595-618.

Higgins, Monica. C. and Kathy E. Kram (2001). "Reconceptualizing mentoring at work." *Academy of Management Review,* Vol. 26, No. 2, pp. 264-288

Hill, L. (1992). *Becoming a Manager.* Harvard Business School Press.

浜口恵俊編『日本人にとってキャリアとは──人脈のなかの履歴──』日本経済新聞社，1979年。

浜口恵俊（1996）『日本型信頼社会の復権──グローバル化する間人主義──』東洋経済新報社。

平尾誠二・金井壽宏（2001）「地域に根を張りながらワールドワイドに発想できるグローバルリーダーもいる」『人材教育』第13巻第8号，8-9頁。

花田光世（1993）「日本の人事制度における競争原理──昇進・昇格システムの実態──」伊丹敬之・加護野忠男・伊藤元重編『リーディングス　日本の企業システム　第3巻　人的資源システム』有斐閣，276-299頁。

波多野誼余夫・高橋恵子（1990）『生涯発達の心理学』岩波新書。

平野光俊（1994）『キャリアディベロプメント──その心理的ダイナミクス──』文眞堂。

平野光俊（1999）『キャリア・ドメイン』千倉書房。

Hochschild, Arlie R. (1983). *The Managed Heart: Commercialization of Human Feeling.* Berkeley and Los Angels, CA: University of California Press.（石川准・室伏亜希訳『管理される心──感情が商品になるとき──』世界思想社，2000年）。

Holland, John L. (1997). *Making Vocational Choices: A Theory of Vocational Personalities and Work Environments.* 3rd ed., Odessa, FL: Psychological Assessment Resources.

今田幸子・平田周一（1995）『ホワイトカラーの昇進構造』日本労働研究機構。

猪木武徳・樋口美雄（1995）『日本の雇用システムと労働市場』日本経済新聞社。

Jaworski, Joseph (1996). *Synchronicity: The Inner Path of Leadership.* San Francisco, CA: Berrett-Koehler.

加藤一郎（2001）『若年層ホワイトカラーの自発的離職行動──キャリアマネジメントの視点から──』神戸大学大学院経営学研究科博士課程モノグラフシリーズ

第103号。

金井篤子（2000）『キャリア・ストレスに関する研究――組織内キャリア開発の視点からのメンタルヘルスへの接近――』風間書房。

金井壽宏（1989）「変革型リーダーシップ論の展望」『神戸大学経営学部研究年報』第XXXV巻，143-276頁。

金井壽宏（1991）『変革型ミドルの探求――戦略・革新指向の管理者行動――』白桃書房。

金井壽宏（1993）『ニューウェーブ・マネジメント――思索する経営――』創元社。

金井壽宏（1994a）『企業者ネットワーキングの世界――MITとボストン近辺の企業者コミュニティの探求――』白桃書房。

金井壽宏（1994b）「キャリア・アンカーとキャリア・エンジン」金井壽宏・米倉誠一郎・沼上 幹編著『創造するミドル――生き方とキャリアを考えつづけるために――』有斐閣，330-345頁。

金井壽宏（1994c）「エントリー・マネジメントと日本企業のRJP指向性――先行研究のレビューと予備的実証研究――」『神戸大学経営学部研究年報』第40巻，1-66頁。

金井壽宏（1994d）「新人にとっての情報源と上司のリーダーシップ行動――浪花節的行動は，ただ浪花節的なのか――」『国民経済雑誌』第169巻第6号，71-92頁。

金井壽宏（1995）「個人と組織の短期的適応力と長期的適応力――日本企業でのエントリー・マネジメントをめぐる試論――」企業行動研究グループ編『日本企業の適応力』日本経済新聞社，71-112頁。

金井壽宏（1996a）「海外ミドルの長期的キャリア課題――ロンドンでのインタビュー調査の予備的分析――」『国民経済雑誌』第173巻第4号，69-94頁。

金井壽宏（1996b）「トランジション・サイクルとキャリア開発」『人材開発』第8巻第4号，32-37頁。

金井壽宏（1996c）「統合概念にまつわるクロス・レベル・イシュー――個人，集団，組織の発達における『分化に応じた統合』――」『組織科学』第29巻第4号，62-75頁。

金井壽宏（1996d）「ミドル・マネジャーのエンパワーメント――日本型HRMシステムの文脈のなかでのミドルの生涯発達課題――」『神戸大学経営学部研究年報』第42巻（下巻），39-116頁。

金井壽宏（1996e）「分化と統合をめぐってスパイラルに生きる」『SAANOクオータリー特集 キャリア・ダイナミクス』通巻第4号，5-6頁。

金井壽宏（1996f）「マズローの古典から学ぶ――自己実現やB経験という生涯発達課題――」『日本労働研究雑誌』。

金井壽宏（1996g）「知の創造の場の形成とニューウェーブ・マネジャーの育成——大学院でのマネジメント教育の実際——」『神戸大学経営学部研究年報』第42巻（上巻），1-80頁。

金井壽宏（1997a）「キャリア・デザイン論への切り口——節目のデザインとしてのキャリア・プラニングのすすめ——」『Business Insight』第5巻第1号，34-55頁。

金井壽宏（1997b）「経営における理念（原理・原則），経験，物語，議論——知っているはずのことの創造と伝達のリーダーシップ——」『神戸大学経営学部研究年報』第 XLIII 巻，1-75頁。

金井壽宏（1998）「リーダーとマネジャー——リーダーシップの持論（素朴理論）と規範の探求——」『国民経済雑誌』第177巻第4号，65-78頁。

金井壽宏（1999）『中年力マネジメント——働き方ニューステップ——』創元社。

金井壽宏（2000a）『経営組織論における感情の問題——人びとが組織に持ち込む感情をめぐるリサーチ・アジェンダ——』『国民経済雑誌』第181巻第5号，43-70頁。

金井壽宏（2000b）「"You have to figure it out." エドガー・H．シャイン博士　来日講演をアテンドして」『Works』（リクルートワークス研究所），第6巻第3号，38-43頁。

金井壽宏（2001a）「『働き方，生き方』発見法」『プレジデント』第39巻第2号，50-57頁。

金井壽宏（2001b）「キャリアが気になる時代と世代」『FINANSURANCE』（明治生命フィナンシュアランス研究所刊）通巻第38号，4-15頁。

金井壽宏（2001c）「キャリア・トランジション論——節目のキャリア・デザインの理論的・実践的基礎——」『国民経済雑誌』第184巻第6号，43-66頁。

金井壽宏（2002a）『働くひとのためのキャリア・デザイン』PHP 新書。

金井壽宏（2002b）「キャリアを捉える視点——一概に，ええもんでも，わるもんでもなく，ひたすら自分のもん——」『FINANSURANCE』（明治生命フィナンシュアランス研究所刊）通巻第41号，14-27頁。

金井壽宏（2002c）『仕事で「一皮むける」——関経連「一皮むけた経験」に学ぶ——』光文社新書。

金井壽宏（2002d）『「はげまし」の経営学』宝島新書。

金井壽宏（2002e）『あなたの生き方を変える——生きがいを求めるあなたに——』学生社（李御寧，安藤忠雄，河合隼雄，福原義春，葛西健蔵，グレン・S．フクシマ，松永真理，杉本八郎，中谷彰宏，山田脩二の各氏との対談集）。

金井壽宏（2002f）「シャイン教授の講演『組織心理学の発達とわたしの研究キャリ

ア』を聞いて」『産業・組織心理学研究』第15巻第 2 号，123-126頁。

金井壽宏（2002g）『組織を動かす最強のマネジメント心理学――組織と働く個人の「心的エナジー」を生かす法――』中経出版。

金井壽宏・鈴木竜太・松岡久美（1998）「個人と組織のかかわり合いとキャリア発達」『日本労働研究雑誌』第40巻第 5 号，13-26頁。

金井壽宏・米倉誠一郎・沼上 幹編（1994）『創造するミドル』有斐閣。

金井壽宏・古野庸一（2001）「『一皮むける経験』とリーダーシップ開発」『一橋ビジネスレビュー』第49巻第 1 号，48-67頁。

金井壽宏・高橋 潔（2002）「〈キャリア・デザイン〉のデザイン――個人の戦略課題，組織や社会の戦略課題としてのキャリア・メタデザイン――」『一橋ビジネスレビュー』第49巻第 4 号，106-121頁。

金井壽宏・守島基博・高橋 潔（2002）『会社の元気は人事がつくる』日本経団連出版。

金井壽宏・高橋 潔（2003）「成果を意識した経営行動科学――何のため誰のための成果か？――」『一橋ビジネスレビュー』第50巻第 4 号，106-119頁

金井壽宏編著（2003）『会社と個人を元気にするキャリア・カウンセリング』日本経済新聞社。

関西経済連合会（2001）『豊かなキャリア形成へのメッセージ――経営幹部のインタビュー調査を踏まえて：一皮むけた経験と教訓――』社団法人関西経済連合会人材育成委員会（委員長海保 孝氏，主査金井壽宏，事務局事業推進第 1 部）。

Kanter, Rosabeth M. (1983). *The Change Masters: Innovation for Productivity in the American Corporation.* New York: Simon & Schuster. （長谷川慶太郎監訳『ザ・チェインジ・マスターズ』二見書房，1984年）。

Katz, Ralph (1978). "Job longevity as a situational factor in job satisfaction." *Administrative Science Quarterly,* Vol. 23, pp. 204-223.

Katz, Ralph (1980). "Time and work: Toward an integrative perspective," in B. M. Staw, and Cumming, L. L. (eds.) *Research in Organizational Behavior,* Vol. 2, JAI Press, pp. 81-127.

Katz, Ralph (1982). "The effects of group longevity on project communication and performance." *Administrative Science Quarterly,* Vol. 27, pp. 81-104.

Kaufman, Sharon R. (1986). *The Ageless Self: Sources of Meaning in Late Life.* Wisconsin University Press. （幾島幸子訳『エイジレス・セルフ――老いの自己発見――』筑摩書房，1988年）。

Kennedy, Alln A. (2000). *The End of Shareholder Value: Corporations at the Crossroads.* Cambridge, MA: Perseus. （奥村 宏監訳『株主資本主義の誤算』ダ

イヤモンド社，2002年）。

小池和男（1994）『日本の雇用システム——その普遍性と強み——』東洋経済新報社。

小池和男編（1991）『大卒ホワイトカラーの人材開発』東洋経済新報社。

國領二郎（1995）『オープン・ネットワーク経営——企業戦略の新潮流——』日本経済新聞社。

久村恵子（2002）「メンタリング」宗方比佐子・渡辺直登編著『キャリア発達の心理学』川島書店，127-153頁。

栗原 彬（1982）『歴史とアイデンティティ——近代日本の心理＝歴史研究——』新曜社。

Langness, L. L. and Geyla Frank (1981). *Lives: An Anthropological Approach to Biography*. CA: Chandler & Sharp Publishers. （米山俊直・小林多寿子訳『ライフヒストリー研究入門——伝記への人類学的アプローチ——』ミネルヴァ書房，1993年）。

Levinson, Daniel, J. (with Charlotte N. Darrow, Edward L. Klein, Maria H. Levinson, and Braxton McKee) (1978). *The Seasons's of a Man's Life*. New York, NY: Ballantine Books. （南 博訳『人生の四季——中年をいかに生きるか——』講談社，1980年，後に文庫に収録，南 博訳『ライフサイクルの心理学（上）（下）』講談社学術文庫，1992年）。

Levinson, Daniel J. (in collaboraion with Judy D. Levison) (1996). *The Season's of a Woman's Life*. New York, NY: Ballantine Books.

London, Manuel (1983). "Toward a theory of career motivation." *Academy of Management,* 8 (4), 620-630.

McAdams, Dan P. (1997). *The Stories We Live By: Personal Myths and the Making of the Self*. New York: The Guilford Press.

McCall, Jr., Morgan W., Michael M. Lombard, and Ann M. Morrison (1988). *The Lessons of Experience: How Successful Executives Develop on the Job*. Lexington, MA: Lexington Books.

McCall, Jr., Morgan W. (1998). *High Flyers: Developing the Next Generation of Leaders*. Boston, MA: Harvard Business School Press. （金井壽宏監訳・リクルート ワークス研究所訳『ハイ・フライヤー——次世代リーダーの育成法——』プレジデント社，2002年）。

McCauley, Russ S. Moxley, and Ellen Van Velsor (1998). *Handbook of Leadership Development*. San Francisco, CA: Jossey-Bass.

Maslow, Abrahma, H. (1970). *Motivation and Personality,* 2nd ed., New York, NY: Harper. （小口忠彦訳『人間性の心理学』産能大学出版部，1987年）

Maslow, Abaraham H. (with Deborah S. Stephans and Gary Heil) (1998). *Maslow On Management*. New York: NY: John Wiley & Sons, Inc.（金井壽宏監訳　大川修二訳『完全なる経営』日本経済新聞社，2001年）。

Meyer, John P. and Natalie J. Allen (1997). *Commitment in the Workplace: Theory, Research, and Application*. Thousand Oaks, CA: Sage.

南　隆男（1988）「キャリア開発の課題」三隅二不二・山田雄一・南　隆男編『組織の行動科学』福村出版，294-331頁。

Mitchell, Kathleen E., Al. S. Levin, and John D. Krumboltz (1999). "Planned happenstance: Constructing unexpected career opportunities." *Journal of Counseling and Development,* Vol. 77: 115-14.

無藤　隆編（1995）『生涯発達心理学とは何か――理論と方法――』金子書房。

森岡清美・青井和夫（1985）『ライフコースと世代』垣内出版。

守島基博編著（2002）『21世紀の"戦略型"人事部』日本労働研究機構。

村田孝次（1989）『生涯発達心理学の課題』培風館。

中野　卓・桜井　厚編（1995）『ライフヒストリーの社会学』弘文堂。

Nicholson, Nigel and Michael West (1988). *Managing Job Change: Men and Women in Transition*. New York: Cambridge University Press.

Nicholson, Nigel (1990). "The transition cycle: Causes, outcomes, processes and forms." In Shirley Fisher and Cary L. Cooper eds., *On the Move: The Psychology of Change and Transition*. Chichester, UK: John Wiley & Sons, pp. 83-108.

Nicholson, Nigel and Michael West (1989). "Transition, work histories, and careers." In Arthur, Michael B., Douglas T. Hall, and Barbara S. Lawrence eds., *Handbook of Career Theory,* Cambridge University Press, pp. 181-201.

野田正彰（1994）『中年なじみ』ダイヤモンド社。

野田正彰（1995）『ミドルの転機――続・中年なじみ――』ダイヤモンド社。

野田正彰（1997）『人生の秋は美しい』三五館。

Noer, David (1993). *Healing the Wounds*. San Francisco, CA: Jossey-Bass.

小高久仁子（2001）「グローバル企業における戦略的決定のプロセスの研究」神戸大学大学院経営学研究科提出博士論文。

岡本祐子（1994）『成人期における自我同一性の発達過程とその要因に関する研究』風間書房。

岡本祐子（1997）『中年からのアイデンティティ発達の心理学』ナカニシヤ出版。

岡本祐子（1999）「アイデンティティ論からみた生涯発達とキャリア形成」『組織科学』第33巻第2号，4-13頁。

岡本祐子（2002）『アイデンティティ生涯発達論の射程』ミルネヴァ書房。

岡本祐子編（1999）『女性の生涯発達とアイデンティティ——個としての発達・かかわりの中での成熟——』北大路出版。

Peter, Laurence J. and Raymond Hull (1969). *The Peter Principle*. New York: Willaim Morrow.（田中融二訳『ピーターの法則——〈創造的〉無能のすすめ——』ダイヤモンド社，1970年）。

Peiperl, Maury A., Michael B. Arthur, Rob Goffee and Timothy Morris (2000). *Career Frontiers: New Conceptions of Working Lives*. Oxford University Press.

リクルート＝CCE Inc（2001）『第１回 GCDF Japan——キャリア・ディベロプメント・カンファランス：企業・学校におけるキャリア・カウンセリングと支援を考える——』株式会社リクルートHR-Dキャリア事業開発グループ GCDFプログラム事務局。

Rosenbaum, James E. (1979). "Organizational career mobility: Promotion chances in a corporate during periods of growth and contraction." *American Journal of Sociology,* 85: 21-48.

Rosenbaum, James E. (1984). *Career Mobility in a Corporate Hierarchy*. New York: Academic Press.

Rousseau, Denise M. (1995). *Psychological Contract in Organizations: Understanding Written and Unwritten Agreements*. Thousand Oaks, CA.: Sage.

宮城まり子（2002）『キャリア・カウンセリング』駿河台出版社。

Rosenbaum, J. E. (1984). *Career Mobility in a Corporate Hierarchy*. New York, NY: Academic Press, 1984.

佐渡 裕／金井壽宏（2002）「炎の指揮者・佐渡 裕氏と語る『今がまさに，大きな節目』」『CREO』（神鋼ヒューマン・クリエイト刊）第14巻第２号，2-11頁。

坂本真士（1997）『自己注目と抑うつの社会心理学』東京大学出版会。

Schein, Edgar H. (1954). "The effect of reward on adult imitative behavior." *Journal of Abnormal and Social Psychology,* 49, 389-395.

Schein, Edgar H. (1956). "The Chinese indoctrination program for prisoners of war: A study of attempted brainwashing." *Psychiatry,* 19, 149-172.

Schein, Edgar H. (1957). "The effect of sleep deprivation on the sending and receiving of complex instructions." *Journal of Applied Psychology,* 41, 247-252.

Schein, Edgar H. (1959). "Brainwashing." *Encyclopedia Brittanica.*

Schein, Edgar H. (1960). "Interpersonal communication, group solidarity, and social influence." *Sociometry,* 23, 148-161.

Schein, Edgar H. (1961). "Management development as a process of influence." *Industrial Management Review* (MIT), 2, 59-77.

Schein, Edgar H. (1963). "Forces which undermine management development." *California Management Review,* 5 (4), 23-34.

Schein, Edgar H. (1964). "How to break in the collage graduate." *Harvard Business Review,* 42, 68-76.

Schein, Edgar H. (1965). *Organizational Psychology.* Englewood Cliffs, NJ: Prentice-Hall.

Schein, Edgar H. (1967). "Attitude change during management education: A study of organizational influences on student attitudes." *Administrative Science Quarterly,* 11, 601-628.

Schein, Edgar H. (1968). "Organizational socialization and the profession of management." *Industrial Management Review,* 9, 1-15.

Schein, Edgar H. (1969). *Process consultation: Its role in organization development.* Reading, MA: Addison-Wesley.

Schein, Edgar H. (1970). "The reluctant professor: Implications for university management." *Industrial Management Review,* 12, 35-49.

Schein, Edgar H. (1971a). *Coercive Persuasion.* W. W. Norton and Company.

Schein, Edgar H. (1971b). "The individual, the organization, and the career: A conceptual scheme." *Journal of Applied Behavioral Science,* 7, 401-426.

Schein, Edgar H. (1972a). *Professional Education: Some New Directions.* New York. NY: McGraw-Hill.

Schein, Edgar H. (1972b). *Organizational Psychology,* 2nd ed. Englewood, Cliffs, NJ: Prentice-Hall.

Schein, Edgar H. (1975). "How career anchors hold executives to their career paths." *Personnel,* 52, 11-24.

Schein, Edgar H. (1977). "Career anchors and career paths: A panel study of management school graduates." In J. Van Maanen (ed.), *Organizational Careers: Some new perspectives.* New York: Wiley.

Schein, Edgar H. (1978). *Career Dynamics: Matching Individual and Organizational Needs.* Addison-Wesley.（二村敏子・三村勝代訳『キャリア・ダイナミクス』白桃書房，1991年）。

Schein, Edgar H. (1980a). *Career Anchors: Discovering Your Real Values.* Revised edition. San Diego, CA: Pfeiffer.（金井壽宏訳『キャリア・アンカー——自分

のほんとうの価値を発見しよう――』白桃書房，2003年)。

Schein, Edgar H. (1980b). *Organizational Psychology.* 3rd ed. Englewood Cliffs, NJ: Prentice-Hall.（松井賚夫訳『組織心理学』岩波書店，1981年)

Schein, Edgar H. (1981a). "Improving face-to-face relationships." *Sloan Management Review,* 22, 43-52.

Schein, Edgar H. (1981b). "Does Japanese management style have a message for American managers?" *Sloan Management Review,* 23, 55-68.

Schein, Edgar H. (1983). "The role of the founder in creating organizational culture." *Organization Dynamics* (Summer), 13-28.

Schein, Edgar H. (1984a). "Coming to a new awareness of organizational culture." *Sloan Management Review,* 25, 3-16.

Schein, Edgar H. (1984b). "Culture an environmental context for careers." *Journal of Occupational Behavior,* 5, 71-81.

Schein, Edgar H. (1985a). *Organizational Culture and Leadership.* San Francisco, CA: Jossey-Bass.（清水紀彦・浜田幸男訳『組織文化とリーダーシップ』ダイヤモンド社，1989年)。

Schein, Edgar H. (1985b). *Career Anchor: Discovering your real values.* San Diego, CA: University Associates.

Schein, Edgar H. (1985c). "How culture forms, develops, and changes." In R. H. Kilmann et al. (Eds.), *Gaining Control of the Corporate Culture.* San Francisco, CA: Jossey-Bass.

Schein, Edgar H. (1987a). "Individual and careers." In J. W. Lorsch (Ed.), *Handbook of Organizational Behavior.* Englewood Cliffs, NJ: Prentice-Hall.

Schein, Edgar H. (1987b). *Process Consultation, Vol. 2: Lessons for managers and consultants.* Reading, MA: Addison-Wesley.

Schein, Edgar H. (1987c). *The Clinical Perspective in Fieldwork.* Newbury Park, CA: Sage.

Schein, Edgar H. (1988). *Process Consultation, Vol. 1: Its Role in Organization Development.* Reading, MA: Addison-Wesley.（稲葉元吉・稲葉祐之・岩崎 靖訳『新しい人間管理と問題解決――プロセス・コンサルテーションが組織を変える――』産能大学出版部，1993年)。

Schein, Edgar H. (1989a). "A social psychologist discovers Chicago sociology." *Academy of Management Review,* 14, pp. 103-104.

Schein, Edgar H. (1989b). "Reassessing the "divine rights" of managers." *Sloan Management Review,* 30 (2), 63-68.

Schein, Edgar H. (1989c). "Organizational culture: What it is and how to change it." In P. Evans, Y. Doz and A. Laurent (Eds.), *Human resource management in international firms.* London: Macmillan.

Schein, Edgar H. (1990a). *Career Anchors* (rev. ed.). San Diego, CA: University Associates.

Schein, Edgar H. (1990b). "A general philosophy of helping: Process consultation." *Sloan Management Review,* 31 (3), 57-64.

Schein, Edgar H. (1992a). "Career anchors and job/role planning: The links between career planning and career development." In D. H. Montross and C. J. Schoinkman (Eds.), *Career development.* Springfield, IL: Charles C. Thomas.

Schein, Edgar H. (1992b). *Organizational Culture and Leadership* 2nd (ed.). San Francisco, CA: Jossey-Bass.

Schein, Edgar H. (1993a). "The academic as artist: Personal and Professional Roots." In *Management Laureates: A Collection of Autobiographical Essays.* Greenwich, CN: JAI Press, pp. 31-62.

Schein, Edgar H. (1993b). "How can organization learn faster? The challenge of entering the green room." *Sloan Management Review,* 34 (Winter), 85-92.

Schein, Edgar H. (1995). *Career Survival: Strategic Job and Role Planning.* San Diego, CA: Pfeiffer(今は，New York, NY: Wiley)(金井壽宏訳『キャリア・サバイバル──職務と役割の戦略的プラニング──』白桃書房，2003年)。

Schein, Edgar H. (1997). *Strategic Pragmatism: The Culture of Singapore's Economic Development Board.* Cambridge, MA: MIT Press.

Schein, Edgar H. (1999a). *The Corporate Culture Survival Guide: Sense and Nonsense about Culture Change.* San Francisco, CA: Jossey-Bass.(金井壽宏監訳，尾川丈一・片山佳代子訳『企業文化──生き残りの指針』白桃書房，2004年)

Schein, Edgar H. (1999b). *Process Consultation Revisited: Building the Helping Relationship.* Reading, MA: Addison-Wesley.(稲葉元吉・尾川丈一訳『プロセス・コンサルテーション──援助関係を築くこと──』白桃書房，2002年)

Schein, Edgar H. (2000).「仕事への満足感が第一歩──キャリア形成のよりどころは──」『日経産業新聞』(2000年6月7日) 第22面。

Schein, Edgar H./二村英幸 (2000)「エグゼクティブ・サロン　エドガー・H．シャイン」『HRR メッセージ』(人事測定研究所刊)，No.41，2-10頁。

Schein, Edgar H./金井壽宏 (2000)「洗脳から組織のセラピーまで──その心はヘルプフル──」『CREO エドガー・シャイン特集号』(神鋼ヒューマン・クリエ

イト刊）2000年12月，1-41頁。

Schein, Edgar H. and J. S. Ott (1962). "The legitimacy of organizational influence." *American Journal of Sociology*, 67, 682-689.

Schein, Edgar H., W. G. Bennis, D. E. Berlew, and F. I. Steele (1964). *Interpersonal dynamics: Essays and readings on human interaction*. Homewood, IL: Dorsey Press.

Schein, Edgar H. and W. G. Bennis (1965). *Personal and organizational change through group methods: The laboratory approach*. New York: Wiley.

Schein, Edgar H. and D. T. Hall (1967). "The student image of the teacher." *Journal of Applied Behavioral Science*, 3, 305-337.

Schein, Edgar H. and J. Van Maanen (1977). "Career development." In J. R. Hackman and J. L. Suttle (eds.), *Improving Life at Work*. Santa Monica, CA: Goodyear.

Schein, Edgar H., Paul J. Kampas, Peter Delisi and Michael Sounduck (2003). *DEC Is Dead, Long Live DEC: The Lasting Legacy of Digital Equipment Corporation*. Berrett-Koehler, forthcoming.

Schlossberg, Nancy K. (1992). *Overwhelmed: Coping with Life's Up and Downs*. Lanham, Maryland: Lexington Books.（武田圭太・立野了嗣監訳『「選職社会」転機を活かせ――自己分析手法と転機成功事例33――』日本マンパワー，2000年）。

Sheehy, Gail (1974). *Passages: Predictable Crises of Adult Life*. New York: Bantam Books

Slater, Robert (1999). *Jack Welch and the GE Way: Management Insights and Leadership Secrets of the Legendary CEO*. New York, NY: McGraw-Hill（宮本喜一訳『ウェルチ――GEを最強企業に変えた伝説のCEO――』日経BP，1999年）。

Super, D. E. (1957). *The Psychology of Careers: An Introduction to Vocational Development*. Harper & Brothers.（日本職業指導学会訳『職業生活の心理学――職業経歴と職業的発達――』誠信書房，1960年）

鈴木竜太（2002）『組織と個人――キャリアの発達と組織コミットメントの変化――』白桃書房。

田尾雅夫編著（1997）『「会社人間」の研究――組織コミットメントの理論と実際――』京都大学学術出版会。

高橋俊介（2000）『キャリアショック』東洋経済新報社。

高橋俊介（2001）『組織改革――創造的破壊の戦略――』東洋経済新報社。

竹内 洋 (1995)『日本のメリトクラシー──構造と心性──』東京大学出版会。

武田圭太 (1993)『生涯キャリア発達──職業生涯の転機と移行期の連鎖──』日本労働研究機構。

鑪 幹八郎 (1990)『アイデンティティの心理学』講談社現代新書。

橘・フクシマ咲江 (2000)『「売れる人材」──エグゼクティブ・サーチの現場から──』日経BP社。

橘木俊詔・連合総合生活開発研究所編 (1995)『「昇進」の経済学──なにが「出世」を決めるのか──』東洋経済新報社。

Trompenaars, Fons (1993). *Riding the Waves of Culture: Understanding Cultural Diversity in Business.* London, UK: Nicholas Brealey

Ulrich Dave (ed.) (1990). *Delivering Results: A New Mandate for Human Resource Professionals.* Boston, MA: Harvard Business School Publishing.

Ulrich, Dave (1997). *Human Resource Champions: The Next Agenda for Adding Value and Delivering Results.* Boston, MA: Harvard Business School Press. (梅津祐良訳『MBAの人材戦略』日本能率協会マネジメントセンター，1997年)。

Ulrich, Dave, Jack Zenger, and Norm Smallwood (1999). *Results-Based Leadership: How Leaders Build the Business and Improve the Bottom Line.* Boston, MA: Harvard Business School Press.

Van Maanen, John and Edgar H. Schein (1977). "Improving the Quality of Work Life: Career development." In J. Richard Hackman and J. L. Suttle (Eds.) *Improving Life at Work.* Goodyear. pp. 30-95.

Van Maanen, John and Edgar H. Schein (1979). "Toward a theory of organizational socialization." in *Research in Organizational Behavior,* Vol. 1, pp. 209-264.

Viney, Linda L. (1993). *Life Stories: Personal Construct Therapy with the Elderly.* New York: Wiley.

若林 満 (1987)「キャリア発達に伴う職務満足・組織コミットメントの変化について」『日本労務学会年報』105-113頁。

若林 満 (1987)「管理職へのキャリア発達──入社13年目のフォローアップ──」『経営行動科学』2 (1)，1-13頁。

Wakabayashi, M. and Graen, G. (1984). "The Japanese career progress study: A 7-year follow-up." *Journal of Applied Psychology,* 69 (4), 603-614.

Wanous, J. P. (1973). "Effects of a Realistic Job Preview on Job Acceptance, Job Attitudes, and Job Survival." *The Journal of Applied Psychology,* Vol. 58, No.

3, pp. 327-332.

Wanous, J. P. (1980). *Organizational Entry Recruitment, Selection, and Socialization of Newcomers*. Addison-Wesley.

渡辺三枝子・E．L．ハー（2001）『キャリア・カウンセリング入門』ナカニシヤ出版。

渡辺三枝子（2002）「生涯キャリア発達の理論」（渡辺三枝子・渡邊　忠・山本晴義編『産業カウンセリングの理論的な展開』現代のエスプリ別冊，至文堂），57-69頁。

Waterman, Jr., Robert H., Judith A. Waterman, and A. Collard (1994). "Toward a Career-Resilient Workforce." *Harvard Business Review,* July-August 1994, pp. 87-95.

渡辺直登（1999）「メンタリングによる人材育成」『人材教育』11(7)，14-19頁。

Weick, Carl, E. (1995). *Sensemaking in Organizations*. Thousand Oaks, CA: Sage. (遠田雄志・西本直人訳『センスメーキング・イン・オーガニゼーションズ』文眞堂，2002年）。

White, R. W. (1959). " Motivation reconsidered: The concept of competence." *Psychological Review,* Vol. 66, pp. 297-333。

山本多喜司・S．ワップナー（1991）『人生移行の発達心理学』北大路書店

Zaleznik, Abraham (1977). "Managers and leaders: Are they different?" *Harvard Business Review,* May-June, 67-78.

Zedeck, Sheldon (ed.) (1992). *Work, Families and Organizations*. San Francisco, CA: Jossey-Bass.

あとがき

　キャリア・アンカーとキャリア・サバイバルは，エドガー・H．シャイン（Edgar H. Schein）教授によって作成されたキャリア診断の支援ツールです。本書は，このふたつのツールが今回，両方ともそろって日本版が同じ出版社から出るようになったことを契機に，自分のキャリアをうまく振り返り，ただ過去を振り返るだけでなく，うまく将来を構想・展望するのに役立つ，いわば副読本として，用意させていただきました。シャイン教授から直接に薫陶を受けた人間として，少しでも理解をさらに深める一助になれば，幸いだと思っています。

　長期的な仕事生活への意味づけという意味でのキャリアは，だれもの問題で，わが国でもそれをけっして他人まかせのままにはできない時代が来ています。以前よりも，自分のキャリアについてしっかりと将来展望をもつ必要が，このような変革の時代だからこそいります。変革のなかで，貫くべき自分の大切なものを照射するのがキャリア・アンカーで，しかし，自己イメージがしっかりわかっても，それだけで変貌する仕事環境にうまく適応できるとは限りません。キャリアの拠り所は判明したけれども，仕事はさっぱりでは，結局，困ったことになります。現時点での仕事，職務，他の人びととのかかわりのなかで，自分を捉えるためのツールが，キャリア・サバイバルです。サバイバルは，長期的なキャリアというよりは，数年レベルの時間幅での職務環境への適応にかかわっています——その意味ではキャリアのツールというのは，やや問題がありますが，このシリーズでは，一目でこの２冊が姉妹編だとわかるように，それぞれの冊子に「キャリア・アンカー」，「キャリア・サバイバル」の言葉が目立つようにしてもらいました。

　キャリア・アンカーとキャリア・サバイバルのいずれか，あるいは両方のエクササイズをすでに試された方には，この３冊目の冊子が，それらのエクササイズを通じて得られた自己理解と自分の置かれた仕事環境についての洞察をさ

らに深めるのに役立つことを，著者として願っています。また，これらのエクササイズの両方を，あるいは一方をまだ試す前に，先にこれを読んでおられる方は，これを読みながら並行して，あるいは，これを読み終えてから，まだおこなっていないエクササイズに取り組んでいただくことを希望します（この3冊目の冊子は，単独で読まれるべき一般書ではなく，このふたつのツールのガイドブックとして書かれているからです）。今が節目で自分探しの時期が来ていると感じる方，今の仕事状況でパンクしかけていると思う方は，それぞれの状態に応じて，どちらを先にするか，選んでください。前者の方は，キャリア・アンカーを，後者の方は，キャリア・サバイバルを，先に試すのがよいでしょう。

　本の執筆やエッセーの連載を依頼されるときに，いつも思うのですが，それを引き受けるまではプリンス（君子）のように扱われ，いったん「やります」というと，あとはスレーブ（奴隷）のようになったかのごとくの状態に陥ります。とくに原稿が遅れているときには，さえないものです。

　ところが，今回のこの3冊シリーズの執筆（この1冊）と邦訳（他の2冊）の作業は，わたしの方から，白桃書房さんにムリを言ってお願いしたことに端を発していますので，本来は，最初から，もっとずっとよく働く自発的スレーブでないといけなかったのに，他のプロジェクトや学務に忙殺されぎみで，上梓が予定より大幅に遅れました。早い時期から，わたしのいくつかの著書のなかで，また研究会や講演の機会に，キャリア・アンカーやキャリア・サバイバルについて言及してきましたので，大勢の関係者から，「いつ出るの」「まだですか」という質問を何度となくいただいてきました。まずは，心待ちにしてくださった読者の皆さんに，お待たせしたことのお詫びと，長い間あきれずに辛抱強く待っていただいたこと，そして今これらを手にしてくださっていることにお礼を申し上げます。重ねて，出版の機会をたまわりました白桃書房の社長，大矢栄一郎さん，版権の取り付け，編集，校正，仕上げの作業をなさっていただいた照井規夫さんに，心から感謝の気持ちを述べさせてください。

　いつも本を仕上げる段階の作業は，際限なく思えます。なんとか完成することができるのは，いつもありがたいサポートのおかげです。この本の原稿を何度となく改訂するたびに神戸大学経営学部第2研究助成室のサポート・スタッフの方々に，とくに長坂麻起子さんにお世話になり，校正の段階では，神戸大学大学院経営学研究科の小川憲彦さんは，ゲラのほぼ全ページにポストイットをはってチェックしてくださり，兵庫県立看護大学の教育・管理看護学講座の勝原裕美子さんは，何十カ所もの訂正案を表して教えてくださった。セイコーエプソン株式会社人材育成センターの輿石美和子さんは，人材育成のプロの目

で原稿に目を通されるだけでなく残っていたミスをさらに見つけ出してくださった。最終校の段階でも神戸大学大学院経営学研究科の坂本理郎さんがさらに最終チェックをしてくださった。記して謝意を示させてください。

　この本の仕上げのために，2002年の年末は印象深い時期になりました。いろいろたいへんなこと，けっこう暗い気持ちにさせられることが多い時代ですので，そんなときこそ，生き残ること（サバイバル）とあわせて，自分らしい生き方の拠り所（アンカー）の双方を振り返り，ただ振り返るだけでなく，夢を大事にして将来を構想していきたいものです。この3冊が世に出る2003年が希望の多い年になりますように。

　　2003年2月3日

六甲台にて

金　井　壽　宏

■著者紹介

金井　壽宏〔かない としひろ〕

1954年生まれ
1978年京都大学教育学部卒業
1980年神戸大学大学院経営学研究科博士前期課程を修了
1989年マサチューセッツ工科大学で経営学博士を取得
1992年神戸大学で博士（経営学）を取得
1994年より神戸大学教授
現在－神戸大学大学院経営学研究科教授

専門は，経営管理論。テーマとしては，仕事意欲，キャリア発達，変革のリーダーシップ，創造的なネットワーキング，組織変革，経営幹部の育成，日本型のMBA教育，人事部の役割変化など。会社やその他の組織のなかで生じる人間にかかわる問題に対して，働く個人にとっても，組織にとっても創造的な活動を促進するという視点から研究を重ねている。最近の関心は，キャリア発達とリーダーシップ開発の融合。

主要著書　『変革型ミドルの探求』（白桃書房，1991年），『ニューウェーブ・マネジメント』（創元社，1993年），『企業者ネットワーキングの世界』（白桃書房，1994年），『中年力マネジメント－働き方ニューステップ－』（創元社，1999年），『働くひとのためのキャリア・デザイン』（PHP新書，2002年），『仕事で「一皮むける」』（光文社新書，2002年），『キャリア・サバイバル－職務と役割の戦略的プランニング－』（訳，白桃書房，2003年），『キャリア・デザイン・ガイド－自分のキャリアをうまく振り返り展望するために－』（白桃書房，2003年），『企業文化－生き残りの指針』（監訳，白桃書房，2004年），『ハッピー社員－仕事の世界の幸福論－』（プレジデント社，2004年），『部下を動かす組織人事』（共著，PHP新書，2004年），『リーダーシップ入門』（日経文庫，2005年），『キャリア常識の嘘』（共著，朝日出版社，2005年），『働くみんなのモティベーション論』（NTT出版，2006年），『サーバント・リーダーシップ入門』（共著，かんき出版，2007年），『入門　ビジネス・リーダーシップ』（共著，日本評論社，2007年），『やる気！攻略本』（ミシマ社，2008年），『リフレクティブ・マネジャー』（共著，光文社，2009年），『神戸大学ビジネススクールで教えるコーチング・リーダーシップ』（ダイヤモンド社，2010年），『社長と教授の「やる気」特別講座』（かんき出版，2010年），『組織エスノグラフィー』（共著，有斐閣，2010年），『Jリーグの行動科学－リーダーシップとキャリアのための教訓－』（分担執筆，白桃書房，2010年），『実践知』（共著，有斐閣，2012年），『日本のキャリア研究－組織人のキャリア・ダイナミクス－』（編著，白桃書房，2013年），『日本のキャリア研究－専門技能とキャリア・デザイン－』（編著，白桃書房，2013年），『明日を変える働き方』（日本実業出版社，2014年）など多数。

■キャリア・デザイン・ガイド
　――自分のキャリアをうまく振り返り展望する
　　ために――　　　　　　　　　　　　　　　　〈検印省略〉

■発行日――2003年7月16日　初版第1刷発行
　発行日――2014年5月16日　初版第6刷発行

■著　者――金井　壽宏
■発行者――大矢栄一郎
■発行所――株式会社　白桃書房
　　　　　　〒101-0021　東京都千代田区外神田5-1-15
　　　　　　☎03-3836-4781　📠03-3836-9370　振替00100-4-20192
　　　　　　http://www.hakutou.co.jp/

■印刷・製本――藤原印刷

© Toshihiro Kanai 2003
Printed in Japan　ISBN978-4-561-23386-2 C3034

本書のコピー，スキャン，デジタル化等の無断複製は著作権法上での例外を除き禁じられています。本書を代行業者等の第三者に依頼してスキャンやデジタル化することは，たとえ個人や家庭内の利用であっても著作権法上認められません。

JCOPY 〈(社)出版者著作権管理機構　委託出版物〉
本書の無断複写は著作権法上での例外を除き禁じられています。複写される場合は，そのつど事前に，(社)出版者著作権管理機構（電話03-3513-6969，FAX03-3513-6979，e-mail: info@jcopy.or.jp）の許諾を得てください。

落丁本・乱丁本はおとりかえいたします。

E.H.シャイン著　金井壽宏訳
キャリア・アンカー
　　　——自分のほんとうの価値を発見しよう——　　　本体1600円

E.H.シャイン著　金井壽宏訳
キャリア・サバイバル
　　　——職務と役割の戦略的プラニング——　　　本体1500円

E.H.シャイン著　金井壽宏監訳　尾川丈一・片山佳代子訳
企業文化－生き残りの指針
本体2800円

E.H.シャイン著　二村敏子・三善勝代訳
キャリア・ダイナミクス
本体3800円

E.H.シャイン著　稲葉元吉・尾川丈一訳
プロセス・コンサルテーション
　　　——援助関係を築くこと——　　　本体4000円

金井壽宏著
変革型ミドルの探求
　　　——戦略・革新指向の管理者行動——　　　本体4800円

金井壽宏著
企業者ネットワーキングの世界
　　　—— MITとボストン近辺の企業者コミュニティの探求——　　　本体7400円

鈴木竜太著
組織と個人
　　　——キャリアの発達と組織コミットメントの変化——　　　本体2900円

金井壽宏・鈴木竜太編著
日本のキャリア研究
　　　——組織人のキャリア・ダイナミクス——　　　本体3800円

金井壽宏・鈴木竜太編著
日本のキャリア研究
　　　——専門技能とキャリア・デザイン——　　　本体3500円

——————— 白桃書房 ———————

本広告の価格は消費税抜きです．別途消費税が加算されます．